平川祐弘決定版著作集◎第11巻

破られた友情

ハーンとチェンバレンの日本理解

平川祐弘

勉誠出版

目次

破られた友情――ハーンとチェンバレンの日本理解――

第四部　日本回帰の系譜……293

開化の舞踏会……315

第一部　野蛮から文明へ……317

第二部　西欧化の社交界……333

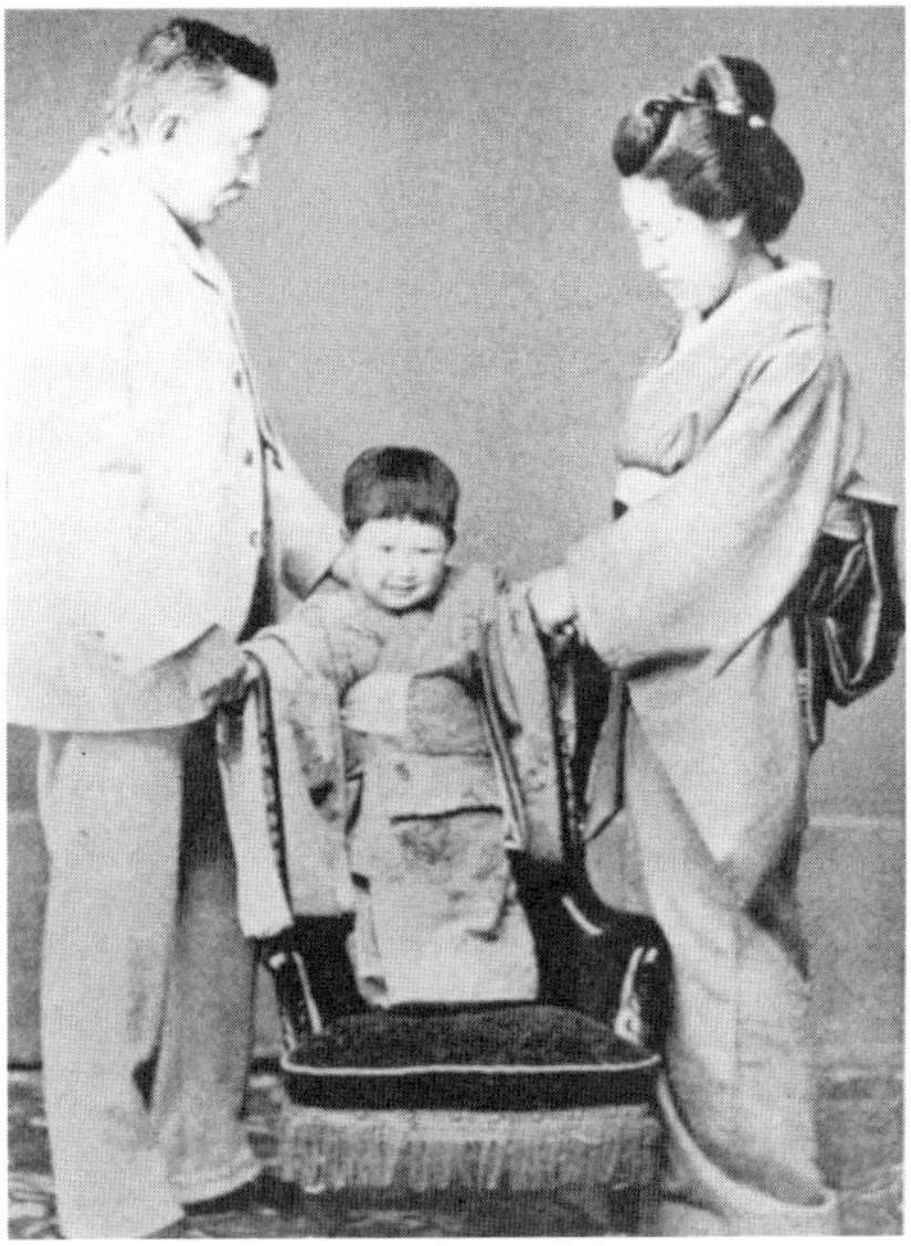

ラフカディオ・ハーンと妻節子と長男一雄

バジル・ホール・チェンバレン

雨森信成

凡例

一、本著作集は平川祐弘の全著作から、著者本人が精選し、構成したものである。
一、本文校訂にあたっては原則として底本通りとしたが、年代については明確化し、明かな誤記、誤植は訂正した。
一、数字表記等は各底本の通りとし、巻全体での統一は行っていない。
一、底本に索引が付いている場合は、本著作集においても付した。
一、各巻末に著者自身による書き下ろしの解説ないしは回想を付した。
一、各巻末には本著作集のために書き下ろした諸家の新たな解説を付すか、当時の書評や雑誌・新聞記事等を転載した。

底本

本書の底本は新潮社、一九八七年十一月刊二刷である。

破られた友情

——ハーンとチェンバレンの日本理解——

本書を外国の日本研究者と
それを援けた影の人々に献げる

まえがき

本書は「日本理解とは何であったのか」という主題を追求したものである。

近代日本のドラマは、日本が国際社会に参加したことから生じた。参加といえば自発的に聞えるが、当初は弱者が強制されて舞台に上ったのである。日本がそのようにして国際場裡に現れるとともに、外から日本を理解しようとする営みが本格化した。第一篇ではそのようにして始った日本理解にまつわる人物をとりあげた。ハーンとチェンバレンは、いかにも対照的な二人の個性であるが、明治時代に来日した日本解釈者の二大典型である。本書が『破られた友情――ハーンとチェンバレンの日本理解』と題されているのは、著者が二人の人間に興味を持ち、当初はたがいに相敬した二人の友情がついに破られるにいたった葛藤に日本理解という精神の大いなるドラマを見る思いがしたからである。しかしその二人に始り今日に及ぶ日本理解の系譜について語るに先立ち、本書で取りあげる問題点の背景に触れなければならない。

日本理解とは何であったのか、という主題の前提には、世界における日本とは何であったのか、これからは何であるのか、という日本の位置設定の問題が横たわる。その問題の大枠は十九世紀の半ばに設定され、以後百年ほどの間は比較的単純な上下関係を維持してきた。

徳川日本に開国を強要した西洋列強は、ペリーの頃も、そして第二の開国を強要したマッカーサーの頃も、(そして大部分の西洋国民は今日もなお)自分たちこそが文明国民であると思っていた。それに対して日本国民も、幕末期の戸惑いの後に、西洋こそが文明であると思うようになった。こうして西洋側の世界観と日本側の世界観は奇妙にも一致した。それが福沢諭吉が文明史観を唱えて以後百年、大東亜戦争に際して強がりを唱えた時期を除けば、日本の主流をも占めた比較的単純な思考であった。新参者の明治日本は大英帝国を範と仰いで殖産興業・富国強兵につとめた。築地の海軍兵学寮も英国将兵の指導の下に開かれた。滑稽なことだが、当初は国歌として『ゴッド・セイヴ・ザ・クイーン』がそのまま日本の練習艦上で歌われたこともあったと山梨勝之進提督は伝えている。

その海軍兵学寮で文官として英語を教えたバジル・ホール・チェンバレンが、英国至上主義の価値観に基いてつぶさに日本研究を行ったのは、偶然以上のなにかであったろう。この名門出の語学の天才は、明治十五年には『古事記』の英訳を完成し、ついで『日本事物誌』（*Things Japanese* 初版一八九〇年、第六版一九三九年）を刊行した。そしてその業績と識見とで西洋の日本研究の自他ともに許す大御所の地位を占めるにいたったのである。チェンバレンの日本観は、十九世紀の末年から半世紀余の長きにわたり、西洋人の日本観に強烈なインパクトを与えた。いや、いまなお与え続けている、というべきかもしれない。それもただ単に西洋人に対してのみではなかった。個別のお名前まであげて恐縮だが、外務省の有力者岡崎久彦氏は大学は私と同期で後にケンブリッジで学んだ人で、外国育ちを誇りとする氏の令息邦彦氏はほんの数年前、私の大学院の演習でチェンバレンの見解の全面的妥当性を意固地に主張して、かえって米国人留学生からやんわりたしなめられもしたのである。そのような有様であるから、外国にはもとよりいまの日本にもなお、英文が読めてか読めなくてか、チェンバレンの日本観を支持する人は結構いるにちがいない。だがその種の英国至上主義の史観に基く日本理解を日本人がいつまでも鸚鵡返しに繰返していてよいものか。冒頭に掲げた「日本理解とは何であったのか」は、英国風エリティストの典型であったチェンバレンの特異な性格を、これまた特異な人物であったラフカディオ・ハーンとの対照裡に浮きぼりにしようとしたものである。その二人の日本解釈者の特色を実証的かつ客観的に細部にわたって示そうとつとめた。

ハーンとチェンバレンの二人は奇しくも同じ一八五〇年に生れた。明治二十三年、チェンバレンに遅れること十七年で来日したハーンは、当初チェンバレンに兄事し、二人は親交を重ねた。しかし後、疎遠となり、ハーンの死後、友情は破れた。私はチェンバレンを取りあげる「頭で理解した日本」では、家系がとかく話題となるこの英国学者に対して伝記的アプローチを試みた。それに対し、再話作家ハーンを取りあげる「心で愛した日本」では、伝記的アプローチとともに作品分析的アプローチも試みた。そしてこの二人の人にとって日本理解とは何であったのか、という精神のドラマの跡をたどったのである。本当にチェンバレンは hard-headed な（頭が良くて抜目のない）学者で、ハーンは soft-headed な（頭が弱くて薄馬鹿な）作家だったのだろうか。それとも実はチェンバレンは hard-hearted な（思いやりの薄い）西洋至上主義者で、ハーンは soft-hearted な（情に厚い）人種の差をも越えた人間だったのだろうか。この二人は日本解釈者として対立する二大傾向を代表する。その二典型のいずれを良しとするかは読者の立場や好み次第とも感ずるが、第二次世界大戦後四十年、世界における日本の位置の変化とも無関係ではない話題であるかに思われる。「日本理解とは何であったのか」がアクチュアルな問題と化するのもそのためである。昨今、西洋の新聞論調に日本問題について感情的な苛立ちが見られるのは、単に経済摩擦のゆえではない。その背後で世界における日本の従来の位置設定の枠組みが次第に軋みはじめているからである。

ところでこの外からする日本理解の系譜に連なる人は西洋人だけではない。次に掲げる第二篇「日本回帰の軌跡」の主人公雨森信成《あめのもりのぶしげ》は、二重の意味でこの主題にかかわっている。第一にハーンの日本理解を援けた人として、第二に雨森自身が一旦は外国へ出て外から日本を理解した日本人として。

チェンバレンと違ってハーンはほとんど日本語が読めなかった。それなのにハーンの日本理解がなぜあれほど真実なものとして私たち日本人に訴えるのか。それは日本人のナルシシズムに由来する自己陶酔であるのか。その秘密を解く鍵として、ハーンの眼となり耳となった人に小泉節子がおり、また松江時代には西田千太郎がいたことは知られている。しかし雨森信成については、ハーンの名作『ある保守主義者』のモデルとしては知られながら、それ以上の事蹟は皆目不明であった。その人がグリフィスの弟子の福井の人であることを発見したのは武生の山下英一教諭である。私は篤学の人山下さんに深い敬意を表する。氏のお蔭で今回、雨森信成に初めて全面的に光を当てることが出来た。

雨森信成は、内村鑑三や新渡戸稲造の同時代人であり、横浜海岸教会人名簿からも明治学院神学部卒業生名簿からも名前を一旦消されはしたが、横浜ブラウン塾や東京一致神学校における植村正久の同級生であった。しかもその誰よりも秀れた英文の書き手ではなかったかと思う。その旧士族出身の一英才がどのようにしてキリスト教に入り、キリスト教を棄て、西洋で生活した挙句、日本へ回帰し、国体護持のイデオローグとなり、横浜の「西洋洗濯屋」として生涯を了えたか、——そしてその間にひそかにハーンの著作活動を援けたか。その間の事蹟を一つにはハーンとの関係において、二つには内と外からする日本理解の系譜に連なる人として、雨森の「日本回帰の軌跡」をたどった。

本書第一篇の「日本理解とは何であったのか」がチェンバレンとハーンという西洋人による日本理解のドラマであるとするなら、第二篇の「日本回帰の軌跡」は雨森信成という明治日本が生んだ最高の一知性による日本理解のドラマであるといっていい。雨森は当代の誰にもまして深くキリスト教的西洋の中に一度は浸った人であった。その人が長年欧米へ行ったことで逆に日本へ回帰してきたのである。私は雨森の場合を最初として、それと相似た軌跡を描いた日本作家や知識人の文化遍歴の跡を追い、日本回帰の系譜をたどった。

雨森の回帰は、いってみれば、西洋キリスト教本位の思考が圧倒的優位を占めていた前世紀後半、その西洋本位の世界において日本的個性とはなにか、というナショナル・アイデンティティーを追求した一結果であった。その日本的特性が国体と呼ばれもしたのである。千八百八十年代の日本は欧化熱が異常なまでに熾んであった。それだけに帝国主義の時代、弱小国の一員として自国の自己同一性を探し求めずにはいられなかった雨森やその周辺の人々は、強がりを唱えたことであろう。肩肘を張りもしたことであろう。その国粋保存の運動は欧化熱に対する反作用であったが、それは政治的というより、生理的とでも呼べるような **reaction** だったのではないかと思う。しかしこの母国への回帰を分析することは、日本の場合に限らず、広くナショナリズムの研究として不可欠である。回帰はほとんど不可避的に生ずるからである。

だがしかし日本人がいかに東洋へ回帰しようとも、一旦国際社会へ登場した明治の日本を開国以前へ引戻すことは出来ない。文明開化のドラマは終るわけではない。最後に掲げる第三篇ではその宿命としての西欧化の一齣である「開化の舞踏会」に焦点を絞った。「洋行帰りの保守主義者」雨森信成がひそかに憤りを発した「狂奔仮粧の踏舞者」こそがその立役者たちである。明治十年代（千八百八十年代）の欧化熱を象徴するものは鹿鳴館の舞踏会であったが、私は日本の開化の舞踏会をロシヤのそれと並べ、かつ日本とロシヤの知識人作家が、その滑稽なしとはせぬ西欧化の社交界をどのように感得しどのように了解したかを平行裡に並べて大観した。それはいいかえると、母国への回帰を日本固有の問題として考えるのでなく、後発国民に普遍的な人の心の動きとして把えようとしたからである。

はじめに外国人による自国理解があり、次にその外国人の眼を通しての自国人による自国理解があった。『亡命十年』はフランス作家スタール夫人によるロシヤ理解の試みであったし、『ロスラーヴレフ』はスタール夫人の書物を利用したプーシキンによるロシヤ理解であるといっていい。それと同じように、『秋の日本』はフランス作家ロティによる日本理解の試みであったし、『舞踏会』はロティの書物を利用した芥川による鹿鳴館解釈であるといっていい。私はそのような平行例を並べることで、より普遍的な観点から、国際場裡に遅ればせに登場した国々の知識人のコンプレクスを孕んだ心理の襞《ひだ》を探ろうとした。

比較研究者である私は、国文学者や国史学者がする日本理解の営みとはやや違って、内からする日本理解の跡のみか、外からする日本理解の跡を追った。それは結局、世界の中における日本の姿を追い求める、ということでもある。世界が日本をどのように理解したかというその系譜をたどることでもある。森鷗外はかつて『黄禍論梗概』を著して、白人の側で黄色人に対して抱いている感情を研究しておくことの必要を説いた。私たちは日本が外部でどのように理解されたか、ということを把握せずには適確に外圧に対応することはできない。いや私たち自身にしてからが世界の中の日本を正確に見定めることは出来ない。

そしてその問題意識は、裏返していえば結局、内と外から明治日本を理解しようとつとめた『和魂洋才の系譜』（河出書房新社、昭和四十六年）以来の私の関心事と重なることである。私は自分の学者としての生涯でその種の問題に突き当り、それを論述することで自己表現ができたことを望外の幸福に感じている。謹みて内外の読者諸賢の御批判、御高評をお待ちする次第である。

日本理解とは何であったのか
――チェンバレンとハーンの破られた友情――

"These are *minutiae*, microscopic defects, but I am sure you will wish to put them right."

— Basil Hall Chamberlain to George Bailey Sansom.

第一部　頭で理解した日本

序章　学者の典型

辛抱するより泥棒しゃんせ。

首のないのも意気なもの。


海軍兵学寮がまだ東京築地にあった明治八年前後のことである。教師が教場に入る前に予科生徒の一人が滅相もない唄を小声で歌っていた。するとそこへはいって来た英国人教師がすっかり聴いて顔を赤らめ、

「貴下《あなた》は甚だ心得違いな人である」

と咎めた。本人は弁明のつもりで、

「ヘボンの字書にあったのです」

と答えた。すると教師は、

「なにに書いてあっても、貴下が暗誦するほど、覚え込んだのを咎めます」

と儼然として言ったので、十五、六人のクラスはしんと静まった。唄った生徒はなかなかの才物であったが、卒業後は行方知れずになり、それだけに後年クラスの連中が集るとその話が繰返された。「日本人の教師だと、教場で俗謡なんか唄ってならんと叱るだけで済ますだろうが、暗誦するまで覚え込んだのを叱るとは、子を思う親心のようだな」

「いや、あれが英国の紳士教育のあらわれだろう」

誰もがその英国人教師から御得意の漢語まじりで叱られた覚えがあった。木村浩吉は十六、七歳の予科生

徒だったが、英語書取用ノートを新しいのに取換えた。そのついでにそれまでの書取の分も写し、あわせて先生の花押《サイン》も真似して写しておいた。(教師は誤字を訂正した上で花押して戻すのである)。するとたちまち見咎められ、部屋へ呼ばれて懇々と不心得を諭された。日本人教官が頭ごなしに叱りつけるのと違って、その英語の言い廻しはまことに上品で穏やかであった。しかし中に石川五右衛門になるとかならぬとかに聞き取れた言葉があったから、木村生徒は憤然とした。(木村浩吉は咸臨丸で渡米した木村摂津守喜毅の長子である)。

"This has nothing to do with money." (「金銭と関係はありません」)

と言うと、今度はその外人教師が日本語で答えた。

「順序上から申したのです。謀判は詐欺同様に認めてよいのです」

この海軍兵学寮の英国人文官教師が、本稿でハーンと共に話題となるバジル・ホール・チェンバレンである。彼は下級生にはイソップ物語を使って英語の書取を教え、上級生にはサウジーの『ネルソン伝』を用いて英国海軍の規律を日本へ伝えようとした。その最も大切な条りは暗記するよう命ぜられた木村少将は六十年後の昭和十年、往事を回顧してこう語っている。

ディスィプリンを他国人へ伝へるには一通りの事で伝へ得るものではない。つまり「すべし」とか「すべからず」とかいふ言葉を用ひなければならぬが、それでは風俗習慣を異にして居る他国人には不適当である。それで色々考へた末、標準人物たる水師提督ネルソンの伝を学生に読まして、さうして英国の紳士をして説き明かさせました。……ネルソン伝を先生が説明しまするると、実にそれが生きて参る。六ヶ敷くなく吾々の頭に浸み込んだのであります。

木村はまた、ネルソン伝は単に翻訳や文学上の説明だけでは駄目である。チェンバレン先生のような紳士が説明してこそ意味をなすのである、とも語った。木村浩吉少将のその指摘はいかにも当を得ていた。バジル・ホール・チェンバレンは父方も母方も英国海軍の幹部を輩出した名門の出の青年紳士だったからである。木村が伝える逸話は昭和十年に出た『国語と国文学』（第十二巻第四号）と国際文化振興会の『バジル・ホオル・チェンバレン先生追悼記念録』にそれぞれ掲載されたものだが、チェンバレン自身もその特異な生い立ちを次のように簡略に語っている。それは後で詳述するが、当時としては極めて稀に見る国際的なもので、その育ちの良さには日本人ばかりか、後に述べるG・B・サンソムのような庶民の出の英国人をも圧倒せずにはおかぬなにかがあった。一八五〇年、英国海軍提督の長子として生れたが、

私は（フランスの）ヴェルサーユの国際的な環境の中で育てられた。家族全員が、豊富な旅行の経験があり、多くの外国語を話し、立派な絵画をよく見ており、誰もが立派な書物を読んで、良い音楽を聞いていた。私はごく若い時からずいぶん広く旅した。十八歳の時は一年間スペインで過し、スペイン人の間だけで暮し、その言葉を流暢に話していた。その国の南部や中部を訪ね、いたるところに感嘆すべきものを見た。ついでイタリアを二回にわたって旅し、比類なく美しいものの思い出で私の頭と心はいっぱいになった。マルタ島で三度の冬を過す間にギリシャ、チュニス、あるいはかつてカルタゴのあったところまでも出かけた。やがてはドイツやオランダの博物館も訪れた。

これが八十を過ぎたチェンバレンが一九三二年、『日本事物誌』の仏訳本が出た時に「美術」の項に自分でフランス語で付した補注の一節である。

だが、この青年は健康に恵まれなかった。海軍の伝手を頼りにマルタ島で三度の冬を過したのもそのため

で、眼病と咽喉の慢性的疾患のために悩まされ続けた。そして、一旦勤めたロンドンのベアリング銀行も結局辞職した。それでも体の調子が良くならないので医師に転地を勧められ、東洋から茶を運ぶ帆船テルモピレー号に乗って、喜望峰経由でオーストラリアに至り、さらに上海へ渡り、そこから米国船に乗って来日する。百日近い旅の末、横浜に上陸したのは一八七三年（明治六年）五月二十九日、チェンバレンが満二十二歳の年であった。

チェンバレンは幼少の時から英仏両語を母国語のように話し、その上よきドイツ語の家庭教師、よきフランスの高等中学《リセー》校の古典語教育に恵まれたから、語学については非常な自信があった。日本に来て、この新しく開けた国の言葉を学び、その知られざる文化を研究しようという野心にとりつかれた。来日当初のチェンバレンの模様を佐佐木信綱はその『小伝』にこう書いている。

　かくて東京に来り、芝西久保広町なる曹洞宗の寺院青龍寺に住まはれしが、江戸時代の面影を多く留めたる当時の風俗建築等は、此のうら若き英国紳士に永く此の国に滞留すべき好印象を与へたりき。

佐佐木はまた『帝国文学』一七ノ三に掲げた『王堂チャムブレン先生を送る』には日本古典の研究に志した当時の様を次のように記している。

　まづ我が国の韻文を学ばん事に志し、浜松の藩士たりし荒木氏に就きて、歌物語の講義を聴きぬ。荒木氏は、極めて物がたき武士気質の人にして、当時未だ帯刀して、先生を教へし由なるが、先生は、まづ『古今集』を学ばれしに、始めのほどは、さすがに困難にて、少なからざる苦心をせられきと云ふ。かの春の部の「待つ人も来ぬものゆゑに鶯のなきつるゝ枝を折りてけるかな」を解釈するに就きて、つるゝと云ふてにをはの意義わきがたくて困難せし由を、今も一つ話のやうに物語らる。後、鈴木庸正氏に就きて、『万葉』『枕草紙』等より謡曲狂言などを渉猟し、自らも和歌を詠じ、益々その研究をすゝめられぬ。而してその学問の進むにつけて、『古事記』の研究に従事し、専ら『古事記伝』によりてそを試みられしが、斯くの如き努力の結果として、かの名著たる、『万葉』『古今』謡曲等を訳せし *The Classical Poetry of the Japanese*（『日本上代の詩歌』）は、千八百八十年に。英訳『古事記』は千八百八十二年に成れりしなり。

チェンバレンは文学よりも言葉、『古事記』そのものよりも本居宣長の『古事記伝』の **philological** な研究や解釈により強烈に惹かれた、科学的な頭脳の持主であった。徳川時代の日本の文献学《フイロロジー》が、西洋の文献学に比べて遜色ないほど高度に発達していたことには真に驚いたらしい。佐佐木信綱に語った言葉にはこんなのもあった（『小伝』）。

「日本には良い本があります、良い人が多くあります。良い本をよく見て、よい人の魂に触れるといふことはよいことであります。あの万葉の、よき人のよしとよく見てよしと言ひしといふ歌のやうです。近世の本居宣長、橘守部は実に良い人であります。『古事記伝』は若い頃能く読みました。守部の遺著で其の頃は未だ刊行されない『稜威道別』『稜威言別』などを（橘家の）東世子さんから借りて読みました。東世子さんはいゝお婆さんでした。」

このチェンバレンは明治十九年四月、東京帝国大学に「日本語学及び博言学教師」として招聘され、明治二十三年九月まで勤めた。明治二十年には『日本小文典』を著した。これはチェンバレンが英文で起稿したものを誰か英文に通じた者が普通文に訳し、それを国学者が純然たる擬古文体に書き改めたものである。ところが訳者の名前がこの文部省の出版物にはどこにも出ていなかったから、人々はチェンバレンが自分で日本の雅文に書きおろしたと思いこんだのであった。岡倉由三郎の『チヤムブレン先生を憶ふ』(『国語と国文学』第十二巻第四号)にはそうしたチェンバレン神話が発生する過程が明かされていて興味深い。世間はそれ程この英国学者の日本語及び日本文の造詣を信じきっていた。それで、

先生は日本の各時代の言葉の形を、自在に使駆せられ、先生に向つて、王朝風の物言ひを仕掛ければ、先生も言下に之に応じて、こそけれの呼応一糸乱れずに、光る源氏の如く物語られる。鎌倉時代で行けば、即座に鎌倉時代、と言つたあんばいだ、と、知らぬ者も知つた顔して、先生を語学の鬼才と、本統に総てを信じて、一同舌を捲いたのであつた。

チェンバレンにはさらにアイヌ語及び琉球語に関する研究、また後進の指導にも多大の功績があり、それで四年半という比較的短い在職期間にもかかわらず、明治二十四年には東京帝国大学名誉教師の称号を授けられた。

チェンバレンから学問上の手ほどきを受けた人の中には、右の岡倉由三郎はじめ、上田万年、三上参次、白鳥庫吉、高津鍬三郎、和田万吉、渡辺董之助、佐佐木信綱など、後に日本の人文系の学問の指導的地位につく人が輩出する。柳田国男のように直接就きはしなかったが、書いた物を通して深い影響を受け、チェンバレンの民俗学的業績に対して非常なる敬意を表した人も後から現れた。チェンバレンに親炙した佐佐木信綱はじめ何人かの人々は繰返しチェンバレンの高雅な人柄を讃えた。日露戦争中避暑地の箱根の村から出征した兵士の留守宅に金子を届けさせたこと、自分の帰国によって失職する書庫番の老人が老後に不安を覚えることのないよう資金を人に託したこと、また晩年ジュネーヴで隠棲した時も客死した未知の日本人のため

に葬儀に臨んだこと、そのジュネーヴの一室で大切に飾られていた三つの品は、第一が海軍兵学寮で教えた関係で戴いた有栖川宮威仁親王の写真、第二が日本政府から授けられた勲三等の勲章、第三が明治四十四年三月、チェンバレンの離日に先立って教え子たちが醵金して贈物とした銀器であったこと。——そうしたエピソードの一つ一つが日本人の心を打ったのである。

また中にはこんな事を言ってチェンバレンを讃える人も現れた。小畑薫良は日本きっての英語使いとして文化交流の場にしばしば立たされた外交官であった。それで外国で日本に関する質問を受けるたびにチェンバレンの『日本事物誌』*Things Japanese* を自分の知恵袋として質問に応じた——それは昨今の日本の外交官や学者連のある者が、日本に関する質問を浴びるたびにライシャワーの『ザ・ジャパニーズ』を自分の虎の巻として、ひとかど物知り顔に答える様に似ていた。——チェンバレンは日本人に対して鋭い皮肉も放っているのだが、小畑は自分をむしろ英国人の立場に置いていたから、皮肉を皮肉と感ぜずに済みもしたのだろう。そのような自分の過去を弁明して小畑は、

「此は私一人の経験ではなく、あの頃私の様な立場にあつた日本人共通の経験であつたし、亦欧米人の間にも本書を虎の巻としてゐた幾多の日本通があつたと思ふ」

と述べている(『国語と国文学』第十二巻第四号)。

だがそうしたいずれにもまして日本人がチェンバレンを讃えたのは、この西洋人が世界に知られることの少い日本文化に対し真面目な関心を示してくれたからに相違ない。その種の奇特な少数の外国人に対する感謝の念は、戦前にあっては一段と強いものがあったろう。こんな話も同じ『国語と国文学』に寄せられている。秋山光夫は一九三〇年オクスフォード大学を訪ね、ピット・リヴァー博物館で簞笥の大引出三杯に満たされた日本のお札《ふだ》のコレクションを見た。その中にある三島神社、八坂神社、阿夫利神社、日枝神社のお札は自分がいま同じものを肌身につけている。信心篤い母が光夫が日本を鹿島立つ朝、心をこめて肌につけて

くれたのである。故国を遠く離れて旅する秋山は、次から次へとこれらのお札を手にするにつけ、幼い頃の気持が湧然とわいて懐郷の情に堪えなかった。ところでこのお札はいずれもチェンバレンが蒐集したものである。中には「東京、赤坂區、臺町拾九番地　チヤンバレン君」と表記した封筒にはいったままのものもある。そしてお札と共に明治二十年頃出雲大社で上梓頒布した一尺に二尺ほどの和紙に着色木版した「福神の圖像」が出て来た。見れば像の上には出雲大社小宮司秋山光條と署名して「福神辨」の一文が記されている。秋山光條は光夫の父である。——その一文を読もうとして思わず眼は涙にくもった……

日本人が、自分たちの祖先の文化に関心を寄せてくれた外国人に感謝し敬意を表するばかりでなかった。駐日イギリス大使館のG・B・サンソムも、チェンバレンが極めて謹慎な研究家で、その念願は真理の探究にあって自己の名声にはなかった、と讃えた。正義を求めて世の誉れを望まれなかった、とも言った。この後輩のイギリス人日本学者は国際文化振興会が主催したチェンバレン教授追悼会の席上、日本語でこう語っている。

最後に、併し恐らく最も大切な今一つの先生の御性質を申上げますと、それは非常に先生は謙遜で在られましたといふことであります。例へば誤りを認められぬなどゝいふやうなことは決してなく、誤りを指摘せらるれば少しも当惑せられず、却つて何時なん時でも有難がつて居られました。

サンソムのような学者が大先輩を讃える言葉は、日本人門下生の師を尊ぶ心に共鳴を呼ばずにはおかなかった。サンソムはさらに『国語と国文学』特輯号にも英文を寄稿して、チェンバレン先生の生涯学んでやまない態度は『論語』の巻頭に描かれた人物を想起させずにはおかない、と次の句を引いた。——“a man who took pleasure in learning with a constant perseverance and application.”チェンバレンこそ「学びて時に之を習ふ、亦悦《よろこば》しからずや」を終生実践した人だ、とサンソムはいったのである。こうして日本人の子弟に讃えられ、英国人の後輩に敬せられ、日本の学者社会の中で人格者としてのチェンバレン先生のイメージは、アカデミーの一室に飾られた胸像のごとくに、安置されたまま固定して世に旧《ふ》り、世に伝わっていったのである……

だがこれから私が述べる話は、このチェンバレン先生についての頌徳表ではない。このように学者の典型として仰がれたチェンバレンが、明治時代に来日したいま一人の日本研究家ラフカディオ・ハーンと、結局どのような関係を持つにいたったか、という二人の友情にまつわる話である。それも往復書簡などで知られた両者の明治二十年代の交友が主眼なのではない。それよりむしろその後の関係、より端的にいえば、両者の友情がなぜはるか後年になって破られたか、という話である。

それは一見、チェンバレンとハーンという二人の間の個人的な問題のように映ずるかもしれない。しかし二人は明治時代に来日した日本研究の典型的な二大先達であった。明治・大正・昭和を通じて来日した後進たちが、英国人の学徒にせよ米国人の研究者にせよ、ほとんど凌駕することの出来ないほどの大先達であった。かつて村岡典嗣教授は、『日本学者としての故チャンブレン教授』という記事中で、チェンバレンとハーンの関係の特に注目すべきことを言い、その個人的交際を略記した後、

しかし吾人にとつてむしろ興味あるのは、両者の私交よりも、日本研究家（ハーンをも暫くしか呼ぶを許し得るとして）としての両者の比較である。文化に、社会に、文学に、また人間に、凡ての意味に於ける日本を対象として、この学者とかの詩人とが、而して私交上親しかつた――後年遺憾ながら相絶つに至つた二人が、いかに対照されまたいかに交渉したかは、思ふに興味ある問題である。

と述べている。チェンバレンとハーンの関係を説き明すことは、この二人の日本受容の深浅の差を説き明すことでもある。その意味において、日本を頭で理解しようとした人チェンバレンと日本を心で把えようとした人ハーンの違いは、いまなおアクチュアルな切実な問題を孕んでいるといえるだろう。それは外国人による日本研究とはいかなるものか、いかにあるべきものか、という問題をまず提起する。そしてそのような問題提起をすることにより、日本人による外国研究とはいかなるものか、いかにあるべきものか、という反省をも間接的には喚起するからである。

だがチェンバレンという秀れた知性による日本の事物の理解と、ハーンという温い心性による日本の心の共感という二つの行き方は、本来互いに排除しあわねばならぬほど相矛盾するものであったのだろうか。当初は互いに認めあい、敬しあった二人は、なぜ別箇の道を進んだのか。第一章では明から暗へ転ずる両者の関係をまず一瞥し、続いて第二章以後ではチェンバレンとハーンの身辺を探って、二人の破られた友情とその意味するところを究めてみたい。

この人物評伝には二人の主役にそれぞれ脇役がつく。チェンバレンの弟ヒューストン・チェンバレンとハーンの妻小泉節子である。この四人は、いずれも個性に富める人柄であって、奇人変人といえるかもしれない。しかし普通の社会からはみ出したかに見えるこれら四人が織りなす人生模様は、なんと興趣に富めることだろう。彼等はいずれも自分の生国以外の人、以外の文化のために尽し――その尽しようがそれぞれ実に奇妙奇態であって、それがこの話の本体をなすのだが――いまは異国の地、異国の人の傍らに休らいでいる。

もともと社会の周辺へ追いやられても仕方のないような人たちまでが、さまざまに搦み合ううちに突然、世界史の大舞台上へ引き出されたりしてしまう。チェンバレン兄弟や小泉夫妻の周辺を探っていくと――意想外な話だが――帝国主義の時代の日英米独の歴史がまざまざと目に見えてくる。また地方色を描き、異国情緒に耽ったといわれるハーンの文学の中にフランス文学の面影が浮んできたりもする。

この予期せぬ事態の進展に惹かれて、私は次から次へと調べを進めた。そして遠くを見渡し近くを覗くうちに、多少の不安を覚えた。明治の日本人は、孤独で寂しい生涯を送ったチェンバレンの皮肉や諷刺にあるいはすでに気づいていたのかもしれない。チェンバレンとハーンの冷めたくなった間柄についてもあるいは感づいていたのかもしれない。しかし明治の人は、日記や手紙の類を焼くのを習いとしたように、そうした過去は顧みず、古来の礼法の型に従っていたのかもしれない。東洋における師への尊敬とは、師の個性とは無関係に、師弟の定められた位置と型とに従うことそれ自体に、第一義が存していたもののようである。

それなのにいま遠慮会釈もなく、ここで事の裏面を見て明かしてしまうことは、なにかはしたない真似をするような気がしないでもない。だがしかしハーンが没して八十年が過ぎ、チェンバレンが亡くなって五十年が経った。その時の経過に免じて、昔の人の姿をその明暗双方において十分に観察させていただくこととする。それが学問であり文学であると信ずるからである。

第一章　チェンバレンとハーン

He understands Japan better !

松江の一日の最初の物音は、寝ている人のちょうど耳の真下から、まるでゆっくりとした、巨大な脈の鼓動のように伝わってくる。それは枕を揺《ゆす》りあげるような、聞えるというより肌に感じられる、大きな、おだやかな、鈍く響く音である。心臓の鼓動のように規則的で、なにかにくるまれたように深いところから伝わってくる音である。それは米搗《つ》きの杵《きね》の重たいずしんと響く響きなのだ。その音は日本の暮しの物音の中で一番哀感を誘う音のように私には思える……

十九世紀の末年、日本暦でいえば明治二十七年以降、ラフカディオ・ハーンがなんと一年にほぼ一冊の割合で、日本について次々と著書を公刊した時――それは結局在日十四年で合計十三冊にのぼった――在京の日本研究の大御所バジル・ホール・チェンバレンは感嘆の叫びをあげた。右に引いた一節は「神々の国の首都」とハーンが呼んだ松江の朝の情景だが、いかにもなつかしい筆致で精妙にその物音をとらえている。チェンバレンは自分も日本国内を四方八方旅したが、とてもハーンのようには書けない、と思った。そしてチェンバレンは当時版を重ねていた彼の『日本事物誌』*Things Japanese* の第三版（一八九八年）、第四版（一九〇二年）、第五版（一九〇五年）の中でハーンの名前と著作を次々と推賞した。いま第五版の「日本関係書」の項目を開くと、ハーンは、『皇国』*Mikado's Empire* の著者グリフィスの次に読むべき重要な著者として次のように記されている。

ラフカディオ・ハーンの『知られぬ日本の面影』（一八九四）およびそれに引続き刊行された『東の国から』（一八九五）と『心』（一八九六）。

細部における科学的正確さが、繊細で柔和で華麗な文体と、これほどうまく結合している例は他にかつてないであろう。これらの真に深みのある創見に満ちた著作に接すると、私たちはリヒャルト・ワーグナーが言った言葉の真実を感ぜずにはいられない。

"Alles Verständniss kommt uns nur durch die Liebe."

「およそあらゆる理解は、愛を通してのみ、我等にいたる」

ハーンは誰よりも深く日本を愛するがゆえに、今日の日本を誰よりも深く理解し、また他のいかなる著述家にもまして、読者に日本をより深く理解させる。

『古事記』を明治十六年に英訳して古代日本《エインシエント・ジャパン》について深い理解を示したチェンバレンも、今日の日本《コンテンポラリー・ジャパン》の理解についてはハーンに一籌《いっちゅう》を輸《ゆ》することを自分から認めたのである。しかもハーンを讃えるその語気にこめられた熱気は、理知的なチェンバレンにあっては、いかにも例外的である。

Lafcadio Hearn understands contemporary Japan *better*, and makes us understand it *better*, than any other writer, because he loves it *better*.

このbetterの三回に及ぶ繰返しは只事ではない。チェンバレンはさらに語をついだ。

日本人の生活、風習、思考、抱負。学生層、芸者、政治家、僻地の楽しげな村人たち――その人たちはいまなお祖先の霊の前で頭を垂れている。戦時下の日本の姿勢、絢爛豪華な法衣をまとった坊さんたちが朗々とお経を唱える仏式の葬儀、西洋人中ただハーンだけが足跡をしるしたことのあるような辺鄙な島の風物。また人間だけでなく幽霊についても、民間伝承の怪談奇談についても、要するに日本のありとあらゆる事物について――おそらく日本人の生活のユーモラスな面を除けば――これらのすばらしい著作が、詩と真実の交錯する光を投じていないようなものは、一つとしてないのである。

学術的真実が詩的表現のうちに巧妙に示されている、というチェンバレンの高い評価は、ハーンの特性をよく言い当てたものといえよう。もっともチェンバレンは次の一点に関しては留保した。

ハーンが下した判断の中で彼と私が対立した点はただ一点あるのみである。それは彼が日本人側が正しいとして肩を持つ際、絶えず彼自身が属する白人種を悪者にしたてるように見受けられることである。ハーンの作中に登場する問題のある人物は得てして西洋人である場合が多い。しかしながらヨーロッパは自分のことは自分で始末できるのである。もしそれが、かくも偉大なる文学ならびに民俗学への貢献の代価であるとするならば、すくなくとも私はなんらの不平も言わずにその代価を支払うつもりである。

開国以来の日本は、西洋をモデルとして国造りを推し進めてきた。日本は西洋を必要とした。ところがそれに対して西洋は東洋を無視することができた。それがチェンバレンが言うところの西洋の自律性、「ヨーロッパは自分のことは自分で始末できる」の意味である。文明は西洋から東洋へ、水が高きから低きにつくがごとく、流れるものと思われた。文明とは西洋文明の謂であり、オリエンタリズムとは無智蒙昧の代名詞である、と信じてチェンバレンは疑わなかった。

ところが西洋がそのように自己の優位に自足し満悦することのできた十九世紀の末年、ハーンは日本の肩を持ち、日本にいれあげ、日本婦人を妻とした。いやそればかりか当時の西洋人がおよそ思いもかけぬことまで敢てした。ハーンという米国文壇を中心に活躍する英国人の作家は、一八九六年、小泉家へ入夫願を出し、名前も小泉八雲と改め、法律的に日本に帰化してしまったのである。

ペリー来航以来すでに四十余年、西洋人にとって極東の島国へ渡航することはもはや難事ではなくなっていた。日本語の習得も、シーボルトの時代とは違って、容易とはいわないにせよ、不可能事ではなくなっていた。サトウやアストンのような外交官、チェンバレンのような学究にとっては日本文学の古典さえもいつか親しいものとなっていた。しかし白人が居留地の境界を越えて日本に帰化するということ、それはペルーに渡ったスペイン貴族がインカになることや、北アフリカに渡ったフランス人植民者が回教に改宗することと同様、本来起り得べからざることのように思われた。ウィーンの文芸評論家ホーフマンスタールはハーンの著作に深い興味を寄せた人だが、ハーンのこの西洋脱出にある特別の意味を認め、講演のための覚え書『ヨーロッパの理念』に次のように記した。

ラフカディオ・ハーン。一人のヨーロッパ人の完全な移行。限界を越えること。居留地の境界を越えるのは太平洋を越すのとほとんど同じことである、――太平洋も民族間の相違に比べればはるかに狭い。

相反する評価

しかし世の中は変るものである。

前世紀の末年、日本国籍を取得した西洋の男は真に例外的であった。いや当時に限らず日本の敗戦後の昭和二十年代、三十年代においても、万一そんな希望者が米英人の間から出たらやはり奇人であったろう。しかしそれが今日、様変りしつつある。ハーン流儀のライフ・スタイルはいつの間にか西洋の若者たちを惹きつけるようになってきた。それは以前と違って二十世紀の末年、西洋が西洋だけで自己完結的に自足することがもはや出来なくなり、西洋もまた東洋を求めるように変りつつあるからであろう。

その際、東西両洋の間に生きることは、逆に一つの新しい夢となり始めた。千九百八十年代の今日、日本の青年子女にとって西洋へ行くことが魅惑であるだけではない。西洋の若者にとっても日本に来て暮すことは魅力なのである。そうした今日的状況の下で、百年前に来日した小泉八雲ことラフカディオ・ハーンの文化的二重性は、ほとんど実験的と呼ぶに足る先駆性を秘めている。異性をも含む外国との出会い、接触、混淆、摩擦、融和——それらは、交通が容易となり地球上の距離が狭まるにつれて、若い世代の間では、日常的とはいわずとも、よほど広範囲にひろまりつつある。その種の体験はほとんど風俗の一部にさえなりつつあるのではないだろうか。

もっとも風俗は得てして皮相的・周辺的で、軽佻浮薄な流行に過ぎないのかもしれない。そして文化の根幹を成す中核の部分は保守的で、硬い殻をつけてそれとは別に存在するのかもしれない。いま接触、衝突、混合、融合などの新現象にふれたが、それが増大しつつあるからといって、第二次大戦後の米英の日本研究者の間から第二のハーンと呼ぶに値いするほどの人は誰一人出ていないのが実状だからである。

なるほど日本女性と結婚した米英の日本研究者は数多く現れた。そのために一時期のハーヴァード大学の日本学科など、教授陣の夫人連はことごとく日本系という奇観を呈したことすらあった。しかしだからといってアメリカ学界の中央で価値の転倒が生じたわけではないのである。そこで支配的な価値観はあくまでアメリカ的志向であって、米国籍を捨ててまで日本に同化を望むような日本学者は、さすがに一人も見当らなかった。敵国日本の実体を探るために戦時中にわかに盛んとなった米英の日本研究であってみれば、祖国への忠誠を捨てて日本へ帰化することなど、かつて語学将校として対日戦に従事した人々にとっては、心理的にも非常に抵抗のある、反逆に類する行為であったに相違ない。

その種の心理は過去に遡っても作用する。日本の一般読者にとっては愛すべき作家小泉八雲であるにしても、ラフカディオ・ハーンは米英の日本専門家《ジャパノロジスト》にとってはどこか奇妙な存在なのである。当然ハーンについての評価は日本と米国とで反対の方向へ分れて行く。その落差《ギャップ》はひろがりこそすれ縮まるとは見えない。千九百六十年代の初め、ハーンの ***Japan, an Attempt at Interpretation*** が再刊される運びとなった折、プリンストン大学のマリウス・ジャンセン教授は序文を寄せ、ハーンの日本学者としての信憑性に深刻なる疑義を呈した。ハーンの日本語読解力の弱さ、スペンサー哲学への異常な傾倒、ロマンティックな誇張と反西洋的偏向……千九百八十年代の半ば、カナダで日本研究総会が開かれた折にも、ハーンが描くところの日本を夢みる者はいってみればヘルニヤナを病む者である、という指摘が冗語の間になされた。ハーン（ヘルン）にまつわる事実や文献の調査を **Hearniana**《ヘルニヤナ》 と総称するが、それを脱腸《ヘルニヤ》症状に掛けて皮肉った人は全濠日本学会会長ボライソ教授であった……　かつて英国の日本研究は世界をリードした。第二次世界大戦以来この方、米国の日本研究がそれに取って代った。その際、若き学徒等が仰ぐべき先達があるとすれば、それはアーネスト・サトウ、バジル・ホール・チェンバレン、ジョージ・サンソム等であっても、ラフカディオ・ハーンであってはならないという。

しかし米英の日本学界で長老の口から再三発せられるこの種の警告は、一部におけるハーンへの敬愛をこめた傾倒や根強い人気を逆に反映しているものではあるまいか。今日の日本で小泉八雲が以前にもまして愛読されているのは周知の事実である。明治年間に来日した西洋人日本研究者や著述家の中で、なぜハーンだけがこのように日本人から好まれているのだろうか。私は、日本人の一般読者が小泉八雲を愛することには、やはりそれだけのきわめて正当な理由があるのだと考える。ハーンの生き方や感じ方、その人となりや世界観は、作品にもおのずから投影しているが、日本の読者の大半はやはりそれを良しとしているのだ。そのハーンの魅力の一端を、サトウ以下の英国人日本研究者、特にチェンバレンとの対照裡に明らかにしてみたい。文学者ハーンを他の日本学者たちと同一次元に並べ得るのか、という疑問もあるいはあり得るかと思うが、しかし彼等を比較論評する上できわめて好都合な問題設定の枠組もまたないわけではないのである。そのコントラストは、ちょうどヴォルテールとルソーの比較論と同じように、ほぼ次のような公式で示し得る。世にいわゆるハーン（チェンバレン）の短所（長所）なるものは、視座を変えると、長所（短所）となるやも知れない、という対比である。

はじめに、個人的《プライヴエット》な事柄として、日本学者としての生き方とは無関係のように長い間不問に付されてきた、彼等の日本女性との関係から、問題に迫ってみることとする。

日本女性との関係

昭和四十一年の春頃であろうか、『朝日新聞』紙上で「研究ノート」にアーネスト・サトウに日本人妻がいて二人の間に一児か二児を儲けたらしいという記事が出た。レンセン教授の問合せにサンソムが「私は息子が一人居たとは聞いている」と答えた話も載っていた。すると「私がサトウの子供だ」と武田久吉博士が紙面に名乗って出られた。実はサトウの次男が植物学者としても登山家としても名の通った武田農学博士であることは周辺では前々からよく知られていたことで、それだけに岩波文庫から出たサトウ『一外交官の見た明治維新』の訳者坂田精一氏が付した略伝中の一節、

「サトウはその生涯を独身でおし通し」

は知る人にはかえって妙な違和感を与えていた。

しかしそのような喰違いが生じたについては理由《わけ》もあった。アーネスト・サトウは西洋人社会の間では終生独身者で通した人だったからである。サトウが「三田の伊皿子のあたりに住む高級な指物師の娘」武田兼と結ばれたのは明治初年のことで、明治六年に生れた長女は間もなく病没したが、明治十三年に長男栄太郎、十六年に次男久吉が生れた。このイギリス外交官は兼と事実上の夫婦関係を十年以上も続けたのだが、それは世間に伏せてあった。それればかりかサトウはその綿密な日記の中でも長い間妻子のことに全く言及せず、子供と食事したこともスペイン語で記入した。兼が登場するのはサトウが妻子を日本に残して新しい任地バンコックへ赴任した明治十七年以降で、この駐シャム英国公使は、日記中に初めて日本人妻に言及する時、人目を憚るようにローマ字綴りの日本語で記した由が報告されている。

なんのための遠慮だ。世間体を繕ってのことか。サトウは冷淡な男だ。それが今日の読者の性急な反応であるかもしれない。しかしサトウはバンコック在任中も、休暇を得て日本に戻ると、妻子のために家屋を購入し、親身に面倒を見ている。それならなぜきちんと結婚しなかったのか、と読者は問うかもしれない。しかし三田の指物師の娘が大英帝国を代表する在外公館の女主人《ホステス》として各国外交官の応接に当ることは出来なかったであろう。それならなぜ晩年イギリスの田舎へ隠棲する時、兼を連れて行かなかったのか。そこにはサトウの側の世間体もあったろうが、兼の側にしても、英語も出来ぬ身で、遠く西洋へ行って城館の奥におさまるつもりはさらさらなかったに相違ない。

しかしふとしたきっかけで始った青年通訳官と日本娘との情事の結果、サトウが生涯を独身でおし通したということは、ある意味では兼への愛情ゆえと取れないこともない。サトウは二人の間に儲けた子供たちの世話はきちんと見た。二人の男の子は留学までさせた。そのようにぬかりなく後始末をつけている点はいかにも練達の外交官らしい。武田家の子孫もこのサトウの子孫であることを誇りにしていればこそ、世間で話題となった時、臆するところなく名乗り出たのである。とするとサトウが現地妻に対してとった措置は、明治初年の日英関係の下では、きわめて適切だったのではあるまいか。少くともバジル・ホール・チェンバレンは先輩サトウが取った措置をもって良しとしていた。

ここで英国人日本研究者の系譜の中でサトウ、チェンバレン、ハーン、サンソム等を位置づけておくと、初代は生年（一八四三年）からいっても来日した年（一八六二年）からいっても、通訳生のサトウが先駆的存在である。チェンバレンは後に日本在留の欧米人日本通の中で自他ともに許す大御所となるが、生年はハーンと同じ一八五〇年であった。ただし来日した年は一八七三年（明治六年）で、一八九〇年（明治二十三年）に横浜に着いたハーンよりも、日本の事物に関しては十七年先輩であった。職歴からいうと海軍兵学寮や帝国大学で教えたチェンバレンと、島根県立中学校、熊本高等学校、帝国大学で教えたハーンとは教師として同一類型に属し、サトウとサンソムとはノン・キャリヤーの地域勤務の外交官として別の同一類型に属する。ジョージ・サンソムは一八八三年に生れ、一九〇四年（明治三十七年）に来日、日本で三十余年の生活を送った。実はそのサンソムにも日本女性との間に儲けた男子があり、第二次世界大戦中、日本軍の一兵卒として出征、インパール作戦でイギリス軍と戦い、不幸にも戦死を遂げたとのことである。

ここで問題は、明治時代、東洋の小国へ渡来した西洋人がどのような結婚観、というか現地女性観を抱いていたか、ということである。来日当初のハーンは、日本知識について先輩チェンバレンとの間に非常な懸隔があることを自覚していたから、なにかにつけてチェンバレンに相談し、彼の意見を仰いだ。その中には日本女性との結婚に関する件もはいっていた。チェンバレンがハーンに書き送った一八九一年（明治二十四年）八月二十六日付の返事には次のような忠告が見える。

ハーンさん、……あなたがお選びになるべき道は、言うまでもなく、日本ではごく普通に行われていること、すなわち全然法律上の結婚はしないでおくことです。

チェンバレンは典型的なヴィクトリア風英国紳士である。その彼は白人の男性が現地女性と結婚することを忌み嫌い、代りに日本女性との同棲ないし内縁関係を認めたのである。――まさか君は英語も出来ない現地妻を将来西洋へ連れて帰って彼女を不幸に陥れるつもりではあるまい。チェンバレンは露骨にそういう趣旨のことを書き送った。その際チェンバレンの念頭には、先例として、先輩サトウの身の処し方があったに相違ない。百年後の今日から振返れば、不真面目として指弾されかねないチェンバレンの女性観だが、当時としては（あるいは今日も？）これこそが大人の分別であり、またこれこそが世間的にはきちんとした、いわゆる respectable な生き方でもあったのだろう。

東洋に来た西洋人には不埒な者も多かった。前世紀の道徳基準に照しても不謹慎な白人は居留地に数多く住んでいた。例えば、フランス海軍軍人であり作家でもあるピエール・ロティは、あるいはイスタンブールで、あるいはタヒチで、あるいは長崎で、女と月極めで「結婚」生活を送っていたのである。言うまでもなく全然法律的でない結婚であった。そして次々とその印象を美しく作品化していった。『ロティの結婚』『お菊さん』『お梅さん』……

ロティもチェンバレンやハーンと同じ一八五〇年生れであったが、ハーンより早く来日し、いちはやく文名を成した。ハーンはニューオーリーンズ時代からロティの散文を愛読し、直接文通まで交わして、ロティの消息を『タイムズ・デモクラット』紙上に報じたこともあるほど、このフランス作家を尊敬していた。「私にとって一時期ロティは自然の赫奕《かくやく》と燃えあがる魂のすべてを覗き見た人のように思われました」

ハーンはチェンバレンへ宛てた一八九三年（明治二十六年）二月十八日付の手紙で、自分のかつてのロティへの傾倒をそのように表現した。『お菊さん』（一八八七年）を読み、その官能的生活に誘われて来日したと思われる節のないでもないハーンは、しかし奇妙なことに、松江へ行き、小泉節子と生活を共にするに及んで、自分とロティとの違いをまざまざ自覚させられてしまったのである。かつてロティを読んで空想した日本と、自分の眼で見、肌で触れた実際の日本と、その差のあまりの甚しさにハーンは驚いた。日本はロティの文章を通して思い描いたよりもずっと心美しい国だった。すると憑《つ》きが落ちたように、ロティがにわかに光も色も褪《あ》せて、

「小さなつまらぬ、病的で、鼻持ならない、近代的フランス人となってしまった」

ハーンはその翌明治二十七年二月には、再びチェンバレンに向けてはっきりと書いた。

「ロティは日本の女に対して公平を欠いています」

その不満の表明は、東洋の港町へ到着して次の船出まで「結婚」するような、女の人格を無視した白人植民者流儀は自分の生き方とは相容れぬ、というハーンの意志表明でもあったろう。ロティをあらためて読み返すと、彼は人生に倦み疲れ、情に感ずる心を失った blasé（無神経）な生き方をしている。自分はそうした生き方は是認できない。そのような感情は、節子との間に長男一雄が生れた時、ハーンの心中に一段と強まったに相違ない。ハーンは節子と法律的に結婚しようと思った。ただしその際、節子をイギリス女性にしようとは思わなかった。ハーンはヘルンさん言葉といわれる独特の言いまわしであったが、とにかく日本語で用が足せたため、節子の側の英語はほとんど進歩しなかった。長男はともかく、その節子を西洋へ連れて行くつもりはない。ハーンはそこで自分が小泉家の養子となって、日本国籍を得ることで、正式の夫婦になろうとしたのである。

前にもよそで述べたが、ハーンは不思議な運命のめぐりあわせで、父子二代、異国の女と結ばれた。父が自分の母であるギリシャの女ローザを捨てたために幼いハーンは不幸となった。終生父親に好感を持てなかったハーンは、長男一雄が明治二十六年十一月に生れた時、深く感動し、

「自分の子供を産んでくれる女を虐待する男も世の中にはあるのだと思い出したら、天地が暫く暗くなる

様な気がした」

と友人ヘンドリック宛に書いた。また自分の子供の産声《うぶごえ》を聞いて、

「自分の体が二つある様な妙な気がした」

とも述べた。前の言葉が自分の父の所業に言及しているのは明らかだが、ハーンはその時、自分は父チャールズ・ブッシュ・ハーンと違って、我が子も、我が子の母も大事に大切にしようと思い、死んでも遺産が妻子の手に確実に渡るよう日本へ帰化する決心を固めたのである。

イギリス人の多くはつい先年まで、同国人が東洋で土地の女と結婚することをgo nativeと呼んで忌み嫌った。ハーンはそれをあえてしたばかりか、更に一歩を進めて彼自身がネイティヴの一人に化してしまったのである。それは来日後六年の明治二十九年のことだが、ハーンの日本への帰化は西洋人居留地ではなにかと噂の種だったに違いない。チェンバレンもハーンの国籍問題についてあまりにも質問を受けることが多いので、後には著書『日本事物誌』に特に注を添えハーンの帰化の年その他を明記したほどである。

感じやすいハーンは、こうした小五月蠅《こうるさ》い西洋人居留民たちとはつきあいたくない、と思ったことであろう。明治二十九年上京してから後は、西洋人と交際することがにわかに減ってしまった。後述するように、それにはほかにも理由はあった。しかし小泉姓を名乗ったハーンは、在日西洋人で日本人妻を捨てるような者がいると、それまでは親しく交際していても、突然つきあわなくなるような一国《いっこく》さがあったのである。ハーンは、居留地の外人のそうした仕打ちを、自分自身に対する個人的侮辱のように感じた人に相違ない。彼の作中に登場する問題のある人物が得てして西洋人である場合が多いのは、そうした事情にも一半は由来する。

亡き友に対する愛慕

一八九六年（明治二十九年）一月、神戸在住当時に小泉八雲として帰化願が許されたハーンは、八月下旬東京に出、九月に始る新学年から帝国大学で英文学の講義を担当することとなった。国籍上は日本人となったが、文筆活動も講義も英語だし、給与も外山正一文学部長の尽力で特別に外国人教師待遇の月俸四百円を受けることができた。これは要するに、文学者としてのハーンはあくまで西洋人であったということであろう。

その頃からハーンの対人態度にある変化が見られた。外向的であった松江時代やそれに引続く熊本時代は、民俗学的関心がまだ強く、それだけに土地の人とも交わり、チェンバレンとも文通を交わしたが、東京時代のハーンは多忙ということも手伝って、手紙の類もいたって少くなった。まず第一にきわめて入念に講義の下調べをした。次に毎朝一時間一雄に英語を教えた。その上、一年に一冊の割合で著書を公刊したのである。ただしその内容は『骨董』（一九〇二年）、『怪談』（一九〇四年）にいたる再話物が主流を占めたから、松江や熊本時代のように土地の風俗の観察に時間を取られることはなくなった。ハーンの話相手はおのずから妻節子が中心となった。日本語がほとんど読めないハーンのために、節子が俥で古本屋をまわって昔の物語類を買い集めてはいろいろ読んで聞かせる。その中からハーンは自分の趣向に適したものを選んで、それをまた節子に読んでもらっては自己流に書き直して行く——そういう再話の仕事に打込んだのである。チェンバレンが一九〇五年版の『日本事物誌』の「日本関係書」の項に、

この才能ある作家の手になる作品は（『見知らぬ日本の面影』、『東の国から』、『心』のほかにも）その後六、七冊が出た。いずれも同じような文体の魅力を十分に示しているが、しかしその材料の扱い方は次第に主観的となっている。

と注した傾向の仕事である。

それだけの果すべき仕事を持っていたから、ハーンは世間との交際をなるべく絶たねばならなかった。もっとも、マクドーナルドや雨森信成らの友人とはつき合い、東大生を相手に話していたから、知的に孤独に陥るということはなかった。松江や熊本時代のハーンは、言ってみれば intellectual companionship の欠如から、その淋しさをまぎらすためにも、あれだけの夥しい手紙をチェンバレンに送りもしたのである。それが在日六年ともなると、ハーンの日本知識も深化したから、来日当初のように一々チェンバレンに問いただす必要は薄れた。いや、日本の民間信仰や霊の世界については自分の方が親しく内面から摑んでいる、という自信さえハーンは抱くにいたったのである。それやこれやで上京した頃からチェンバレンとの交際はかえって疎遠になってしまった。怪談奇談に共感を寄せ、その再話に打込むハーンと、妖怪変化の類を頭から認めぬ冷笑的なヴォルテールの徒チェンバレンとでは、話はしっくり通じないわけだ。

もっともチェンバレンはハーンのその態度の変化を鷹揚に理解し、許していた。彼のハーンに対する見方は、ハーンが一九〇四年（明治三十七年）に五十四歳で早逝した後もなお好意的であった。とくにハーン没後二年の一九〇六年十一月に記され、一九一一年（明治四十四年）一月『心の花』に掲げられた次の文章などは、読む人の心を温めずにはおかぬ回想の一文である。チェンバレンはその名のバジル・ホールを意訳して王堂と号したが、彼の遺文の幾つかは『心の花』を主宰した佐佐木信綱の手によって一九四八年、『王堂チェンバレン先生』の一小冊にまとめられた。世に知られることの少い文章でもあるので、そこから『ラフカディオ・ハアンの思出』全文を引くこととしたい。（なお小花清泉の訳には「ハアン」とあるが、〔heːn〕と発音するのが正しく、本稿では以下すべて「ハーン」に改めて統一させていただく）。

ラフカディオ・ハーンに対する余の思ひ出は、宛然一場の夢のごとくなりぬ。楽しき夢の常とて、余が思出の夢も亦、余りに短しとおもはるゝばかりなり。体格は小作りにて、晩年にはやゝ肥り気味に見えたり。全く明を失ひたる片つ方の凸眼は、まことにそが半面の疵なりき。然れども、二三分間、彼と応接すれば、温和にして熱情ある挙動の真に愛すべく、応接者の心は自然その方に奪はれつゝ、外部の欠点には注意する暇だにあらず。彼の談話は、決して日常の瑣事にわたらず。話題は大方哲学と文学とにて、詩歌は彼の常に好む所なりき。多方面の大才能はありしかど、アイリッシュ種の人にも似合はず、ユーモアの性には欠けたりき。そは彼が幼時の悲しげに過され、青年中年の折も亦、常に孤独の有様にて、或時は飢と戦ひ、或時は亦世間の軽侮を忍びつゝ、憂世の憂さの心にしみ渡りて、快活ならむと欲するも、不可能なりしなり。彼の著書は既に多く出版せられ、彼が数多の書簡も亦、今や世に名高くなりたるが、書簡といひ著書といひ、いづれも皆彼の談話と等しく、一種固有の趣あり。但、その書物はその談話に優れり。そが書簡は又、そが書物に優れりとや批評しつべき。さばかりの用意もなく書き流されたる書簡文中には、読者を魅する力あり。ハーンはそが書簡の好文章中に永久生存すべく、ウォルポール、フィツゼラルド、カーライル等と共に、英文学界に頭角を表せる消息文の大家として世に記憶せられぬべし。文章家としては、以上の大家よりも一層優れたり。文体は能く彼が思想の全班に適合して、一面詩的なると同時に、また一面学理的の正確なる点をも兼備しゐたりき。彼は何事に就きても、一篇の論文を作らむとすれば作り得ざることなく、数多の事実は最初にまづ深く観察せられたる後、詳しき上にも詳しきにわたるがその好む所なりき。一度筆を取りて文に綴るや、巧妙なること宛然言語上の音楽家とも称しつべきほどの器量を持ちたり。一眼は既に用をなさず、他の一眼の視力も亦微少なるに、物の観察に怠なきは、実に驚くほどなりき。一室に入れば、室内の物をば凡て観察せむとす。観察して後、人に語りいでむとす。さればにや、我が顔をばほと〳〵壁に接しつゝ、部屋の内の彼方此方を歩きめぐるが常なりき。日常の事に忠実なりしがごとく、文章にも亦忠実なりき。

　前に述べたるごとき陰気の質に加へて、ハーンには又、多少の羞渋と怒り易き癖とありたりき。晩年になりて、年来の旧友とは大方交を絶つに至りぬ。友が一片の言葉も、瞬時の顔色も、何としもなき聊かなる事柄も、過敏なる彼の感情を破りしなり。彼は不意の死に出逢ひしが、そが運命には我知らず心づき居たりしやうに思はる。一生の事業はさばかり多く、しかもそが一生の時間はさばかり短かりき。さればにや、友にも多く交はらず、交りたる二三の友人にも大方は冷淡に打過ぎつゝ、孤立の生活を送りておのが業にのみ従事し果てつ。そはいふまでもなく、一時の友は捨つるも友よりは一層大きく又一層永続すべき社会てふものゝために、おのが天職を尽さむとてなりけり。彼が最後の著書二巻も亦、斯くて作り得られしなり。

ハーンは、真に愛すべき好人物にて、そが天性の長所を文学界に貢献して此の世を去りつ。彼のために害せられたる人は無く、そが著書は能く幾千といふ読者の心を慰めつ。日本といふ名を世界の国民中に高く響き渡らせたるも亦、此の人なり。ハーンが知己達の、亡き友に対する思ひ出は尊敬なり。否、尊敬よりは今一層の愛慕なり。

典雅な訳文を通して、チェンバレンの亡友にたいする尊敬と愛慕の情が気持よく示されている。上京後のハーンが、年来の友人との交りも絶って、ひたすら文筆の業に打込んだことに対しても、いかにも納得の行く解釈が示されている。ハーンの天分に対する賞讃も惜しみないが、その中で書簡文をとくに推称したのは、ハーンの書簡が書物にまとめられることをチェンバレンが強く願ったからでもあったろう。その願いはかなえられて、ハーンの書簡は今日四冊余の書物にまとめられている。そして付言すればチェンバレンその人からハーンへ宛てた書簡も、チェンバレンの死後ハーンの遺児小泉一雄の手で正続二巻が編まれて、北星堂から刊行されている。一九三六年小泉一雄はその *Letters from Basil Hall Chamberlain to Lafcadio Hearn* に序文を寄せて、かつて父から聞かされたチェンバレンについての思い出を淡々と記した。

ハーンはチェンバレンとの文通をやめてしまいましたが、悪意あってのことではありませんでした。終生、氏をお慕いし、尊敬しておりました。ハーンの妻も息子も（つまり私の母も私も）、ハーンが氏を悪く申すのを耳にしたことは一度もありませんでした。父はたびたび私に、チェンバレン氏がすぐれた学者であること、三歳の幼児の頃から好んでペンを玩具にし、五歳にしてひとつも誤りのない立派な英文で手紙を書き、今では十数ヵ国語の読み書きと会話ができるのだということなどを語り聞かせてくれました。チェンバレン氏の編集されたおとぎ話も、父に幾つか読んでもらったものです。

ハーンが幼い息子に向って畏友を語った、静かな口調にはおよそ怨みがましい気持は感じられない。二人の間には友情を破るような、ドラマティックな事件は別に起きてはいなかったようだ。昭和二十五年に出た小泉一雄の『父小泉八雲』には文通途絶の事情がさらにこのように記されている。

父は、「チェンバレンと自分は不和ではない。自分はメーソンのような暇人ではない。忙しいのだ。私は只或る時期が来る迄チェンバレンとの交際の休暇である」と漏していた。

東京時代のハーンがいかに時間を惜しんで著述に励んだかについては、それを証する言葉をいくらでも引くことができる。また小泉家でチェンバレンの悪口が言われていなかった明白な証拠は、ハーンの死後、節子が長男一雄を連れてチェンバレンを訪問した事実からも推察されよう。一雄が『父小泉八雲』で回想するところによれば、明治三十八年夏、チェンバレンは訪れた二人に向い、日本語で次のように語ったと言う。

ハーンさんはお仕事に御熱心の余り屢々交際を断った人でした。そして断たれた人以上に断った御当人がそれを苦にして居られたのです。私にはよくその心情が判ります。親友と疎遠になって平然としていられる御性格のお人では決してありませんでした。

この言葉は先に引いたチェンバレンの『心の花』に寄せた記事の内容とぴったり符合する。当時のチェンバレンはハーンに対し含むところはなかったと見るべきであろう。

死後に破裂した時限爆弾

ハーンとチェンバレンは同じ年であったが、前者が五十四歳で早逝したのに対し、後者は八十四歳の一九三五年（昭和十年）まで長寿を保った。チェンバレンはその亡くなる前年、『日本事物誌』第六版のために新たに二項目を書いた。一つは「ラフカディオ・ハーン」で、いま一つは「大本教」であった。別に「武士道」の項目もふえたが、その内容は一九二七年版にすでに付録として加えられた「新宗教の発明」とほぼ同一であった。

一九三九年（昭和十四年）十二月、著者の死後四年余を経た時点で、この『日本事物誌』第六版が公刊された時、ある者は啞然とし、ある者は成程と首肯した。チェンバレンはそこで年来の評価を一変して、ハーンに対してやにわに手厳しい酷評を放ったからである。当時のイギリスはゲーリング元帥麾下のドイツ空軍の猛爆撃にさらされていたが、その中には投下後しばらく時間を置いて後に爆発する時限爆弾も混っていた。それはロンドン市民の神経にひどくこたえるものであった。だがハーン没後三十五年、チェンバレン死後四年、思いもかけず公表されたこの記事も、時限爆弾の時ならぬ炸裂に似ていた。そしてその破壊効果たるや稀に見る鮮やかさであって、この一発によってハーンの文学史上の死命は制せられたかに見えたほどである。

四頁余の長い記事にチェンバレンは旧版の記述も部分的には混えた。著者はその主張において従来と首尾一貫するかのごとく見せかけたのである。けれどもその実、新項目全体としては、ハーンを否定的に印象づけるよう巧妙に按配されていた。チェンバレンはまず従来なかったハーンの略伝を新たに掲げた。

ラフカディオ・ハーン（一八五〇―一九〇四）はイオニア海の島の一つであるリューカディア島に生れた。父親はアイルランド出身の医者で、母親はギリシャ人であった。しかし両親はじきに別れ、子供たちは捨てられた。ラフカディオの教育を引受けたのは厳格なカトリック信者の大伯母で、ハーンは子供の頃からこの大伯母としばしば争った。家を飛び出すとロンドンへ行き、それから合衆国へ渡った。文なしで、臆病で、人見知りであったため、さまざまの艱難辛苦を嘗め、時には道端で寝たことすらあった。中西部の町の新聞社で職を見つけたので、そこで腰を落着けさえすれば、かなり安楽な生活が送れたのかもしれない。というのもハーンは初め印刷屋の使い走りの小僧として出発したが、社中の一人が病気となり、それを機会にジャーナリストとしての才能を発揮したからである。ちょうどそのころ起った恐ろしい殺人事件を報じた彼の記事はその地方にセンセーションをまき起した。しかし周囲の単調な中産階級的な環境が、このロマンティックな若者の精神を滅入らせた。それでハーンは南部へ移り、暫くの間は美しい絵画的な過去から伝わるクレオールの混血民の習慣や、古いフランス風の家屋の残っているニューオーリーンズが気に入って滞在した。しかしこの町も彼の愛情を永久にひきとめることは出来なかった。彼はマルティニーク諸島に向けて出帆した。この熱帯地方の印象は『仏領西インド諸島における二年間』という題の魅力的な書物となって世界に伝えられた。彼はそこでもまたすぐに飽きを覚えた。……

来日後のハーンの生活はこの項目によれば次の通りである。

四十歳近くになった時、ハーンは新天地を遥かなる日本に求めようとした。彼が日本に上陸した時、彼の財布は例によって空っぽであった。幸運なことに、ハーンの作家としての名声はすでに日本にも伝わっていた。横浜到着後まもなく日本政府は彼を山陰の僻地松江の英語教授に任命した。そして後には昇進して東京帝国大学教授に任命された。最初の数年の間、彼の日本熱は異常なほど昂進した。ハーンは神々の国を発見し、彼の『知られぬ日本の面影』は日本を讃美したが、その日本なるものは、実は彼が自分は見たと勝手に思いこんだところの日本でしか過ぎない。……

ハーンが愛した日本は今日の西洋化した俗悪な日本ではあり得なかった。彼が愛した日本は西洋化の汚れを知らぬ古代のままの日本、純粋なる日本であったが、そんな完璧な姿の日本は彼の空想以外には存するべくもなかった。日本政府もハーン同様に失望した。というのは日本政府がこの外人を雇ったのは、西洋の世論が日本の近代化の努力を好意的に評価してくれるよう、ハーンが文筆でもって宣伝してくれるだろうと信じたからである。ところがそれとは反対に、ハーンは日本の近代的変革を罵ってやまなかった。彼が急死した時、事態はこのようなものだったのである。

そしてハーンと自分との交友関係についてはこのように説明した。

彼のような精神は、絶えず引き裂かれているから、しばしば不幸にならざるを得ない。ハーンはさまざまな国土や事物に対してもいつも裏切られた思いをしたが、人間に対しても同じような経験をもった。彼は常に最初はまず友人を理想化する。そして自分の間違いに気がつくと、自分を欺したといって友人に対して腹を立てるのであった。著者は日本における彼の最も古くからの友人であったが、この共通の運命を免れることはできなかった。私が持っていると彼が勝手に思いこんだところの超人的な美徳や才能が実はありもしなかったことに、彼はある日突然気がついた。私がハーバート・スペンサーのあの大冊の書物を三冊か四冊しか読んでいないこと――その書物の中でスペンサーは星雲から下は（上は？）人間やその事業にいたるまで説明している――そして残りは簡略版ですませていたことを発見した時、私たちの間に危機が訪れた。ラフカディオにとってスペンサーは神のごとき預言者だったからである。……その日から私たち二人の友情は破れた。作家ハーンに対する私の尊敬心も、その人柄に対する私の愛情も変らなかったが、それからは遠慮して近寄らず、遠くから見守るだけであった。さらにまた彼の女性的で敏感すぎる感受性は、折悪しく一言しゃべっただけでも、いや沈黙しているだけでも、あるいは身ぶり一つでも、何をしてもまた何をしなくても、傷つけられるほどだったからである。

そして日本の女と結ばれて、英国国籍を捨てたハーンの晩年は、八十歳を過ぎたチェンバレンが断言するところに従えば、次のようであった。

ハーンの一生は夢の連続で、それは悪夢に終った。彼は、情熱のおもむくままに日本に帰化して、小泉八雲と名乗った。しかし彼は、夢から醒《さ》めると、間違ったことをしでかしたと悟った。

このチェンバレンの見解が英米でたちまち承認されたについては、それなりの理由があった。チェンバレンはハーンをもっともよく知る英国人であった。しかもチェンバレンの念願はあくなき真理の探求にあって、自己の名声にはないと言われていた。その人が真相を語ったのである。しかもチェンバレンの言うところは当時の英米人の日本観と一々よく符合した。満洲事変以来の日本は国際社会における乱暴者であり、シナを侵略し、いまや独伊と三国同盟を結んで英米と敵対しようとしている。『日本事物誌』第六版が一九三九年あらためて世に出たのも、この軍国日本の実状を知りたいという要望が世間一般に強まったからである。刊行後二年を経ると、注文はにわかに増えた。一九四一年十二月七日、日本が米英に対して不敵にも宣戦を布告したからである。そのような小憎らしい日本が、ラフカディオ・ハーンが麗筆で描くような心美しい穏やかな国であるはずはなかった。ハーンが讃美した東方の国なるものはロマンティックなハーンが空想裡に美化したところの日本でしか過ぎない。そのように示唆するチェンバレンの説明は、かつてのハーンの愛読者たち——いまではハーンを愛読したことに対して罪責感すら覚える読者たち——をも首肯させるに足る説明であった。日本に帰化したハーンが結局は夢から醒めて後悔したという解説も合点の行く話であった。イギリスで育ち、アメリカで新聞記者として名を成したほどの男が、一体なにを好きこのんで日本などという野蛮国へ行って住みつく必要があったのだ。さては金欲しさに日本政府に雇われて御用作家になるためであったのか。

ハーンが帰化したのはそれよりもう半世紀近くも前の話であったが、太平洋戦争下の米英の人々はハーンを母国への忠誠を欠いた裏切者のように見做した。米国海軍の軍用船の一隻が「ラフカディオ・ハーン号」と命名されようとした時、ワシントンの戦時船舶管理局へは非難の投書が殺到した。その船にはあらためてアメリカの愛国者の名前を付けるというその場凌ぎの約束で、事件は結着した。

世間はチェンバレンの説の正しさを信じて疑わなかった。ハーンの信用は米英では地に落ちたが、チェンバレンの日本学者としての権威は戦後も揺るぎもしなかった。先にふれたジャンセン教授のハーン論は千九百六十年代の初頭に書かれたものだが、やはり論拠の一半をチェンバレン『日本事物誌』一九三九年版のハーンの項目に求めたものである。

チェンバレンのこのハーン批評の影響は敗戦後の日本でも決定的に大きかった。一般の読者や学生は、そうした批判の有無にかかわらず、小泉八雲を素朴に愛読したけれども、ハーンについて評論を書くほどの人は、誰も彼もこのチェンバレンの記事に飛びついた。ハーンの一生が日本で悪夢のうちに終った、という説は、占領下の日本で自虐的になることに慣らされた知識階級の人々にとっては、いかにもありそうな事に思われた。そのためもあってのことだろう、チェンバレンのハーン批評の言葉は日本人のハーン論の中に枕詞のごとく繰返し現れて今日に及んでいる。吉阪俊蔵、寿岳文章、築島謙三、平井呈一、斎藤正二……

だが『日本事物誌』第六版の言葉を額面通り受取って良いというなら、それ以前の言葉はなんと解釈すればよいのだろう。一九〇六年に書かれ、五年後『心の花』に訳文が掲げられたMemories of Lafcadio Hearnは、英文原稿そのものは今日所在不明となってしまった。だがよもや小花清泉が原文にない美辞麗句を訳文に添えたとは思われない。

だとするとチェンバレンはハーンの没後、歳月が過ぎるうちに、なんらかの理由で自分からハーン観を変えたのではなかろうか。それは、以前は心の一隅で感じながらも表には出すまいと自ら制した見方であったのかもしれなかった。ハーン観を自覚的に変えた、というよりハーン観が無意識裡に変ったのかもしれなかった。いずれにせよ、五十代のチェンバレンのハーン像と八十代のチェンバレンのハーン像との間にはきわめて大きなへだたりがあった。その心変りは一体どのように説明すればよいのだろうか。

遠田勝氏は昭和五十九年春、日本英文学会第五十六回全国大会の席上でその問題について発表し、ハーンがその遺作『日本——一つの解明』で『古事記』の英訳者チェンバレンの業績を完全に無視して神道研究を発表したことがチェンバレンの怒りを買ったのだ、という説を発表した。この説は大方の喝采を博した。

しかしチェンバレンのハーンの人と著作に対する高い評価は、チェンバレンが一九一一年(明治四十四年)日本を離れ、スイスに隠棲した後もなお続いたのである。『日本事物誌』第五版を改訂するつもりで用意した新版は、不幸にも組版が一九二三年(大正十二年)の関東大震災で焼失したため日の目を見ずに終った。それでも一九二七年、『日本事物誌』の一九〇五年版（第五版）がリプリント版の形でロンドンの **Kegan Paul, Trench, Trubner** 書店から出た時に、チェンバレンは旧来の版にはなかった新知識をその付録で補った。その中でチェンバレンはハーンの『日本――一つの解明』を日本関係書目の筆頭に掲げてこう批評している。

この主として日本の宗教、社会生活、社会組織を扱った二十一章から成る書物 *Japan, an Attempt at Interpretation* は興味の尽きざる作品であり、ハーンが生前書き上げた最後の著述である。

「興味の尽きざる」と訳した原語は **"of absorbing interest"** である。これは誇大な表現を好まぬチェンバレンにあってはすこぶる高い評価といわねばならない。すくなくともこのようなポジティヴな記述がある以上、『日本――一つの解明』におけるハーンのチェンバレン無視が原因で、それでチェンバレンのハーンに対する態度が掌を返すがごとく変った、とは断定できないであろう。だとすると彼の変心はどのように説明すればよいのであろうか。バジル・ホール・チェンバレンは、前述のように、日本の学問世界では人格者としてまた稀に見る大学者として記憶され、顕彰されている。だがこの人は実際はいかなる性格の持主だったのであろうか。名門の人としてのチェンバレンについてはすでに多くが語られてきた。だがその大半は儒教的師弟関係の拘束に囚われた、定型化した礼讃の言葉であった。一九一一年の離日後、この人はジュネーヴでどのような生活を送っていたのだろうか。

筆者はこのたびいままで世間に知られることの少い、晩年のチェンバレンの書簡を通読する機会に恵まれたので、その一連の未発表書簡を手掛りに、六十歳代から七十歳代、八十歳代、そして一九三五年（昭和十年）満八十四歳で死去するまでのチェンバレン教授の境遇と心境の変化とを辿ってみたい。

第二章　チェンバレン兄弟

名門の出身者 (一)

円地文子氏の『なまみこ物語』の序章は次のように始る。

バジル・ホール・チャンバレン博士のことを幼い頃「チャンバレンさん」という名で私は知っていた。勿論その人を見たわけではなく、父の会話の間に「チャンバレンさん」という名の挿まるのを聞き覚えたのである。チャンバレン博士は父の言語学の恩師であったが、今でも大学の学生が陰で先生をそんな風に呼ぶように、父はいつもそう言っていた。

多分私が幼耳《おさなみみ》にチャンバレン博士の名を記憶したのは数え年七歳の時のことである。……今この稿を起そうとして『日本文学大辞典』を開いて見ると、チャンブレンの項には次のようなことが書かれている。

そしてそれに引続き次の引用があるが、実はこれは円地氏が新潮社『日本文学大辞典』「チャムブレン」の項を適宜、修辞を改めたものである。私も不正確、不必要な部分は略させていただく。

チャンブレン (Basil Hall Chamberlain) 言語学者。一八五〇年 (嘉永三年) イギリス、ポーツマスに生れ、昭和十年二月十五日に歿す。幼時、フランス、ヴェルサイユの学校で諸国語を学び、十八歳の時イギリスの銀行に勤務した。然るに過度の勉強のため病を得、医師の勧告に従つて遠洋航海に出、東京に来り、日本文学の研究に精進した。明治十九年文部省に招聘され、次いで帝国大学文科大学講師となり、日本語及び博言学の教授を担当したが、二十三年辞職した。明治四十四年帰国に際し、多年蒐集した王堂文庫の和漢の珍籍秘書一万一千巻は、これを利用する人稀れな欧洲に持ち帰ることは学者としてなすべきことにあらずとし、蔵書の全部をあげて上田万年に譲り渡した如き彼の人格を雄弁に物語るものである。

円地氏の小説は、チェンバレンが氏の父君上田万年に譲り渡したこの書物の中に混っていたとかいう『なまみこ物語』にまつわるフィクションである。この種のエピソードに接すると、日本でどのような状況の下に、人格者チェンバレンという神話が発達していったかがわかるような気がする。

チェンバレンについての信頼のおける文献は、昭和十年チェンバレンの死後、国際文化振興会が編んだ『バジル・ホオル・チェンバレン先生追悼記念録』が第一であろう。佐佐木信綱はそこに『人としてのチェンバレン先生』と『チェンバレン先生小伝』の二篇を寄せたが、前者は増補された形で先に触れた好学社刊の『王堂チェンバレン先生』に再録されている。後者は『日本文学大辞典』の材料ともなったものだが、辞典編纂者が孫引きの形で書き直すうちに、対象が偶像化されて行く経緯が看取される。一例をあげると『小伝』には、

「十八歳の時、……英国の銀行に入りしに、過度の勤勉は、其の健康を害し」

と出ていた。ところが本来銀行勤めの様を叙した「過度の勤勉」が、『日本文学大辞典』では若き言語学者の精励を叙する「過度の勉強のため」に置き換えられてしまったごときである。実を言えば佐佐木が『小伝』中に「過度の勤勉」と書いたのも、徳川以来の師弟関係の拘束を無意識裡に受けていた佐佐木が、イギ

リス人の師の勤勉を当然のこととして、一種の枕詞のように冠した表現だったのかもしれないのだ。

円地氏の小説の書き出しも、人格者チェンバレンなる者の像を流布する上でそれなりの貢献をしたことであろう。しかし明治に来日した外人教師たちについては、来日聖者伝の扱いをそろそろやめて、その真相を冷徹に見直すべき時期に来ているようである。「少年よ、大志を抱け」の標語でかつては修身教科書にも載ったことのある札幌農学校のクラーク博士なども、アメリカ本国では社会的信用を失墜してみじめな最期を遂げた、もともと世に容れられぬ人であったことが、近年の研究では明らかにされている（ジョン・マキ『クラーク――その栄光と挫折』、北海道大学図書刊行会）。チェンバレンについての実相はどうだったのであろうか。

チェンバレンは、サトウやサンソムと違って、出自の点ではいかにも上流の人であった。十九世紀、大英帝国の威信は七つの海を支配する海軍によって保持されたが、チェンバレン家はそのイギリス海軍と深いゆかりによって結ばれていた。父方の祖父ヘンリー・チェンバレンはインドで功業を立て一代男爵となった人、英国を代表してリオデジャネイロに駐在したこともあった。父ウィリアム・チャールズ・チェンバレンは海軍中将、伯父二人が海軍大将および陸軍元帥。母方の祖父バジル・ホールは海軍大佐で一八一六年、軍艦ライラ艦長として朝鮮および琉球沿岸の水深測量に従事し紀行文を残したことで名を知られる。日本学者バジル・ホール・チェンバレンはその外祖父の名を襲いだので、彼が琉球にわたり一連の調査を行った背景にはそうした祖父の因縁も混っていたのであった。このキャプテン・バジル・ホールは東洋からの帰途、セント・ヘレナ島に立寄りナポレオンを訪問している。それはバジルの父サー・ジェイムズ・ホールがブリエンヌの陸軍士官学校留学当時、ナポレオンと同窓だった誼みによるという。

日本学者バジル・ホール・チェンバレンの母エライザ・ジェインは、

「其の生れむとする愛児の為にとて、懐孕中、希臘・拉丁の語を学習したりき」

と佐佐木信綱が『小伝』で記すほどの賢母であった。弟に海軍将校となるハリーと、問題児となるヒューストン・スチュワート（一八五五年生）とがいたが、チェンバレン兄弟にとっての不幸は一八五六年にその母が亡くなったことであった。兄弟はフランスのヴェルサーユに住む父方の祖母の許へ送られ、兄は八歳から十六歳までその地の高等中学校《リセー》に学ぶ。チェンバレンが外国語をはなはだ得意としたのは、少年時代からこのようにして外国の風にさらされたからである。その点はノルマンディーのイヴトーにあるイエズス会聖職者学院へ預けられたハーンや、カンのマルゼルブ高等中学校へ奨学生として送りこまれたサンソムと奇しくも体験の質を同じうしていた。この三人は揃いも揃って、若年時のフランス体験を踏まえた上で、第二の外国である日本を研究する、いわば三点測量の出来る外国研究者となったからである。

ここでチェンバレンの文章の特色を問題としておきたい。彼が最晩年の一九三三年、フランス語で著した書物に『鼠はまだ生きている』があり、かつて岩波新書から訳が出たので日本ではよく知られているが、その中に、

散文に於ける文体の点では、フランスのどんな三文文士でも他国の最良の作家よりも優れて居る、と主張しても大した誇張にはならないだろう。

という一節がある。フランス語文章一般に対する非常な讃辞だが、しかしそれはとりもなおさず、チェンバレン自身がそのフランス語文体を学んだ、ということであろう。それも彼がただ単に鮮やかにフランス文を書いた、というだけではない。彼がそのフランス語的特性を自分自身の英文の文体に生かした、ということでもある。

サンソムは『国語と国文学』第十二巻第四号に寄せた英文の中で、

「チェンバレン教授の学殖の基礎にあったものは、言葉の一つ一つや、言葉の形、音に対する強い情熱であった」

と言い、その英語が部分的にはフランス語の影響の下に出来上ったことを指摘している。

「論理的で、極めて明晰で、上手に構成されている。やや単調な節もなきにしも非ずだが、それは必ず皮肉なユーモアの閃きによって救われている。その皮肉なユーモアには悪意はない……」

「教授の英語文章は、文体からいっても内容からいっても、ただ単に学者が書くという文章に留るものではない。今日きわめて稀となった多面的教養の持主の英文である。教授は専門家としての学識を、世間の教養人の一般的な学問知識への関心に結びつける骨を心得ていた……」

そしてサンソムは日本語で述べた追悼講演ではチェンバレンの英語文体を評して、

「極めて平易な、気持の好い、明快達意の名文」

と言い、その英語文章には、

「フランス語特有の明るさがございました」

とつけ加えた。そうした特徴が、先に述べたようなチェンバレンが受けた教育体験に由来する結果であることは、言うまでもない。『鼠はまだ生きている』の中にはまた、

著作家は、読者が少しも苦労する必要がないようにと、限りなき苦労をしなければならぬ。

という一節も見える。これは著作家一般についての心掛けを述べているのだが、しかしまずなによりもチェンバレン自身の文章家としての心構えでもあったろう。

振返ってみると、そのような心構えがもの書く人の大多数によってわかち持たれていた時、フランス文明

は偉大であり得たのだし、フランス的明晰を誇ることも出来たのである。ついでに言えば、英国の大学も出ていないサンソムが「文体のある歴史家」になり得た背景には、フランスの高等中学校《リセー》へ留学した時の体験が決定的に響いている。またハーンの文章が明快達意であるのも、ハーンが子供の時からフランス語と不断の接触を続けて、文章推敲の骨法を身につけたからにほかならない。ハーンが誇りとした彼の初期の「光彩陸離たるラテン風に着飾った英語文章」というのも、そうした体験と感受性のあらわれだったのである。

名門の出身者（二）

チェンバレンはヴェルサーユにいて最良質の英国風教育を家庭で受けたらしい。イギリスの上流階級の教育というのは、ドイツ語はドイツ人家庭教師をつけて学ばせるやり方である。第二帝政下のフランスの高等中学校《リセー》の教育も高度にエリート教育であった。それだから学校教育そのものは九年間しか受けなかったが、そこで築かれた基礎をもとにして、後は独学で言語学の領分へ奥深く踏み入ることが出来たのに違いない。

二人の祖母のうち、チェンバレンの回想が残されているのは母方のバジル・ホール夫人についてである。夫に先立たれた（五十六歳で狂死したといわれる）後も矍鑠としていた。一九一五年七月十二日付の杉浦藤四郎宛の手紙に次のように出ている。

祖母はバジル・ホール大佐と一緒に合衆国を南船北馬、縦横に旅行しました。それは一八二五年から二六年にかけてのことで、当時まだほんの子供だった私の母を腕に抱えて旅行したのです。祖母は私にメープル・シュガーをよくくれたけれど、全然甘い人ではなかった。old goodie というタイプでは全然なかった。頭が切れて、鋭くて、非常な社交好きで、祖母の家はポーツマスに寄港する英国海軍の士官の半分は立寄るという社交界の中心でした。つき合いも広くて面白い人達を実によく知っていた。ウォルター・スコット卿とも親しかった。彼の小説の自筆原稿を祖母は持っていました。ところが私はその方面への興味に目覚めるのがいたって遅くて、祖母に昔の人々やその時代についてもっと質問しておけばよかったのに、当時は全然たずねもしなかったものです。

サウス・スイは私が生れた土地です。「サン・サルヴァドル」という別荘が私の生れた家でした。いまでもよく覚えているのは祖母バジル・ホール夫人の家で、それはクイーン・テラスの六番地にあった。後に私たち一家がフランスへ移り住むようになってからも、私は休暇を過しによくそこへ戻って来たものですが、楽しい休暇の日々でした。書斎があって、ライエルの地質学の著書その他を見つけて読みふけったものでした。メープル・シュガーを嚙みながらです……

軍港ポーツマスに隣接する住宅地サウス・スイが話題となったのは、滞英中の杉浦青年がその地を訪問したからである。

後述するように『鼠はまだ生きている』には、一般論の形でチェンバレン自身の私的な体験が語られていることが多い。「祖母はなぜ近親のうちで最も優しくしかも最も危険であるか？」などの論に接すると、作者がひょっとして父方の祖母について語っているのではないか、という推量を試みたい誘惑に駆られるが、傍証がないので、差控えたい。チェンバレンが佐佐木信綱など日本人の門弟に語った思い出の中では、叔母ガッスリイ夫人がしばしば話題に上ったようである。夫はスペイン公使をつとめた人で、ヴィクトリア女王と親しく、ナイチンゲールとも交りの深かった賢夫人であるという。チェンバレンがヴェルサーユの高等中学校《リセー》卒業後一年間をスペインで過したというのは、こうした縁故もあってのことではあるまいか。彼はその叔母の感化を多く受けた由である。

チェンバレンはこのように母国を離れて、ヨーロッパ大陸で教育を受け、広く旅して育ったことを公然の得意とした。自分はコスモポリタンの世界的精神を持っている、と自負した。第一次世界大戦後、ボルシェヴィーキが強くなり、インターナショナリズムが主張される時世になると、彼はこんな皮肉を『鼠はまだ生きている』に書かずにはいられなかった。

世界主義《コスモポリチスム》は一つ一つの皿が何れも完全に供せられる食卓に諸君を招く。国際主義《アンテルナシヨナリスム》は蒸肉も菓子も同じ皿の上にごちゃまぜに並べられている安食堂に招く。

ところでチェンバレン兄弟のように、国外でコスモポリタンとして育てられた人には、どうしても自己のアイデンティティーにまつわる心理上の葛藤が生じる。兄バジル・ホールの場合は、七歳までを賢母の下に過し、ついで祖母・叔母の庇護の下に成長したため、家系にまつわる誇りはこの青年に深く植えつけられた。二十二歳で来日し、四十年近くを極東で過したことも、彼の英国的《ブリテイツシユ》な性格を一層強めこそすれ、弱めることはなかった。チェンバレンは、人間類型として、キプリングの短篇に出てくる植民地勤務の典型的英国紳士といかにも似通っている。人が見ていようがいまいが、夕飯を取る時はきちんと着替えて食卓に着く、という自らを律するジェントルマン・タイプである。彼はそのような生活様式を東京赤坂でも、箱根宮の下でも、スイス・ジュネーヴでも終生守った人であったろう。

有体にいえば、チェンバレンは祖国を離れて生涯を過したことにより、祖国を実体以上に美化した。英国は彼の心のよりどころであったから、美化せずにはいられぬ心理上の要求があったのかもしれない。当然その人の日本観は、あらゆる面において、上から下を見さげる形をとった。

そしてそのような見方をしたから、「我が英国」流の見方をする明治以来の親英派知識人たちにも受けたのである。明治時代は日本人の側でも、自分たちが見さげられるのを当然とした時代であった。それに、これは昨今でも見られる現象だが、日本人は日本に興味を示す外国人はみな親日家と見做しがちな心理的弱点を持っている。だから後述するように、チェンバレンがきわめて強硬な不平等条約の支持者であったにもかかわらず——そしてその種の判断は国際政治に関する彼の知識よりもむしろ彼の性格そのものに由来する結果であったにもかかわらず——彼はあくまで「日本の友」として世間から厚く遇せられたのである。

外人にして彼ほど日本語と日本文学に精通し、よく日本を世界に紹介したものは、恐らく他にないであろう。

『日本文学大辞典』（新潮社）は、今もこのような讃辞でもって、チェンバレンの人と業績を括っている。

西欧優位の視角の下に

しかしチェンバレンの日本文学に対する価値評価は、生涯を通じて、徹底した西欧優位の視角の下に行われた。世間の翻訳家は、長年苦労して仕上げた外国古典の翻訳については、普通その価値を持ちあげる気持に駆られがちなものである。ところが『古事記』の英訳を初めて世に問うという大事業を完成したチェンバレンは、その序論で『古事記』には文体の美は全くない、"There is no beauty of style."と言ってのけた。彼は『日本事物誌』の中で日本文学史を通観したが、『万葉集』については詩情《ポエジー》を認めず、

言語学者、考古学者、歴史学者や、すでに消滅し、また急速に消滅しつつある、風変りな風俗の研究者にとってのみ貴重である。

紫式部は、退屈な点では、十七世紀フランスの長たらしい女流作家マドモワゼル・ド・スキュデリーにも劣らない。平安朝の物語類はどれもこれもみな「我慢のならぬほど平板で味気ないもの」である。俳句は第二芸術である、と字義通りにこそ言わなかったが、それと似た趣旨を繰返し述べ、二流俳句の英訳を示して自説の裏付けとした。チェンバレンの日本文学に対する総評は『日本事物誌』の「文学」の項目の終りに次のように示される。

日本文学にもっとも欠けているものは天才である。日本文学には思想・論理的把握力・深み・幅・多面性が欠けている。それはあまりにも小心で、狭小で、およそ偉大なものを包容するに足りない。

チェンバレンのこの結論を読むと、これに類した批評が日本でも繰返されたことが思い出されてならない。敗戦直後、西洋文学畑出身の我が論壇の評論家たちが日本文学に対した時の口吻にもこれに通じるなにかがあった。しかもチェンバレンの場合は、自分で『古事記』を全訳し、日本古典の多くを実際綿密に調べあげた英国人であるだけに、その発言には千鈞の重みがあった。

戦前、チェンバレンの権威に対して疑義をさしはさんだ人はまことに少かった。それでも管見に入る限り、二人の学者が異論を呈している。一人はチェンバレンを参照しつつ日本研究に入ったアーサー・ウェイリーで、彼はチェンバレンが和歌を貶める口吻を遺憾とし、とくに彼が日本の短歌や長歌を脚韻を押したヴィクトリア朝風の英詩に訳したことを不可とした（Arthur Waley : *The Originality of Japanese Civilization*）。ウェイリーは『万葉集』中の浦島の長歌についてもチェンバレン訳とは異る自在な新訳を試みた。ただその発表に際しては、訳者として愛人ベリル・ド・ゼーテの名を借りている。日本学の大権威チェンバレンを表立って批判することに矢張り気兼ねを覚えたからでもあろうか。

だがしかしウェイリーが『源氏物語』の見事な英訳を世に問うて、世界文学の中に日本文学を浮上させたこと自体が、チェンバレンの権威を揺がすに足る一大事件であった。ウェイリーの英訳とそれに対するブルームズベリー・グループを中心とする英国文壇の驚嘆に似た反響に接した時、チェンバレンは『日本事物誌』に以前に引いた cette ennuyeuse Scudéry japonaise「あの退屈な日本のスキュデリー」という評語を消さないわけにはいかなくなった。チェンバレンは『日本事物誌』第六版のためにはさらに注を補って、

自分はどうやら、この例外的に難しい『源氏物語』の本文を完全には理解していなかったらしい。

と告白し、しかしいかにも彼らしく、こんな負け惜しみもつけ加えた。文化圏を異にする外国文学の理解はことほど左様に困難である、

だから同様に、日本の西洋文学研究者は、ブラウニング、マラルメ、ジャン・パウルなどの作家については、その文芸的価値を云々しない方が賢明だろう。

チェンバレンの業績を公正に評価し、かつそれとない批判を加えたいま一人の学者は村岡典嗣で、村岡はチェンバレン没後、昭和十年五月発行の雑誌『文化』に『日本学者としての故チャンブレン教授』を発表した。それはチェンバレンの死の報せが日本に伝わって四、五週間ほどの内に書きあげた記事だが、長さ五十頁に及ぶ、きわめて学術的に厳正な論文である。村岡教授が日頃からチェンバレンの著作を精読していたからこそいちはやく纏めることを得た論文に違いない。村岡もチェンバレンと同じく文献学《フィロロジー》——明治時代の愛すべき称呼をもってすれば博言学——を主たる専攻とした。二人は、日本におけるその学問の先達として、

国学の大人、本居宣長に対する尊敬を互いにわかちあっていた。それだから村岡のチェンバレン評価の筆致はいかにも温かいものである。村岡はその中で大胆にも、

学問に関する限り、本居宣長はむしろ、この外人の一日本研究家によつて、真に理解されたことは、吾人のかねて信じたところであつた。

と書いた。昭和十年代の日本では、宣長の名は不幸にも皇道主義とかたく結ばれていたけれども、そのような時代にあっても村岡教授は英国学者の学術的貢献を正当に評価していたのである（右論文を収めた村岡典嗣『続日本思想史研究』が岩波書店から刊行されたのは昭和十四年二月）。しかしその村岡もチェンバレンの在日最後の業績といえる『芭蕉と日本の短詩』などの俳句論についてはその皮相的な理解にさすがにあきたらぬものを覚えたと見え、

これらの点たる、吾人をして教授の本領が、どこまでも文化史家でなくて、自然科学派の言語学者たるにあつたことを、思はしめるものがある。

と述べている。

近年、チェンバレンを取りあげた批評家には、『外から見た日本文学』（ＴＢＳブリタニカ、一九八一年）の佐伯彰一氏がいた。氏は英国人の心理の微妙な屈折をも解する人として、こんなうがった解釈を試みている。すなわち、王堂文庫一万一千巻を上田万年へ譲り渡した件についても、日本の貴重な書物を西洋へ持出すべきではない、というチェンバレンの言葉それ自体は立派な正論だが、そのすぐ裏側には、「日本文学は

もう沢山」という離日を前にしてのチェンバレンの醒め切った客観精神が働いていたのだろう、と。

チェンバレンは、もともとロマンチックな（外国文学への）同化透入派ではなく、あくまで他者として対象を腑分けしてみようという、客観的な解明・分析派の一人だったに違いない。

チェンバレン兄弟

外国文化を客観的に判定するためには、判定する主体が揺ぎない価値判断の尺度を持たなければならない。バジル・ホール・チェンバレンは西欧文明とくに大英帝国のそれをもって基準とした。彼にとって道徳性の尺度も趣味性の尺度もヴィクトリア朝のそれだった。それだけにチェンバレンは『古事記』の冒頭を訳そうとして困惑を覚えた。伊邪那岐命が伊邪那美命に、

「汝《な》が身は如何《いか》に か成れる」

と問うと、伊邪那美命は、

「吾《あ》が身は、成り成りて成り合はざる処《ところ》一処あり」

と答える。そして伊邪那岐命は、

「我が身は、成り成りて成り余れる処一処あり。故《かれ》、この吾が身の成り余れる処をもちて、汝が身の成り合はざる処に刺し塞《さ》《ふた》ぎて、国土《くに》を生み成さむと以為《おも》ふ。生むこと奈何《いかに》」

と言って「みとのまぐはひ」を行うのである。その際の、

「あなにやし、えをとめを」

「あなにやし、えをとこを」

という高らかな声には人類の源泉の感情がこめられていて、この神代の神話はいかにもすばらしい。だが

チェンバレンは顔を顰めて、伏字にする代りに、この条りをラテン語に訳した。

兄バジル・ホールはそのように十九世紀の母国に我と我が心を重ねて、そこを精神の根拠地として、生涯を外地で過したが、弟ヒューストンの場合はそのような英国的アイデンティティーを確立することがついに出来なかった。生れてすぐ母を失ったこと、フランスで育てられ、さらにジュネーヴで教育を受けたこと。そしてその地で受けた教育がきっかけで、弟はイギリス人として生れながら、やがてはドイツ人以上にドイツ的になってしまう。もっとも二人に共通する性癖が見られないわけでもなかった。兄は英国に過剰なまでに同一化したが、弟はドイツに overidentify したからである。

この弟ヒューストンは歴史的には兄よりも余程著名人で、兄の名前の載っていない人名辞典にも Houston Stewart Chamberlain の名は必ず記載されている。いま手頃な長さであるので、『新コロンビア大百科辞典』の項目を訳してみる。

チェンバレン、ヒューストン・スチュワート。一八五五―一九二七。著述家（英・独語）。イギリスに生れる。父はイギリス海軍の提督。フランスとドイツで教育を受け、ドイツに定住した。リヒャルト・ワーグナーの礼讃者となり、ワーグナーの娘と結婚し、ドイツ市民となった。彼の代表作『十九世紀の基礎』（独文は一八九九年、英訳は一九一〇年）は人種主義理論の主要作品の一つである。チェンバレンは貴族主義的で反ユダヤ主義的であり、チュートン人種を栄光化し、近代のあらゆる達成はことごとくチュートン（ゲルマン）系の手になるものと主張した。彼の「人種の純潔」に関する思想は手を加えられてヒットラーの人種政策に採用せられた。著作にはほかにワーグナーの伝記（独文は一八九六年、英訳は一八九七年）などがある。

この弟の二冊本の書簡集（独文）の中に彼自身の手になる六十歳までの生涯のスケッチが混っている。第一次大戦が勃発すると、彼はすぐドイツ国籍取得の願いをバイロイト市長カッセルマン宛に出すが、その一九一四年八月三十日付の手紙に生涯のあらましを記していたのである。とくに文飾はなく、事実を列挙しただけであるけれども、祖先については、

「シェイクスピアによってあまり褒められた描き方をされていないリチャード三世王に遡ります」

父方の祖母がヴェルサーユに定住した理由は英国の風土が祖母の体質に合わなかったからの由で、「私もその体質を受け継いでおります」

以下年代順に述べると、一八五五年誕生。すぐに母と死別してヴェルサーユへ引取られ一八六五年までを過した。それから五年間、夏冬の休暇を除いてイギリスの寄宿学校で学んだが、気候が性に合わず、一八七〇年大陸へ戻った。

「その時初めてドイツの土を踏みました。それ以後イギリスで生活したことは短い旅行以外は一切ございません」

それから一八七九年まで、冬は南仏で、夏はスイスで暮した。七九年からはジュネーヴ大学で自然科学、医学を学んだ。八五年以降はずっとドイツ語圏に住んでいる。ドレスデンに四年、ウィーンに二十年、そして一九〇九年以降はバイロイトで。

「通算すると私は生涯の半分に当る三十年をドイツで暮したことになります」

一八七〇年は普仏戦争でプロシャが勝利を収めた年だが、その年ヒューストンは十五歳、ドイツ語を選んだ。はじめは第一外国語として選んだつもりであったのだろうが、それがやがて彼自身にとっての正真正銘の第一語と化して、母国語の座を奪ってしまうのである。家庭教師オットー・クンツェがまずアーリア人種優越の思想を吹きこみ、アンナ・ホルストも同様の考え方を鼓吹した。アンナはプロシャの高級官僚の娘で、

ヒューストンより十歳年上だったが、二人はやがて結婚した。孤独に育った青年にとっては母親代りの妻でもあったろう。

ヒューストン・チェンバレンはまず狂熱的なワーグナー崇拝者として世に知られた。しかしワーグナー・オペラを讃仰することにかけては兄も同じだった。弟は後にドイツ皇帝のお気に入りとなるが、一九〇八年九月二十五日のヴィルヘルム二世宛の手紙には、「小生の兄で高名なる日本学者バジル・ホール・チェンバレンと同道してバイロイトへ参りました」時の模様が詳しく報じられている。兄弟はまず上演に先立ってワーグナーの詩劇台本を繰返し朗読した。そして兄がこう叫んだ、と弟はドイツ語の手紙の中に英語を混えて書いている。それはドイツ皇帝への追従なしとはしない引用の仕方であった。

ドイツ国民はなんというずば抜けた国民だろう。あの神々しい音楽を全く別としても、ワーグナーは詩人としてみても人類が生み出した最大級の詩人ではないか。

もっともこのように手放しで礼讃した兄が、真に音楽的に秀れた耳を有していたか否かは定めがたい。それというのはバジル・ホール・チェンバレンは日本に住んで数十年、東洋音楽は所詮雑音以外のなにものでもない、と確言して憚らない人だったからである。『日本事物誌』の「音楽」の項目は、次のような厭味たっぷりな文句で始る。

Music. Music, if that beautiful word must be allowed to fall so low as to denote the strummings and squealings of Orientals, is supposed to have existed in Japan ever since mythological times.

音楽。東洋人が楽器をギーギー鳴らしたり、声をキーキー張りあげるのは、音楽といえたものではない。だがあの低級な代物をもし音楽《ミュージック》と呼ぶことが許されるならば——それはこの美しい語を汚すものであるけれども——もしそれならば音楽は神代の昔から日本にあったと言って良いだろう。

これがチェンバレン兄の日本音楽に対する御挨拶だった。そのいかにも見下した口調は、日本文学を論評した時と同様で、自分自身の耳で聞くというより、もうすでに出来上った観念の範疇の序列へ、日本音楽を押込めたという感じがする。

ここで対照的に想起されるのはラフカディオ・ハーンの音楽に対する態度である。彼はアメリカ時代、黒人の歌謡にも、クレオールの歌曲にも非常な興味を示し、後者については人に先立って蒐集を行った。日本でも、西洋風音階に駆逐されてしまう以前の『日本わらべ唄』を集めて公表する（『日本雑録』に収む）という労を惜しまなかった。ハーンが抱いた民俗学的関心は、当然の順ながら、民俗音楽の発見に向けて進んだのである。ハーンはアメリカ時代にヘンリー・クレービエルと親しく交ったが、このような民族音楽研究の先駆者と話がよく通じたということ自体、ハーンの非西洋の音楽に対する開けた態度を傍証するものだろう。ちなみにハーンが生れてはじめて読んだ日本人の英語論文は伊沢修二の手になる『古代ギリシャ音楽との関連より見たる日本音楽の歴史』で、一八八四年ニューオーリーンズの万国博覧会に展示されているのを読んだのであった。その六年後、松江時代のハーンは師範学校付属小学校で女の子が色とりどりの着物を着、その上に目の覚めるような空色の袴を着け、授業の合間の十分間、輪になって歌いながら遊ぶ様をこよなく美しいと思った。

かんごかんご　しょうや

なかよに　しょうや
どんどんと　くんで
ぢざうさんの　みづを
まつばのみづ　いれて
まっくりかへそ

中学の首席大谷正信がお祭りというとハーンを呼んでくれた。それは大谷家の人びとが、父も兄も本人も、笙《しょう》、太鼓《たいこ》、小鼓《しょうこ》、篳篥《ひちりき》、羯鼓《かっこ》などの囃し方をつとめるからで、中には大理石の笛や象牙の笛まで混っていた。皇麞《おうじょう》とか抜頭《ばとう》とかいう雅楽を聞いた時、ハーンは『英語教師の日記から』にこう記した。

はじめのうちは西洋人の耳には聞いても全然面白くもない。ところが何回も聞いているうちに味わいが次第にわかるようになる。いやそれどころか日本古来の音楽にはそれなりの妖しいまでに美しい魅力があることがわかってくる。

そのように自分の耳を信ずるハーンに対して、チェンバレンは、東洋音楽そのものの価値を否定したばかりか、日本における西洋音楽受容の可能性についても頭から拒絶的な見解を示した。先の「音楽」の項は「その将来は期待されるところ極めて少いと言わざるを得ない」の句で終っている。もっともこの種の見解は、小沢征爾等が登場するつい先年までは、日本でも広くわかち持たれていたのだから、チェンバレンだけを責めることはできないだろう。
兄のワーグナー好みは文章中や談話中にもその片鱗が示される。右の「音楽」の項目でも、西洋人は教会堂へ説教よりむしろ音楽を聴きに行くが、仏教寺院にはそうした慣習がおよそない、と悪し様に言い、「ドイツのバイロイト音楽祭のごとき行事は、日本人にはそもそも想像すらできないことである」と付言している。また彼がハーンを『日本事物誌』中で初めて激賞した時、そこにワーグナーからの引用が添えてあったのはすでに見た通りである。チェンバレンはまたフェノロサに先立って謡曲の詩的価値をいちはやく認めた人だが、『羽衣』をワーグナーのオペラに似せて説明したこともあった。そして六十一歳、日本を去る決心をしたが、その時、佐佐木信綱に洩した理由の一つも、

「自分は音楽が好きであるが、日本では聴くことが出来ない……　彼方へ行ってワーグナーのよい音楽が聴きたいから」

というのであった。

ところでその間に弟ヒューストンは、一九〇五年頃、妻アンナにたいしては依然として愛情を抱いていたが、ワーグナーの娘エヴァと同棲し、一九〇八年正式に結婚した。チェンバレンが杉浦藤四郎に宛てた手紙に混る一九二五年九月十三日付の記事によると、アンナは実によく出来た、非の打ち所のない、いかにもつつましやかな女性で、自分のような女は天才の家を飾るにふさわしくないと言って、寛大にも妻の座をワーグナーの娘に譲ったとのことである。

このアンナは晩年、ヒューストン・チェンバレンについての回想を書いた。それは別れた夫を盲目的に褒めあげた一文で、兄もそれには辟易して苦笑した。

『十九世紀の基礎』

しかしヒューストン・チェンバレンがドイツ精神史上で、幸か不幸かある特殊に高い位置を占めたのは、一八九九年、ウィーンで刊行した大著『十九世紀の基礎』によってであった。

当時のドイツはヴィルヘルム二世が一八八八年帝位に即き、海相ティルピッツは一八九七年以降、英国海軍に対抗するような艦隊の整備に着手した。当時のドイツの風潮は、『十九世紀二十世紀ドイツ史』の著者ゴロー・マンにいわせれば、なにごとにも「世界」を冠することが特徴であった由で、

die *Weltstadt* Berlin, deutscher *Welthandel*, deutsches Ansehen in der *Welt*, *Weltpolitik*, *Weltmacht*.

世界都市ベルリン、ドイツの世界貿易、世界におけるドイツの評判、世界政治、世界的強国。

などの語がはやった。ドイツはいまや「世界帝国」になった、とも言われた。ヴィルヘルム二世に仕えたフォン・ビューロウ（一八九七—一九〇〇年外相、一九〇〇—一九〇九年首相）は *Weltpolitiker*「世界政治家」ともてはやされた。

そのような時期に、ギリシャ・ローマの古代から中世の暗黒時代を経て現代西洋の文明を築き上げたものはアーリア人種であり、その代表者がすなわち今のドイツ人である、とする世界史論が出た。このゲルマン（アーリア）人種至上主義の著書は、普仏戦争でフランスが敗れ、ドイツが「世界帝国」として擡頭しつつあった時期、内外に非常な反響を呼んだ。それが *die Grundlagen des Neunzehnten Jahrhunderts* すなわちヒューストン・チェンバレンの『十九世紀の基礎』だったのである。

イギリスではバーナード・ショウが、

「かつてプロテスタント側によって書かれた最大のマニフェスト」

と評した。アメリカでは大統領就任直前のシオドア・ルーズヴェルトが、

「バックルの『英国文明史』以来の名著」

と激賞した。だが最大の讃辞を惜しまなかった人物はドイツ皇帝その人である。ヴィルヘルム二世は、自

分の世界観がチェンバレンの世界観と相重なり、それに共鳴するという、稀に見る精神の高揚を覚えた。こうして二人の生涯にわたる文通と交際とが始った……

『十九世紀の基礎』は日本にも舶来され、結構話題となったらしい。それは東大総合図書館に集められた多種多様の版や英訳本・仏訳本の点数からも察せられる。東京帝国大学医学部で教えていたベルツ教授は、明治三十五年（一九〇二年）一月一日、日記にこう記している。

チェンバレンの『十九世紀の基礎』を読んだ。イスヴォルスキーのくれた本である。彼はこの本にまったく心酔している。

そして翌二日に、医者であり人類学者でもあったベルツは、このような批評を加えている。

チェンバレンの著書はたしかに自分が最近読んだもっとも興味ある書物の一つである。だが著者はゲルマン民族のみを高く評価することに熱中するあまり、幾多のこじつけと矛盾に陥っている。

そのこじつけの例を挙げるなら、ルッターをゲルマン系と見做すのはよいが、あわせてダンテをもゲルマン系に分類したなどである。ヒューストン・チェンバレンは、キリストはユダヤ人でなくアーリア人であるとし、パウロがキリスト教をユダヤ化した、と説いた。学術的には荒唐無稽な点を多々含んではいたけれど、この説に共鳴する人は続々と現れた。ヒューストン・チェンバレンは俄然ヴィルヘルム二世との親交ゆえに「皇帝の人類学者」と呼ばれる名士となった。彼の説に共感した人々の中には後にはヒットラーやローゼンベルクまでも算えられた……

第二次世界大戦に際して、ナチス・ドイツがフランスへ侵入する直前、パリ大学ドイツ科主任教授エドモン・ヴェルメーユは、フランスのドイツ研究者としての責任感から、いわゆる学術書の規矩を越えた『ドイツ――解明の試み』を公刊した。その中で一八九〇年以降のドイツ思想を叙しているが、フランス人のゴビノー伯の人種哲学（人種不平等論）が、チェンバレン等の手を介してドイツに拡まり、それが汎ゲルマン主義の大合唱へと転化した過程を次のように要約している。

……およそ一八九〇年頃からゴビノーの思想はドイツにひろまった。これは生物学、人類学、社会学によって十分に準備の整った素地がすでにあったからうまく拡まったのである。人種的統一と人種的純潔の思想がにわかにドイツの思想界を風靡し、それまではどちらかといえば宗教や文化についての一般的理論から発していたかに見えた国家主義を急激に強めることとなった。ゴビノーは人類の大文明はその優秀性をみなゲルマンの血に負うていると主張したのである。これこそまさにローゼンベルクの『二十世紀の神話』の主旨ではないだろうか？

ナチス・ドイツの人種主義は、国家社会主義の勃興とともににわかに両大戦間に生れたのではない。それにはそれの前史があった。ヒューストン・チェンバレンは、十九世紀の人種主義者で『人種不平等論』の著者フランス人ゴビノー（一八一六―一八八二）と、二十世紀の人種主義者で『二十世紀の神話』の著者であるナチスの理論家ローゼンベルク（一八九三―一九四六、ニュルンベルク裁判で絞首刑）との中間に介在する、もっとも影響力の大きい世界思想家だったのである。――もっともいまもしドイツでチェンバレンを「世界思想家」などと呼べば、その語はただ空虚に響くだけであろう。それというのは第二次世界大戦後のドイツ人は、この英国生れのドイツ思想家を想い出したくないのである。なるほど、リヒャルト・ワーグナー没後、詩人・作家・思想家がバイロイトでワーグナー家の人びとを取り囲んで、「世界的」と呼べるような一大思想圏を形成したのは事実だった。そしてそこに君臨するワーグナーの妻コージマの傍らで、もっとも目覚ましい活躍をした人物が女婿ヒューストン・チェンバレンだったこともまた事実だった。だがしかし、ワーグナー家の人びとをヒットラーに結びつけ、バイロイトをナチスの「聖地」と化する上で、先駆的な役割を演じた人物もまたこのヒューストン・チェンバレンだったからである。

黄禍論

日清戦争で勝利を収めた直後に独仏露の三国干渉を受けた日本は、干渉を正当化する西洋側の思想に白人優位の思想があり、それを裏返したものとして「黄禍論」や人種不平等思想があることをあらためて意識した。明治三十五年ドイツ留学中の姉崎正治は『太陽』二月号に通信を送って、ヴィルヘルム二世の黄禍論演説に言及し、さらに次のように述べた。

東洋人はドイツ人にあらざるが故に人にあらず、黄人は白色ならざるが故に排斥すべし、此の如き思想は今のドイツ思想の大風潮なり。

ドイツにおけるその種の風潮に警戒を怠らなかった森鷗外は明治三十六年六月六日、『ゴビノオの人種哲学梗概』の講演を東京高等師範学校で行い、十月には『人種哲学梗概』として春陽堂から出版した。それが警世の意味での出版であったことは、鷗外が自分で書いた広告の文面からも察せられる。

人種哲学は目下独逸の学者社会を傾倒する勢あり、而して其性質は実に白人跋扈の思想を鼓吹する者なり。試みに思へ、目下白人は何れの方向に向つて其勢を逞うせんと欲する乎、我邦の人士は森氏の梗概を一読せざる可からず。

日本でヒューストン・チェンバレンの『十九世紀の基礎』の目次を『学鐙』に紹介したのは上田敏であった。森鷗外は『人種哲学梗概』でゴビノー＝チェンバレンのアーリア人種中心論を批判してこう結論する。

私の遠方から覗いて見た所では、會て HARTMANN の無意識哲学の時代が有つたやうに、又 NIETZSCHE の時代が有つたやうに、今の欧洲と云たら大き過ぎませう、今の独逸は GOBINEAU CHAMBERLAIN の人種本能思想に支配せられて居るかとさへ見えます。……併しそんなに評判せられる程、そんなに流行する程の価値が、伯の此論に有りませうか。私は大いに疑ひます。これに反して一寸人の視聴を聳動する丈の性質は、其中に備はつて居ます。先づ議論が偉大に見えるのが其一つでございます。これは実は粗大なのかも知れませぬ。今の西洋の開化の破壊を預言して居るのが其二つでございます。真に偉大な基督教なども、最後の審判が近づいて居るといふ警告は、其最初の流布を助けたでございませう。それから LAST NOT LEAST に、他を開化する力の有る民、能化の民は、今も昔も唯だ ÀRIA 人種ばかりで、今の開化の破壊せられた後も、矢張 ÀRIA 人種の下層人民の比較的純粋な血を持つて居るものより外には、次の開化を成就すべきものが無いといふのが其三つでございます。これは国民の自負心ではない、人種の自負心に愬へて、許多の反響を喚び起すに足る事でございませう。さり乍ら或る人種が唯一の開化力の己れに在るといふことを説くのを、喜んで聴くに至るのは、或はその唯一だといふことを自ら信ずることの薄くなつた時に在るのではございますまいか。

森鷗外がゴビノーやチェンバレンの人種哲学を批判したのは、その思潮が欧米における黄禍論と連動していたからである。鷗外は明治三十六年の『人種哲学梗概』に引続いて三十七年には『黄禍論梗概』を刊行している。

森鷗外はこのように黄禍論の擬似科学性を批判したが、そのころやはり東京にいて西洋における黄禍論の流行を苦々しいものに思っていたイギリス人がいた。ヒューストンの兄バジル・ホール・チェンバレンである。兄は、一般にドイツ風の壮大な議論は一見立派そうに見えるが、その実空虚なものであることをよく承知していた。兄はかつてパーシヴァル・ローウェルの日本論『極東の魂』を「上からの演繹」として難じたが、兄にとって「重要なのは細部だけである。その他のすべては仮定か冗語である」(『鼠はまだ生きている』)

バジル・ホール・チェンバレンは弟とは違って、事物に即することを良しとしたからこそ自著も *Things Japanese*『日本事物誌』と題したほどの人である。一九〇五年(明治三十八年)、日本がロシヤを打負かすと、西洋列強の日本に寄せる関心も一段と高まった。『日本事物誌』も版を重ねてその年の十一月には第五版が出る運びとなった。その時著者は新しい序論を寄せたが、その中で弟ヒューストン・チェンバレンの学説を直接論駁したのではないけれども、世間に広く流布された「黄禍論」なるものを批判して、次のように書いた。

……単なる言葉を基礎として単なる観念から成り立つ奇怪千万な所説が構築されているが、その中でも最近とくに流行しているのが「黄禍論」である。われわれが西洋というラベルを貼った土地の上で、新しい勢力が、あるいは古い勢力が、新しい姿をまとって擡頭する時——たとえば最近のドイツとかイタリアとかあるいはそれより少し前の時期のアメリカ合衆国とかロシヤとかが頭をもたげた時——西洋人は誰一人こうした事件がなにか特別な脅威であるとして騒ぎ立てたりはしなかった。それは歴史上によく見られる過程の一つとして認められている。ところがひとたび「アジア」という言葉が響きを発するやいなや、幽霊が姿を現わすのである。実際、われわれ西洋人はその途端に、先に指摘した矛盾の奇怪なる辺獄《リンボ》の中へ逆戻りするのである。西洋の新興勢力の擡頭にたいしては一向に驚かない人々が、ある時には日本のすばらしさにたいして途方もないことを言い、またある時には日本の将来の無気味なる発展にたいして警告を発したり、褒めたり、貶《けな》したりするのである。

バジル・ホール・チェンバレンは『日本事物誌』の中の「日本の歴史」の項の中でも西洋の自己満悦をやはりこんな風に皮肉った。

(日露戦争にいたる四十年間の日本の進歩により)、西洋諸国民に比べて極東の諸国民は知的に劣るという仮定はこれでもって破れた。同様にキリスト教諸国民に比べて「異教徒」の諸国民は道徳的に劣るという仮説もこれでもって破れた。

そして「黄禍」についてはふたたび次のように述べた。

もしこの世界になんらかの「黄禍」が存在するとするならば、それはヨーロッパ自身が持つ良き特質が、ヨーロッパの新しき競争相手の中にある同じ特質によって、より高い度合において凌駕されるその事実にこそ存するに相違ない。

バジル・ホール・チェンバレンは明治七年から明治十五年まで築地の海軍兵学寮の教師を勤めた人であったから、自分の教え子たちが主導した日露戦争における日本の勝利をやはり祝福せずにはいられなかったに相違ない。日露戦争直後は、日本との一体感が比較的強かった時期であろう、日本弁護の語調がこのように『日本事物誌』中に散見するのである。一九〇九年帰欧の途次アメリカを廻ったチェンバレンはシオドア・ルーズヴェルト大統領から食事に招かれて日本事情についていろいろと説明した。

「一体ロシヤに勝った日本人の力の由って来るところはどこかね?」

という大統領の質問にチェンバレンは答えた、

「日本人は理想を抱いたからだと思います」

"Because they have got ideals, Sir."

この言葉は実はヒューストンがヴィルヘルム二世に宛てた独文の手紙に英語のままで引用されている。第一次大戦前夜、海上権力膨脹に孜々としてつとめた国家は英・独・米・日だが、その主役達はこのようにして、社交の間にも、仮想敵国の情勢を互いにさりげなく探りつつあったのだろう。チェンバレン兄にしても、日本の事物を探りそれを記すことは真理探究のためでもあったが、同時に英米有識の人々に読んでもらうための実学的な狙いもあってのことだったに違いない。

日本の門弟筋はチェンバレン先生をナイーヴに尊敬したが、それは今日振返ってみるとナイーヴに過ぎたかもしれない。とはいってもその門弟たちの好意は必ずや西欧至上主義者チェンバレンの心の琴線にふれもしたであろう。私は離日当時のチェンバレンが日本に対して悪感情を抱いていたとは信じない。佐佐木信綱は師が永久に日本に別れを告げた日の光景を繰返し語っているが、二十四年後にも、なお眼前に見るごとく情のこもった回想をしている。

明治四十四年三月四日の午前十一時半の横浜海岸のイギリス波止場は、空がうらゝかに晴れて居つて、無数の鷗がその白い翼を波の上に――青い波の上に飜して居り、西北の空には富士の頂が薄く霞んで、雲の上に浮んで居りました。正午に纜を解くべき仏国郵船トンキン丸は、遠い航海に出ようとする黒い息づかひをしてをります。鶴のやうに痩せた、背の高い先生は、遠く雲の上の富士の雪を眺め、近く鷗の舞ふ様を眺めつゝ、「うつくしい国です、このうつくしい国にも永久にお別れです」と、独言のやうに、静かな、おだやかな日本語で言うて、すぐ傍らに立つた自分に差出すともなく手を出されました。――いつもはただ辞儀をせられるのみでした――自分は何ごともえいはず、固く握手しますと、「上田さんそのほかの人々に宜しく」と言はれました。……外国汽船の事とて、出帆前の別離の音楽の玲瓏たる響が、船の上の楽隊に依つて差し出された。船は徐々として波止場を離れてゆく。音楽の音は次第に消え、船は次第に遠ざかつてゆく。山口君と自分と二人は、長い間波止場に起ち尽して居りました。この日の光景は深く私の胸に刻まれて、今日なほまざ〳〵と思ひ浮べられます。

この『バジル・ホオル・チェンバレン先生追悼記念録』の文章に私が初めて接したのは二十三歳、パリの日本館で留学生として暮していた時だが、日本人の師を敬する情誼に心打たれた。このような敬意に包まれて東洋を永久に去ったチェンバレンは、余生を平和のうちにジュネーヴで過すこととした。それというのも英本国にはもはや知人というほどの人もいなくなっていたのである。

眼の悪いチェンバレンは、ジュネーヴに落着いたら、英仏独日の諸語の本を読んでもらうリーダーを雇うつもりであった。手廻しの良い彼は、もうその件についてもきちんと契約書を整えてあった。暇な折には音楽会に行き、ジュネーヴ大学の講義も聴いてみよう、と生活のプランも立てた。――そして実際まめに講義につらなってノートも取ったのだそうである。チェンバレンのノートというのは鉛筆でYシャツの左手の袖先の白い硬いカフスに書いておくと、それを秘書が後から手帖に浄書してくれるのであった。クラスのスイス人の学生たちは、この老人が何者であるかもよく知らず、しきりとそのノートの拝借方に及んだ。ノートが文法的に間然するところのない仏文で綴られていたのは言うまでもない。

杉浦藤四郎への手紙

だが思いもかけぬ屈辱は、ジュネーヴ隠棲後三回目の夏に訪れた。

その年の八月、バイロイト音楽祭の『パルジファル』はかつてなく感銘深い出来映えであったが、公演は一回きりで突如中断された。一九一四年夏、世界大戦が勃発したからである。チェンバレンは弟の嫁（すなわちワーグナーの娘エヴァ）から、ヒューストンは英国籍にもかかわらず、バイロイトで誰からも厭がらせを受けていない、との報に接して安堵した。しかしほっとしたのも束の間、今度はその弟の逆に挑発的な行状が兄の不安の種となり、ついで屈辱の種となった。チェンバレンは自分の元秘書で、自分が金を出して英国へ留学させた杉浦藤四郎青年へ宛てて、同年九月二十日、次のような手紙を書き送っている。

弟のヒューストンは、君も知っての通り、心は完全にドイツ人で、こんなこともつけ加えている（これは私宛の手紙の飜訳です。彼は私にドイツ語で書いて寄越した）。

「有難いことにヨーロッパにはまだ一つだけ文明国がある。私たちはその国に故郷を持っている、有難い」こんな暴言を聞いたらたいていの英国人は怒るでしょうが、私にはこれがまことに奇妙な事情の取合せの自然の結果のように思われます。君も私もそれぞれの事情にそれなりに影響されて、それでいまの私たちになっているのではありませんか？　今回の戦争で正義は全くフランス、ベルギー、イギリスの側にあるように私には思えるし、中立のジュネーヴの人たちも……同じように考えているようです。私もその新聞しか読まないで、それによって判断している。ジュネーヴの新聞で何が起っているのか知らされているわけですが。ところがヒューストンはドイツの新聞しか読まないで、それによって判断している。

弟の頭は、過去何年もの間、ドイツ的思想、ドイツ的観念によって充満し、従ってそれで出来上ってしまった。これはまあ哀しむべきことです。なにしろ著述家としての彼の影響力たるや、君や私が不正義と目している側ですこぶる強いのだから。同世代の他のいかなる著述家にもまして、弟はいまのドイツ人の好戦的な考え方を造りあげるのに貢献してきた。もちろん前の世代にはニーチェ、トライチケほか二、三の別の著述家はおりましたが。

杉浦が受取ったチェンバレンの一連の手紙は今日、愛知教育大学に保存されているが、それとは別にチェンバレンが手許にとっておいた控えも横浜に未整理のまま保存されている。チェンバレンともあろうものが、ニーチェを誤ってNietscheと綴っているが、彼は『日本事物誌』でもやはりz抜きで綴っているので、チェンバレン自身の口述にかかわる手紙であることに間違いはない。一九一四年八月二日付から一九二八年十二月六日付に至る四十余通で、おおむね“My dear Boy”という親愛の情をこめた呼掛けで始っている。杉浦藤四郎は独身の彼に取っては実子代りの青年だったのだ。それでも一度だけ、

「もう結構年配の君のことをいつまでもMy dear Boyと呼ぶのもおかしいから」

とMy dear Sugiuraで始めたが（一九二七年八月一日付）、それも次の手紙では自然にまた元の呼び方に戻ってしまった。

ところでその一連の手紙の中で繰返し現れる嘆きの主題《ライトモティーフ》は弟のことだった。右に引いた手紙では兄は弟の育ちにふれ、弟が親独家になった事情の止むを得ざるを自分でも了解し、杉浦にも了解を求めているかに見える。だが半月後の十月五日、兄の苛立ちはつのった。弟がドイツ語の文章で親独・反英の活動を公然と開始したからである。

私の弟のヒューストンは彼のドイツ的、いいかえると彼の汎ドイツ主義的の道を続けて先へ先へと進んでいます。先日雑誌を送って寄越しましたが、その雑誌にはドイツの知的指導者の大抵の者が今次大戦とその原因について寄稿していた。これらの記事によるとドイツ文化は（ヨーロッパ一般の文化を別にしてそういうものがあるとしての話ですが）世界でもっとも貴重なもので、力によって他国にそれを押しつける権利があり、他国を合併する権利もあるというのです。それに加えてヒューストンの記事はなんと『独逸ノ平和心』と題されています！

第一次世界大戦の勃発に際しては、トーマス・マンのような作家も、在日のラファエル・フォン・ケーベルのような哲学教授も、ドイツ文化の優越を主張して、異常な興奮の叫びを発したものである。だがヒューストン・チェンバレンの場合は訳が違う。彼はイギリス人である。その彼が「ドイツの完全なる圧倒的勝利を神に祈る」と言明して憚らないのだ。それは言い換えれば「祖国の圧倒的敗北を神に祈る」ということであり、平たく言えば「反逆者」「裏切者」となった、ということである。兄にとってなんたる屈辱であったろう。

弟は続いて『独逸語』、『指導的世界国家トシテノ独逸』、『独逸ノ自由』（ケーベル先生が感激した論である）、『英吉利《イギリス》』及び『独逸』の五篇を矢継早に発表した。それは *Kriegsaufsätze*『戦時論文集』という単行本にまとめられ、一九一四年中にたちまち十五万部を売り尽した。日本の「文部省内時局ニ関スル教育資料調査委員会」委員の大津康も直ちにこれを翻訳し、『日本及日本人』大正五年元旦号に発表した。後に太平洋戦争下の日本で、日本人の戦意昂揚のために、『独英文化比較論』として再刊されたという、まことに奇妙な因縁のある書物である。

その中で『独逸語』は、フィヒテの『ドイツ国民に告ぐ』の影響下に書かれた学術色の強い論文で、訳者の大津康は、彼自身がフィヒテの訳者でもあったが、内容を次のように要約した。（その趣旨にはやはりフィヒテの影響を受けた渡部昇一教授の言霊論を想起させるものが多分にある)。

『独逸語』ニ於テハ、当今文明国ノ語ハ皆他国語ノ幹ニ接木シタルモノ或ハ二ツノ国語ノ妥協ニ依ツテ成立セル人工的抽象的ノ言語ナレドモ、独逸語ハ純潔ニ独逸民族固有ノ語ニシテ、潑溂トシテ生アリ霊アリ、最具象的ニシテ、而モ流動性ニ富ミ、加フルニ幾多ノ天才ニヨツテ豊富ナル内容ヲ与ヘラレ、且ツ音楽ト調和セシメラレタルヲ以テ、深ク思惟シ微妙ニ感ズルニハ、此語ヲ用ヰ、此語ノ中ニ於テスルニ若カズ、ト論ゼリ。

言語学への関心はチェンバレン兄弟においてはともども強かった。しかし弟のそれはいまやドイツ讃美に奉仕するための学問と化してしまった。兄は憮然として嘆いた。

ヒューストンは激烈な親独のパンフレットを次々と公刊しています。私は口惜しくてたまらない。私の父も伯父も祖国に仕え偉勲を樹てた人であることを思うと、こうした裏切者が家族から出たのは辛いことです。しかしなぜ彼がこうしたことをするのか、こうしたことになったのか、そのわけがはっきりとわかるのは(その一部をこの目で見た)私一人だけでしょう。ドイツに長く住み、ドイツの女と結婚し、カイザーの友誼をかたじけなくしたこと、そうしたすべてが重なって、特にバイロイトに腰を落着けて以来、なにごとでもドイツのものはよそのどんなものよりも素晴らしく見えるようになってしまったのです。ヒューストンはドイツの偉い人は各界各層の人を皆知っている。ところがイギリスへはたまに、それもほんの短い間しか帰って来ないし、そこで会うのは数は多少多いかもしれないが平々凡々たる人々で、要するに彼の家族とその友人だけだった。そうなれば自然比較はイギリス側に有利になるはずはなかったが、まあそれは、シカタガナイ。

第一次世界大戦が勃発して十五ヵ月が経った。一九一五年十月三十一日付の杉浦宛の手紙の一節は、ローマ字で綴られた「シカタガナイ」の日本語で終った。兄はそれまでに弟に何度も諫言の手紙も送ったのである。またイギリス在住の杉浦に頼んで、英国の新聞雑誌類が「裏切者チェンバレン」を論難するあらゆる記事を送らせては仔細に内容を検討したのである。中の弟のハリー・チェンバレンは六十過ぎの退役海軍将校だったが、海軍省に復役を申し出、後方勤務に従事することとなった。しかしそのハリーからジュネーヴの自分宛に来る手紙もイギリス当局によって検閲されている。チェンバレンの名がつけば一家全員が悪者扱いをされるのではないか。そういう疑念がバジル・ホール・チェンバレンの念頭をよぎった。英国の新聞雑誌の **Herr Chamberlain**（弟をドイツ紳士《ヘル》に見立てた皮肉である）に対する悪態はすさまじかった。だがヒューストンはヴィルヘルム二世皇帝から鉄十字勲章を授けられていよいよ昂然としている。兄は弟の論説に接するたびに我が眼を疑った。弟は気が狂ったと思った。いや実際狂ったのであったなら、自分はどんなに気が楽になったことであろう。だがこうなれば、戦争の帰趨の如何を問わず、チェンバレン家とヒューストンとのきずなを永遠に断つよりほかに仕方あるまい。——ワーグナーの別の娘はイタリアのグラヴィーナ伯爵と結婚して三人の男子を儲けている。だがその子たちはいずれも聯合軍の側に加って武勲を立てているというのに……

一九一五年の冬、雪空の下で欧洲を襲った戦争の惨禍を思い、チェンバレン一族の悲惨を思ってチェンバレンは一月二十二日付の杉浦宛の手紙を次のような言葉で結んだ。その嘆きの情を伝えるために直接英文を掲げたい。

……And to add to the public horrors, there is this scandal about brother Houston. What have we done as a family, I wonder, to merit such disgrace? Our father and his brothers; ——five valiant men, if ever such existed——all served their country with might and main, while now……

ところで奇怪な事は杉浦には身内の者の不始末にまつわる内心の苦悩を吐露したチェンバレンが、佐佐木信綱の見舞の手紙に答えては、次のような身内の者にまつわる消息を書き送ったことである。それは日本語に訳されて世界大戦勃発第三年の大正五年（一九一六年）一月、『心の花』の第二十巻一号に載ったが、チェンバレン一族の忠君愛国ぶりをひたすら強調したもので、そこには弟ヒューストンの祖国への裏切りについての言及は全くなかった。

御尋ねにあづかり候小生の戦争に関する意見云々について申上むことは、中々に困難なる事に候。蓋し一部の著書を必要と致すべきにて候。唯小生がこゝに一言致度は、吾等同盟者は、終局の勝利を確信し、最後の一人まで、而して又最後の一戦まで戦はざるべからずといふ事に候。……小生には甥は二人のみ有之候が、両人とも北方仏蘭西の軍に伴ひをり候。小生の三人の姪のうち二人は既婚者に候が、この両人の夫は同じくまた軍隊に附をり、最も年少なる未婚のものは、重病者の病院に看護婦として勤務致をり候。彼は仏語を語り候故をもて、白耳義人等を看護致をり候。ハウプトン・コオト王殿に生活せる小生の妹に至つては、他の同王殿に仕ふる婦人等と共に、他の一病院の炊事のことに当り居候。小生の継母は、約八十歳に候が、兵士等の為に編物その他の裁縫をなしをり候。——かくの如きは、貴兄に対し英国人の一家族がいかに戦争の為に従事しをるかと語るものに候が、こは全国なる全階級の国民を通じて、同様の事に候。

一族の女の愛国的な活動まで書かずにいられなかったのは、弟の裏切りがそれだけ心の重荷になっていたためだろうか。しかし弟ヒューストン・チェンバレンのことに全く触れずにこうした一族の報告を日本の門弟に平然と書き送るバジル・ホール・チェンバレンは、相当なしたたか者といおうか、裏表のある人格という印象を禁じ得ないのである。

一九一八年二月、チェンバレンは弟が半身不随の病気で倒れたことを間接的に聞いた。ワーグナー未亡人も過去十年来病気であることを思うと、ヒューストン夫人エヴァの苦労が察せられたが、兄はもはや弟一家とは文通しなかった。五月、弟の麻痺は両腕、両脚、両眼に及び、幸か不幸か頭脳のみは依然明晰であることをやはり人づてに知らされた。八月、弟が千五百マルクの罰金刑に処せられたことを聞いた。ヒューストン・チェンバレンはドイツ人以上に徹底的な抗戦主義者であったから、微温的なドイツ新聞各社を「英米に買収されたもの」として論難したのである。『フランクフルト・ガゼット』紙はたまりかねてヒューストン・チェンバレンを告訴した。戦時下であったが、裁判所は法律が許す最高額の罰金をホーエンツォレルン家のお覚えめでたい「皇帝の人類学者」に課した。自国に対しては裏切者であった者、またかくも卑劣にもドイツに帰化した者が、その養子入りした国で、こともあろうにこのような処罰を受けようとは！　兄はある種の感慨を覚えずにはいられなかった。

十一月、世界大戦は独墺側の敗北に終り、ヴィルヘルム二世はオランダへ蒙塵した。チェンバレンは杉浦へ書き送る。

「皇帝が日本人であったなら、あんな真似はしなかったでしょう」

戦後も長い間、兄は弟を許さない。英国の新聞は戦時中ヒューストン・チェンバレンを Renegade「裏切者」と呼び続けた。しかし当時のヨーロッパ諸国の間にはまだ文明の作法が存した。戦時中にドイツに帰化したヒューストンは、敗戦後、報復裁判の場に引き出されるようなことはなかったからである。

一九二三年、敗戦国を襲ったインフレーションの中で弟一家は経済的に破滅した。かつては豪勢な生活で知られたワーグナー一家もいまはすっかり落魄し、ドイツの知的階級のほとんどすべてが悲惨な運命の下に没落した。この年、兄弟はついに和解し、兄は年金生活者としての必ずしも豊かとはいえぬ収入から工面して弟一家に金銭的援助を行った。

一九二七年一月、チェンバレンは黒枠の手紙を杉浦に送り、弟が一月九日に死去したことを告げた。

……皇帝ヴィルヘルム二世は最後まで御交際をお絶ちになることなく、弟に葡萄酒、最上等の紅茶、滋養品、その他結構な嗜好品の数々をオランダからお届くださいました。

その次便には一月十二日、バイロイト市が全市を挙げて行ったヒューストン・スチュワート・チェンバレンの荘厳な葬儀の模様を詳しく報じている。

ありとあらゆる公共の建物は黒の幕で帷を垂れ、その間を葬列は静々と進みました。その間バイロイトの教会という教会が弔鐘を鳴らしました。多くの高位高官や貴顕が火葬にまで立会ってくれました。その中にはブルガリアのフェルディナンド国王やドイツの前皇帝ヴィルヘルム二世の御子息の一人も混っていました。皇帝の御名代として見えたのです……

私はこの兄のこの弟に対する態度の変遷をたどる時、一種奇妙の感に打たれる。一九一四年暮から一九二三年まで八年余を絶交の状態で過した。しかし一旦和解した後は、弟の運命に同情を覚えたらしい。一九二五年、ヒューストン・チェンバレン七十歳の誕生日に、兄はこの「裏切者」の名誉回復を計るような新聞記事を草し、その口述筆記を秘書に命じた。それは同年九月十三日付の無署名の原稿のままで残されているが、その中で記者はヒューストン・チェンバレンの『カント論』や『ゲーテ論』がこの種の作物として秀逸なることを強調している。またヒューストンの主著『十九世紀の基礎』については、それが目下大流行のスペングラーの『西欧の没落』に先鞭をつけた歴史哲学の作品であって、スペングラーに比べるとヒューストン・チェンバレンの方が遥かにぬきん出た思想家であるとも述べている。

チェンバレンがこの種の記事を英本国の新聞のために草したのも、また弟の盛大な葬儀の模様を事細かに（そうしたことにはさして関心を持つとも思われない）杉浦宛に報じたのも、敗戦後のドイツで「忘れられた思想家」となってしまった弟の身の上を哀れに思えばこそであったろう。兄は右の記事を、この人物がいままでのところ秀れた伝記作者に恵まれていないのは遺憾なことである、と書いて結んでいる。

だが幸か不幸か、彼は忘れられていなかったのである。世界大戦における独墺側の敗北は、前線の兵士が負けたのではない。彼等はよく戦った。しかるに銃後のユダヤ人がドイツを裏切ったからである。戦後の困窮の中でそのように信じて怨恨の情を内攻させていた復員の一伍長がいた。その青年は、ヒューストン・チェンバレンの一連の著述を読んで、そこに自分が共鳴せずにはいられぬ人種主義思想の数々を見いだした。青年は病床にこの老思想家を訪ねた。青年はやがて自分の政治哲学のすべてを大部の著書に発表するにいたるが、その中でドイツの要路の人士がヒューストン・チェンバレンの見識に対して無関心でいるのを許し難い忘恩として難詰した。

この大部の著書『我が闘争』の当時三十代の若き著者こそ、まだ無名にひとしいアドルフ・ヒットラーであった。ヒューストン・チェンバレンが一九二三年十月七日付でヒットラーへ宛てた手紙は、ヒューストン・チェンバレンの二巻本の書簡集に収められているが、ミュンヘン一揆を起す直前のヒットラーに送られたものである。三十四歳のヒットラーの出現は六十八歳のヒューストンに再び暗雲霽《は》れたりという希望を与えたという。

「自分は貴君にお会いして一九一四年八月（第一次世界大戦勃発）以来味ったことのない精神の昂揚を感じました」

ヒットラーも敬意を表した。ヒューストン・チェンバレンの「人種の純潔」に関する主張は、やがて手を加えられ、ドイツ国家社会主義政党の基本綱領の一つとして採用されるに至るのである。そしてヒューストンが死んで六年後、ミュンヘン一揆失敗の十年後の一九三三年一月、傷つけられた民族の誇りの回復を求めるドイツ国民は、ナチス党が政権に就くことを公然と許した。危機はふたたびヨーロッパ全土に迫りつつあった。

国際聯盟脱退以後

一九三三年は日本暦で昭和八年に当る。その年はまた国際社会の優等生として明治維新以来振舞ってきた日本が、世界の檜舞台で初めて反抗児として振舞った年であり、その舞台はほかならぬジュネーヴであった。その年の二月二十四日、国際聯盟が満洲における日本の行動を非難して対日勧告案を四十二対一の大差で可決するや、松岡洋右代表は昂然と胸を張って、パレ・デ・ナシオン宮殿から退席した。大日本帝国は国際聯盟から脱退したのである。秘書に命じて新聞を朗読させるのを日課としていたバジル・ホール・チェンバレンは、こうした日本の動向に対して人一倍注意を払わずにはいられなかった。

その晩年のチェンバレンについては、訪ねたり見かけたりした何人かの日本人の記録が残されている。市河三喜教授が訪ねたのは一九三一年八月のことで、教授は国際文化振興会のチェンバレン教授追悼記念会の席上でこう回想した。

……宿の主人は面会は無理だといつてゐたのでありますが、折角であるから少しでもと思ひまして、御健康が許すならばちよつとでもお目にかゝりたいといふ手紙を出しましたところ、「喜んで明日の六時過にお目にかゝる」といふ筆も顫へた御返事を受け取りまして、その定めの時刻に参りますと、上からエレヴェーターがスーッと降りて来て、先生の瘦せた身体挨拶される手も筋張つた何んといひますか、鶴といふか枯骨といふやうな感じがしたんでありますが、それでゐて話は実にキチンとして居られまして、色々上田万年先生や、岡倉（由三郎）さんの話を訊かれて、又妻に向つては実に流暢な癖のない日本語で「日本風に算へて八十二歳になります」といふやうなことを言はれました。併しそのちやんと緊張されたお話振りが身体に触りはしないかとハラハラする位でありまして、直きに引上げたのでありますが、その先生とお別れする時にエレヴェーターの中にはいられて、たつた一人、丁度京人形のやうにちやんと立つて居られ、さうして網戸がしまつてからも吾々の方を向いて頷かれて居られました。さうしてエレヴェーターがすーッと上の方へ昇つて行つて、丁度天に昇る、昇天といふやうな感じがしたのであります。……

市河三喜のスケッチはチェンバレン教授の面影を外面的にはよく伝えている。ただ残念なことに当時ジュネーヴへ行った日本人の記録で教授の内面を伝えるものは一つもないと言っていい。柳田国男は後に『海南小記』を「チェンバレン先生の、生御魂《いきみたま》に供養し奉る」という献呈をしたほどの人だが、国際聯盟に勤務してジュネーヴに足掛け三年いた当時は、結局気遅れがしたのか会わずじまいで帰国してしまった。「湖畔を散歩しつゝ頻に思索に耽つて居らるゝ鶴のやうな老教授」といった国際聯盟日本人職員原田健の報道も、「悠々自適の生活」「隠者の如く人を避け静かに余生を楽しみ」といった現地からの消息も、柳田の『海南小記』の自序の一節と同様、儀礼の型にはまった文句でしかない。市河教授の面会とても実は「五分間ばかり」であったのだから、内面的なことはなに一つわかるわけはなかった。杉浦宛の通信もいつか途絶えた。それでも日本の杉浦家からは先生御用の「落し紙」だけは、チェンバレンが所望した通り、欠かさず送り続けたことであろう。チェンバレンが一番愛した弟子の一人は佐佐木信綱であったが、佐佐木が記した師の『小伝』にはジュネーヴから佐佐木に宛てられた晩年のチェンバレンの手紙の一節が（おそらく佐佐木の和訳にかかるものと思われるが）引かれている。

老生は、身は此処にあれども、心は日本に残り居候へば、御同様に好愛する国土のいよいよ栄え、何れの方面にもますます幸福になりゆかんことを希望いたし候。

この手紙を受取った佐佐木は、有難いという念に打たれた。文章として美しいばかりでなく、書き手の心根が美しく示されている、とも思った。明治四十四年三月四日、横浜港を立去ったチェンバレンの姿は佐佐木信綱の念頭に焼付けられていたが、西洋の師の面影は、こうした儀礼的な文言の手紙を受取るたびにも、この日本の弟子の脳裏で一層醇化されていったのである。――そのように見てくると、最晩年のチェンバレンの心境を客観的に論ずるための資料はいよいよ少いのだが、それでもなお二、三の推理を試みたい。以下「自分は」と書いたのは、筆者がチェンバレンの気持を忖度《そんたく》したまでである。

――第一次大戦後、病床の弟ヒューストンが世間から完全に黙殺された時は自分も惻隠の情を覚えた。だが一九二七年に弟が死んだ後、弟の唱えた人種哲学がドイツで復権される動きが見えるのは愉快でない。自分はといえば世間からすっかり忘れ去られて、もう二度も「故バジル・ホール・チェンバレン教授」と新聞に書かれる始末だ。だがどっこい自分はまだ生きている。その存在証明のためにも一つ書物を出してやろう。前に弟は母国語以外のドイツ語で著述を公刊して名を成した。それならそれで、自分も英語以外のフランス語で一書をものして進ぜよう。題はフランス風に機知と皮肉を閃かしたのがいい。『鼠はまだ生きている』 *Encore Est Vive la Souris* これはシャルル・ドルレアン公の詩から拾ったものだ……

一九三三年、ドイツではかつて弟が高唱した人種の純潔がなんとナチス党によって公然と基本綱領の一つにかぞえられた。だがその政策の前提となる人種の概念とはいかなるものか。自分はこう言いたい。

人種とは何か？　曾て何人も正しく定義することを得なかった語である。この他にも人間の想像力は同じ種類の用語を沢山作り出した。それは現実に存在しているかの如き様子をしている幽霊のようなものだ。のみならず、こういう抽象的用語は、あらゆる事物について理窟を言う癖のある人々にとっては極めて有用である。蓋し彼等はあらゆる仮定を提出し、且つその仮定に対するあらゆる反駁を支持することを許すが故である。

長兄である自分も、末弟であるヒューストンも、再婚した父や継母のもとを離れてフランスやスイスで成長し、それぞれ学者として一廉《ひとかど》の名を成したが、しかしこの兄弟二人はまたなんと異った人生行路を歩んだことだろう。一旦は義絶したこともある二人の過去を思い返すと、あの意味深長な日本の諺が思い出されてしかたがない。これも『鼠はまだ生きている』の中にやはり書きつけておくこととしよう。

「兄弟は他人の初まり」とは極東に行われている悲しき俚諺である。

だがその自分もかつては弟を大変誇りにした頃があった。昔の教え子で自分のリーダーを勤めてくれたこともある上田敏に向って『十九世紀の基礎』の話をして聞かせたのも、一族の一人として弟の著書を得意に思ったからである。

どうもチェンバレン一族はみな気位が高いようだ。自分は長い間、自分こそが日本学の世界的権威だと自負していた。だから一九二六年、在日英国大使館のサンソムが帰欧の途次、ジュネーヴへ寄ってくれた際は別れぎわに手を握って、

「日本のことを解釈して西洋へ伝える事業は、これから先はサンソム君、貴君に期待します」と改った口上で挨拶したのだ。その時自分は七十六歳、サンソムは四十三歳だったが……

実際、自分が『日本事物誌』を新しく出すたびに「日本関係書」Books on Japanで何を筆頭に据えるかは相撲の番付作成に似ていた。いってみればそれが学問世界の番付表で、自分こそが西洋日本学界の行司、英王堂ということになる。前にまだ一冊しか出ていなかった時は第八位に置いておいたマードックの『日本史』は、ついに三巻出揃った。この次の『日本事物誌』第六版では是非マードックの著書を日本関係必読文献の第一位に推したい。

一九一八年十一月、ドイツ降伏の報に接した時はさすがに自分も歴史的感慨に耽ったものだ。そして歴史という語の連想から、在英の杉浦青年に「マードックを読め」と推めたものだ。マードックの上代史執筆の態度は良心的で敬服に値いする。彼は自分の頭で判断して日本史を書いている。日本の文部省の学校教育では神話と史実とを混ぜこぜにして教えているが。実際、日本で何が一番不快といって自分が新宗教の発明と呼ぶところの日本人の愛国教ほど不愉快なものはない。有体に冷厳な史実を言えば、有史以来この方、日本人ほど君主に君主としての権能を認めず、傲慢に扱った国民はほかに例がないのだが……

一九三一年、八年前の独訳に続き『日本事物誌』の仏訳が出た時は嬉しかった。例によって表紙には「東京帝国大学、日本語並ビニ博言学名誉教授」と印刷させた。「外国人にして日本人に日本の事を学ぶことを教えた人の典型」と日本人に言われることほど自分の知的自尊心を擽るものはない。だがもしかするとその過度の誇りは自分自身が大学教育を受けておらず、大学卒でないところから来ているなにかかもしれない。

自分としては十七歳の時オクスフォードへ進学するつもりでいたのだが、それが突然病弱故に不許可となった……　杉浦青年がかつて『トム・ブラウンの学校生活』について愉快な感想を書いて寄越したことがあった。その時は自分も五十年前、夢中に読み耽った日々を思い出して詳しい返事を書いたが、「しかし主人公がオクスフォードへ入学してからは、あの本はにわかにつまらなくなる」とつい書かずもがなの感想を添えてしまった。しかしその感想が的はずれとはいえないだろう……

一九三四年にはロンドンの出版社から『日本事物誌』の第六版を出したいから増補訂正箇所があれば原稿を送って欲しい旨の連絡を受けた。八十歳を過ぎた著者が、初版が出てから半世紀近く経つ書物をまたさらに改訂するのは考えものだ、という疑念が自分の念頭をかすめないでもなかった。しかし三年前に仏訳が出た時の評判は悪くなかった。それだけの需要があるのなら、やはりこの際、言い遺しておきたいことは言っておこう。いままでは誰にも言わなかったが、八十三歳の自分には論駁しておきたい相手が実はまだいるのだ……

孤独のうちに晩年を送ったチェンバレンは、その相手は自分の外にいると思っていた。しかしそれは実はチェンバレン自身の内なる自負心にまつわる問題であったのかもしれないのである。——次の節でも引続きそのチェンバレンの気持を忖度することをお許し願いたい。

会おうとしなかった人

第一次世界大戦後、ジュネーヴに住んでいたチェンバレンが不快を覚えたのは、妙な事だが、話題が日本に及ぶ時であった。なににせよ、日本の事物に関することならチェンバレンには一家言がある。ところが戦後にわかに数がふえた当地の各国外交団のメンバーも誰一人としてチェンバレンの意見を求めはしない。日本が話題になると噂になるのはもっぱらNitobé、新渡戸稲造であった。

ジュネーヴ市民が国際聯盟本部が当市に置かれたことを誇りとするのは納得が行く。その平和維持機関の国際公務員を代表する顔――その一人が新渡戸博士であってみれば、彼が尊敬されたのは当然だろう。聯盟の意義を熱っぽく説いて、新渡戸事務次長に匹敵するほど英語で弁が立つ人物は英国人職員にすらいないという噂ではないか。しかもその新渡戸の前職は東京帝国大学教授である。その彼が巧みな英語で日本について語る際、人々は彼の議論に傾聴した。日本人が日本について語るのだ。信用が置けるに相違ない。

しかしチェンバレンが読む限り、報ぜられる新渡戸の講演はいかにも内容空虚で、学術的根拠を欠いていた。また相変らずの調子だな、とチェンバレンは苦々しい気持を覚えた。一九〇〇年、新渡戸が英文で*BUSHIDO*を著した時、その評判の書をいちはやく読んだ。そしてその時からこの著者に対しては不信の念を抱いてきた。チェンバレンが見るところ『武士道』は宣伝の書物でしかない。一九〇五年八月十九日の*Atheneum*誌は、要するにこの書は千八百七十年代、八十年代の日本における徹底した欧化運動に対する反動に過ぎぬと評した。あの書物は言ってみれば、日本人としてのアイデンティティーを旧来の武士精神に求めた一種の強がりである。そもそも新渡戸が鼓吹するような忠君愛国教は、維新以後、明治新政府が意図的に日本人民に吹込んだものではないのか。新渡戸が称するところの「武士道」なるものは、言ってみれば、一つの新宗教の発明ではないのか。――チェンバレンはそのように解釈した。

チェンバレンは当時幾人かの日本人と会った。一九二六年には、例外だろうが、初対面の西川義方医学博士とも愉快にドイツ語で談笑した。しかし新渡戸が七年に及ぶジュネーヴ在勤時代、一再ならず面会を申込んだにもかかわらず、チェンバレンは健康を口実に一度も会わなかった。兎角の噂はその当時からすでに流れた。それを気に病んだチェンバレンの元秘書は後年弱々しくこう釈明している。

さうではないのです。会ふ機会がなかつたらしいのです。私がゼネヴァに居ります時に新渡戸先生が訪ねて来られたのですが、生憎と散歩に出た後で、会ふ事が出来なかつた…… しかし双方が双方を褒め合つて居るのです。世間が言ふやうに、意見が合はないから面会しないのだといふことは一寸間違つて居ると思ふのです。

これは『国語と国文学』第十二巻第四号に出た、杉浦藤四郎の「ゼネヴァに於けるチェンバレン先生の生活」の一節だが、杉浦は二人の顔を立てようとして見えすいた嘘をついている。ジュネーヴにおける上流人士の交際は、当時も今と同じく、あらかじめアポイントメントを取って時間を定めてから会うのがしきたりだったからである。それに杉浦はその時はまだ知らなかったが、最晩年のチェンバレンは、一九二七年リプリント版の『日本事物誌』に加えた付録の一つ「新宗教の発明」の記事を、第六版ではわざわざ「武士道」と改題してつけ加えようとしていたのである。「武士道」というこの新しい項目が新渡戸の著書を念頭に置いた、批判的記事であることはいうまでもない。事実、その項目の末尾には、

参考書　新渡戸稲造氏の『武士道——日本の魂』はこの論文において私が述べてきた見解に反対の立場をとる主要著作である。

という注をわざわざ新たに補っている。チェンバレンが『武士道』の著者を褒めたなどという杉浦の言葉は、私には到底真実だとは思われない。

傷つけられた自負心

西洋人から侮りを受けたくない、という気張りが先に立つ新渡戸稲造の著書の欠点は、一般読者はともかく、目のある人にはすぐそれと知れた。極東問題専門の西洋人学者の間の評価は一層手厳しかった。「日本の歴史や文化に関する秀れた入門書はすでに数多くある。新渡戸博士の英文著書はそれらに付け加えるところが殆どなにもない」（ラトゥレット）

新渡戸については、日本人もやがてその名前のみを記憶して、その著書はあらかた読まなくなるに相違ない。だがその程度の新渡戸稲造と違って、もっとずっと気にかかる存在は、チェンバレンにとって別にいた。その人はとうの昔に死んだのに、その人の名は生けるがごとく人々の口にのぼる。チェンバレンがジュネーヴに住んで二十余年、その人の名は歳月の経過とともに大きくなり、いまやチェンバレンにとっては虫の好かぬ存在 bête noire に近いなにかになりつつあった。LAFCADIO HEARN——その人の影がまつわりついて離れないのである。

チェンバレンが日本にいたことを知る人も知らぬ人も、形式的な社交儀礼からにせよ、本心の感服からにせよ、会話の席でなにかとハーンの名前を引合いに出す。その回数が多いことも無理はなかった。ハーンのフランス語訳は当時次々と世に出まわっていたからである。『見知らぬ日本の面影』は仏訳が一九〇四年に出て、一九二〇年に別の版が出た。『心』は一九〇六年に初訳が出て一九一八年に別の版が出た。『怪談』は一九一〇年、『東の国から』は一九一一年と一九年。『骨董』は一九一二年と二一年。『日本——一つの解明』は一九一四年、『天の河縁起』は一九二二年、『仏の畑の落穂』は一九二五年、『霊の日本』は一九二九年、『異国情趣と回顧』は一九三一年、……

フランス語圏におけるハーン熱はこうして千九百十年代から二十年代にかけて最高潮に向っていた。アンドレ・ジッドが作中の一人物にフランスでは珍しいラフカディオの名をつけたのもそれと無縁でない、ともいわれていた。第一次世界大戦に際して聯合国の一員であった日本に対する好意が、そのハーン熱を支える下地となっていた。だがそれにしても「日本即ハーン」「ハーン即日本」という世間の反応はチェンバレンにとっては愉快ではない。それに世間の教養ある人士がハーンの筆を通してかいま見る日本の面影なるものが、いかにも本物からかけ離れている。それはあまりにも甘美で到底真実ではあり得ない。日本の実体を知る者が読む時と違って、知らぬ者が読むハーンは、陶酔を呼ぶ媚薬なのだ……

正確を旨とするチェンバレンは世間の主観的・主情的なハーン評価がいつしか不快の種となった。その不快感は千九百三十年代、日本が東亜から大英帝国の権益を駆逐しようとして露骨に大陸進出を始めた時、一段とつのった。満洲で事変を起しつつある日本はハーンが描いたような心優しい日本ではない。それなのに人々はなお昔ながらの錯覚に囚われている。危い、実に危い。だが昭和初年、欧洲から日本へ行ってその実情を正確に把握できるだけの日本語の力を備えた西洋人はまことに少かった。十指に足らぬと言ってもよかった。そのために多くの人々がハーンの筆についつい惑わされる。『日本事物誌』を仏訳してくれるあの愛すべきパリの女性マルク・ロジェにしてからが、ハーンの日本という幻想の擒となっているではないか。彼女がいま新たに抄訳を試みているハーンの『見知らぬ日本の面影』は、日本の讃歌となっているけれども、あれは片眼で、それもひどい近眼のハーンが、自分は見たと思いこんだ想像の日本――言い換えればハーンが見たいと願った日本に過ぎないのだ。だがそんな日本はあまりにも完璧な日本であったから、そんなものは実際にはあの男の空想裡にしか存しなかったのだ……

チェンバレンはハーンの著作をそのように貶めようとして思わず口ごもった。それは同じ自分がかつてはハーンの著作を目して、「日本研究を志す人にとってはこの上ない宝の山である」と推称したことを思い出したからである。“perfect mines for the enquirer to dig in”という言葉は、事実そのまま、『日本事物誌』の「日本人の特質」の項目末尾に付された参考書の説明として、やや変化した形ではあったが、第六版にいたるまで残されるのである……

チェンバレンはハーンを批判しようとして、彼と自分との交友関係を思い返さずにはいられなかった。ハーンは日本での第一作『見知らぬ日本の面影』を自分に献呈して、その著書の見開きの頁にチェンバレンの名前を恭々しく印刷したばかりか、

Emeritus Professor of Philology and Japanese in the Imperial University of Tokyo

と名誉教師になったばかりの自分の肩書を大きく添えてくれた。そしてその先に、「その人の御好意によりまして小生の東洋滞在ははじめて可能となりました」とまで印刷してあった。事実その通りだった。横浜にマクドーナルドがいて宿の親切を見、東京に自分がいて文部省にかけあって口添えをしたからこそ、ハーンは松江でも熊本でも教職に就けたのだ……あの頃のハーンの自分に対する敬意傾倒は格別のものだった。自分が日本の大学で日本人学生に向けて国語学を教授していると聞いて、ハーンは自分を稀代の天才のごとくに尊敬した。しかし自分が全能者でないと知ると、今度は逆に自分を軽蔑したらしい……

最晩年のチェンバレンは枕もとの小さな紙片にフランス語でこんな感想を書きつけた。

誰かを完全な人と思っていた。ところが避け難い欠点を見つけると、その人をひどく見下すものである。しかし自分自身を見下すべきであろう。

『鼠はまだ生きている』に拾われたこの句は、チェンバレンのハーンに対する感想だと普通言われている。それは確かに『日本事物誌』第六版の「ラフカディオ・ハーン」の項目と一致する言様《いいざま》である。だが東京時

代のハーンは、家人の証言からもわかるように、チェンバレンを見下したりなどしていなかったのである。なるほどハーンはチェンバレンの日本人観——とくに日本人無宗教説に対しては誤りだと確信するようになっていた。ハーンは庶民の中で暮した自分こそが日本人の宗教感情をよりよく理解している、というひそかな自負すら抱いていた。その体験を基に晩年のハーンは日本に対して一つの解明を試みたのである。果すべき仕事を持つ彼は、在京西洋人との交際を絶った。執筆に専念するハーンには、他人を一々見下したりする時間的ゆとりすらなかった……

だが不幸なことに、最晩年のチェンバレンは、ハーンの書簡集を読み返し、世間にひろまるハーンの名声を聞くにつけ、ハーンに対して怨恨《ルサンチマン》に似たなにかを覚えるようになった。自分が見下されたと本心から思うようになった。それだからであろう、一九三一年（昭和六年）『日本事物誌』の仏訳 *Mœurs et Coutumes du Japon* が出る時、「ラフカディオ・ハーン」の項を書き加えた。書き出すと、八十歳を過ぎた老人の筆は意外に生彩を帯びた。悪意は善意よりも強い記憶を持つものであり、闘争は和解よりも老人に生命力を賦与するものである。チェンバレンはその時、自分が三十年前には佐佐木信綱に依頼されてその同じハーンのために心あたたまる思い出を『心の花』に寄せたことはもうすっかり忘れていた。その露骨な肉体的欠陥の描写は、これがその人自身が終生眼疾に悩んだチェンバレンの言葉かと思わせた。**"Au physique pareillement; il était borgne et fort myope de son œil unique."**

チェンバレンは一九三四年（昭和九年）『日本事物誌』英語第六版のために増補改訂の機会が与えられるや、しばらくためらった後、右の仏文を基として「ラフカディオ・ハーン」を、また「武士道」「大本教」の項目も新たに加える決心をした。八十四歳のチェンバレンの筆は狂おしく躍った。

……During the first few years his (Hearn's) enthusiasm was at fever pitch; he had found the Land of the Gods, and his Glimpses of Unfamiliar Japan glorified the Japan which he imagined he saw.

……Pity only that Lafcadio lacked the sense of reality, or rather he saw details very distinctly while incapable of understanding them as a whole. Not only was this the case mentally but also physically. Blind of one eye he was extremely short-sighted of the other.

……His life was a succession of dreams which ended in nightmares. In his ardour he became a naturalised Japanese, taking the name of Koizumi Yakumo. But awakening from his dream he realised that he had taken a false step. The Japan he cared for could not be the Europeanised, vulgarised Japan of today, but rather some ancient Japan, pure of Occidental defilement, a Japan so perfect that, in fact, it could never have existed except in his own fancy. The Japanese government was equally disappointed; for it had engaged him convinced that he would bring European public opinion to favour all the modern changes which, on the contrary, he never ceased to curse. Matters stood thus when he died suddenly.

これが、チェンバレンがハーンと出会い、チェンバレン自身が、

Les beaux esprits se rencontrent.

「美しき知性は相会する」（一八九三年一月十九日）と自己満悦に似たフランス語も添えて、二人の交友関係を祝した四十年後の評語の一端だったのである。そのハーンを貶める言葉の訳は五十二―四頁に長く引いた。その遅発性の時限爆弾に似た破壊効果のすさまじさについてもすでに触れた。

第二部　心で愛した日本

第一章　小泉八雲の家庭生活

ある裏切り

チェンバレンは『日本事物誌』第六版のためにハーンの略伝を書いたが、そのハーンはもっぱらロマンティックな放浪者として描かれた。後に文学史家のハリー・レヴィンが呼ぶところの「文明化された遊牧者」**a civilized nomad** というイメージの原型である。それは一面では真実でもあったが、他面では真実から遠く離れていた。ハーンは一八九〇年（明治二十三年）に来日すると、一九〇四年（明治三十七年）に死ぬまで十四年間、一度も日本を離れず、家族を大事にし、もっぱら日本を題材に夥しい著述をしたからである。

だがチェンバレンは、日本にもまた定着し得ず、すぐに飽きを覚えた人としてハーンを描いた。言いかえると、彼のロマンティックな夢は日本という醜悪な現実の前に破れ去ったというのである。一九三九年に出た第六版からは以前の讃辞――「ハーンは誰よりも深く日本を愛するがゆえに、今日の日本を誰よりも深く理解し、また他のいかなる著述家にもまして、読者に日本をより深く理解させる」――は消えていた。「真に深みのある創見に満ちた著作」といった評価も、ハーンを褒めたたえるために引いたワーグナーの言葉、「およそあらゆる理解は、愛を通してのみ、我等にいたる」も抹消されていた。そこにはハーンは日本の西洋化を海外に向けて宣伝するべく日本政府によって雇われた作家である、という趣旨がそことなくにおわされていた。いや日本の当局は御用作家として活用することにも失策《しくじ》ったのだ、という冷笑が行間には漂っていた。当然ハーンも、ハーンによって描かれた日本も、信用が置けぬ、というわけである。

しかしチェンバレンの遺稿に出てくるこの記述にはなにか具体的な根拠があるのだろうか。明治政府には日本の近代改革の成功を海外に向けて宣伝するために外国人を雇うほどの財政上のゆとりはなかった。またそうした目的のためなら、なぜ西洋化から一番ほど遠い山陰の鉄道も通わぬ僻地の中学校の英語教師に任命したりしただろうか。懐中無一物のハーンがまずなによりも生活のために教職を求めたことは、その地位を斡旋したチェンバレン自身が一番よく知っていたことのはずである。その間の事情はハーンが明治二十三年島根尋常中学校へ赴任した時も、翌年熊本の第五高等中学校へ移った時も変らなかった。

ハーンの作家としての評判が日本の当局者にも知られ、それが本人の就職に利したのは明治二十九年、東京帝国大学へ迎えられた時以降の話である。大学卒の資格のないハーンを東大へ迎えたのは、前にもやはり大学卒の資格を欠くチェンバレンを迎え入れた外山正一であった。その外山文学部長にハーンの名前を提議した人は同僚の神田乃武で、神田がまずハーンの著作を読んで、流麗な文章と豊かな学識に感じ入ったのだといわれている。外山も当時の米国の代表的な雑誌であった『大西洋評論《アトランティック・マンスリー》』に載った『戦後雑記』を興味深く読んだと見え、その旨をハーン宛の招聘の手紙に記している。外山と神田がハーンの文学者としての才能を見込んで神戸から東京へ呼んだのだが、このヤマカンはものの見事に当った——俗な言い廻しで恐縮だが、しかしそれが本郷英文科に伝わった口碑なのである。実際、過去百年を越す外国人お雇い教師の歴史の上で、誰が学生たちに評判が良かったといって、ハーンに及ぶ教授はほかにない。強いて求めれば西洋哲学のケーベルであろうが、しかしハーンの場合と違って、ケーベルの講義そのものは、弟子たちの手で著書にまとめられるほどの実質を持ちあわせてはいなかった。

チェンバレンは推薦者としてその間の事情に精通しながら——というか自分が消息通であったことを逆に笠に着て——「日本政府もハーンと同様に失望した」と書いた。『日本事物誌』第六版のこの説を無批判的に請売りする人は、第二次大戦後内外に多いが、しかしこの記述は真実だろうか。なるほど東京帝国大学は明治三十六年ハーンを解雇した。だがそれは彼の著作活動に失望してのことではなかった。井上哲次郎の回想にもあるように、かねてからの大学の方針に従って、英国留学から新帰朝の日本人講師に英文学の講座を担当させようとしたからである。日本人で初めて英文学を東大で教えることとなった学者は夏目金之助であった。

またチェンバレンとハーンの友情がスペンサー評価をめぐって破れたというチェンバレンの新説は、ハーンの信用を傷つける上でいかにも効果的で、ハーンの偏した性格の描写としても絶妙である。しかしハーン没後に『心の花』に寄せたチェンバレンの旧友に対する愛慕の念を語った記事を記憶する読者には、この説は話がうまく出来過ぎていて、なにかしらじらしい。私は、二人の友情をその死後において裏切った人はチェンバレンだったのではないか、という疑惑の念を禁じ得ない。とくに許せない一事は、チェンバレンが、小泉家に正式に入夫願を出したハーンの生涯は nightmares（悪夢）に終ったと書いたことである。これは節子の夫に対する愛情や小泉家の人々のヘルンさんに対する好意を、冒瀆するに等しい言葉ではないだろうか。私はこの種のチェンバレンの発言はやはり黙過できないと思うのである。

小泉八雲の家庭生活

小泉八雲の家庭生活は「悪夢に終った」と言うにはあまりにも幸福な証言が数多い。明治二十六年十月十一日ハーンは、別に申上ぐべきこともないが、誰にも書く気はないけれども、あなたにならぬ書いてならぬというわけはないから、といって熊本での自分の一日を一つの生活例としてチェンバレンに報じている。それはあくまで英国紳士風の生活を送る独身者チェンバレンをも微笑させずにはおかぬ底《てい》の「一日の行事」であった。やや長きにわたるが全文を紹介しよう。

午前六時――小さい目覚しが鳴る。妻が先に起きて私を起す――昔の侍《さむらい》時代のきちんとした挨拶で。私は起きて坐る。蒲団のわきへ火種の消えたことのない火鉢をひきよせて煙草を一服吸いはじめる。下男たちがはいって来、平伏して旦那さまにお早うございますと言い、それから雨戸を開けはじめる。そのうちにほかの部屋では、小さいお燈明が御先祖様の御位牌と仏壇の前にともされて、お勤めが始り、御先祖様へお供えをする。(御先祖様の霊はお供物は食べないで――精気をすこし吸うのだそうです。それでお供物はほんのちょっぴりです)。そのころ老人たちはもう庭へ出て、お日様を拝んで、柏手《かしわで》を打って出雲のお祈りの言葉を小声で唱える。私は煙草をやめて、縁側へ出て顔を洗う。

午前七時――朝飯。ごく軽い物――玉子とトースト。ウィスキーを小匙一杯入れたレモネードとブラック・コーヒー。妻が給仕する。私はいつも妻にもすこし食べさせようとする。しかし妻はほとんど食べない――後で一同が朝御飯を取る時にも顔を出さねばならぬから。それから俥屋が来る。私は洋服を着はじめる。初めのうちは日本の習慣が嫌いでした、妻が順序よく一つずつ渡して、ポケットの中味にまで気をつけてくれるのですが、これは男の中にある怠惰の性を助長すると思いました。しかし反対した時、人の感情を害して折角の朝の愉しい雰囲気をこわしてしまったから、結局この古い定めにおとなしく従っています。

午前七時半――一同玄関へ見送りのために集る。しかし下男や女中たちは外に立つ――主人が洋服の時は下男も立っているという新しい習慣によるのです。私はシガーに火をつける――私のところへのばされた手にキスする(これだけが当家での舶来の習慣です)、それから学校へ行く。

(四、五時間ぬける)

俥屋の「お帰り」の呼声で帰ると、――家の者も一同「お帰り」と言って挨拶しに玄関に出て来る。それから手伝いされるままに洋服をぬいで着物に着換え、帯を締める。座蒲団と火鉢がもう用意されている。

チェンバレンさんとかメーソンさんから手紙が来ている。昼食。

他の人々は私が済ました後で食事する。隠居は二人いるが、私が稼ぐ人で、一家を支えている人のことを第一に配慮せねばならないという考え方によるのです――しかしほかの場合は必ずしも稼ぎ手が第一の座を占めるのではない。たとえば家の者一同が集る時は目上の席はいつも年齢と親子の関係で決まる。その場合私は第四番目の席につき、妻は第五番目の席につく。そしてその場合は老人がまず第一番にもてなされる。

食事中はみだりにほかの人々や使用人を妨げないことが一種の了解になっている。別に定めはないが、この習慣を私は尊重する。それで一同の食事が済まないうちは私はみだりにその方へは行かない。それからめいめいの好きな居場所についても一種の礼儀の定めがあり、それもきちんと守られている。

午後三時四時――非常に暑い時は皆昼寝をする。使用人たちもかわるがわる眠る。涼しくて気持がよければ、一同働く。女は裁縫、男は庭仕事やそこらでいろいろこまごました仕事をする。子供たちが遊びに来る。『朝日新聞』が来る。

午後六時――入浴時間。

六時半から七時半――晩御飯。

午後八時――一同箱火鉢を囲んで誰かが『朝日新聞』を読むのを聞く。お話を聞くこともある。時々新聞が来ない夜は、珍しい遊びをする。それには女中も加わる。母は合間に針仕事をする。遊戯にはなはだ奇抜なのもあります。長い糸で大きな輪を一つ作り、短い糸で小さな輪や小片《こぎれ》を幾つも作る。その大きな輪を天鵞絨《ビロード》の座蒲団の上に置いてお多福の顔の輪郭とする。それから眼隠しをして、皆でその輪の中に顔のほかの部分を作るよう、小さな輪や小片を置かねばならない。ところがこれがそう簡単にいかないものだから、失敗するたびに皆大笑いするのです。夜分気持のよい時には、私どもは外へ出ます――女中は交代に連れて出て外出の機会を与えます。時々は芝居を見に行きます。たまには来客もある。しかし一番楽しいのは、ランプを吊してある夜店でなにか変った品や小綺麗な掘出物を見つけて来る時です。そんな時には大得意で持ち帰って、一家一同団欒のうちに眺めては褒めそやす。もっとも私だけはたいてい晩は著述に従うことにしています。私のお客で大切な客なら、妻がもてなしに出て、ほかの家人はその客が帰るまで顔を見せないようにする。それ以外の普通の客なら、女中まかせにします。

夜が更けると、神様の時刻になる。昼のうち神様はただ普通のお供えを受けるだけだが、夜になると特別の祈願を受ける。小さいお燈明をつけ、家の者は私を除いて代る代るお詣りする。神棚の前では立ったまま参拝するが、仏様へのお勤めは坐ってする。私に代って誰かがお勤めをすませてくれることもある。私はただ一度だけお詣りするよう言われました。それは家に心配事があった時でした。その時は教えられた通り、日本語を一言一句繰返して神様にお祈りした。神棚のお燈明は燃えつきるまでそのままにしてあります。

就寝の合図をするのは私で、家族一同その合図を待っている。書くことに心を奪われて時間の経つのを忘れることがある。すると御勉強がお過ぎになりませんかと注意される。女中は部屋部屋へ蒲団を敷く。火鉢の火を作りなおして私ども――というのは男です――が夜、勝手に煙草が吸えるようにしてくれる。それから女中たちは平伏して「お休み」と挨拶する。それから全く静かになる。

時々眠くなるまで読書をする。時々鉛筆をもって床の中でも書き続けることがある。しかしいつでも昔からの習慣に従って、私の小さな妻は「おさきに休ませていただきます」と許しを乞う。そんな礼儀作法は、あまり謙遜の度が過ぎるから、止めさせようとしたが、しかしやはり美しい習慣で、日本人の魂の中にしみこんでいるから、止めさせることは出来ません。これが日々の生活のあらましです。それから眠ります。

これは私たちの世代の日本人にはいまなお合点の行く「旦那様」の日常である。ハーンは、民俗学への興味もあって、日々の宗教的儀礼のことも、家族内順位《ペッキング・オーダー》のことも、詳しく報じた。ハーンはまた大の煙草好きで、チェンバレンの『日本事物誌』の「煙管《パイプ》」の項にも煙管の蒐集者として登場するほどだが、この手紙でも朝吸い、夜吸い、夜中吸うことを報じている。それにしてもこの手紙全体から溢れるなにかは、家人にかしずかれ、学校での仕事も執筆も順調に進んでいる人の幸福感ではあるまいか。——そういえばハーンが、逮捕された警官殺しの強盗と警官の遺族が対面する『停車場にて』を書いたのもこの熊本時代で、妻の節子が明治二十六年四月二十二日付の『九州日日新聞』の犯罪記事を読んで聞かせてくれたからこそあの名作は生れたのだった。ハーンはそうした教育と執筆の合間に、一家団欒を楽しみ、小泉家の一員に成りきっていた。ハーンが自分から言い出して神棚を作らせたのもこの熊本でのことだが、その神棚はいまも埃をかぶったまま手取本町の旧屋に残っているはずである。萩原朔太郎は、右の手紙にはハーンの「大得意な満悦さが現はれてゐる。実際彼の妻のやうに、良人に対して忠実な奉仕をする女性は、普通の西洋婦人の中には殆んどなく、これほどまた男が殿様扱ひされる家庭生活も、西洋では考へ及ばないことである……」。ハーンは「どうだ。羨やましからう」という自誇の情をこめてこの手紙を書いたのだ、と『小泉八雲の家庭生活』の中で評した。

この手紙から反射的に思い出されるのは、それより十五年前の一八七八年、ハーンがニューオーリーンズで記者生活を送っていた頃、前にシンシナーティで自分を助けてくれた旧友ワトキンへ宛てて出した、やはり「一日の行事」を録した手紙のことである。「烏」と自称した二十八歳当時のハーンは、"The Raven passeth Its time thusly :"と日々の生活のあらましを報じた。その擬古文めかした戯文をいま仮に候文風に訳すと、

謹啓
烏生《うせい》は如斯《かくのごとく》時間を打過し居り候。朝は日出《ひので》とともに起き、麺麭《パン》一片を喰《くら》ひ、濃き珈琲《コーヒー》一盞《いっさん》を傾け、然る後おもむろに社へ赴き、無き智恵を絞りて『アイテム』紙がために悪魔的なる記事を捏造致し候。而して後下宿へ戻るを常と致し候。拙宅は蔓草窓を蔽ひ、雲なす蚊柱は窓外にありて、薄暗きことかはたれ時に異ならず。そこへ迎へ入れまゐらするは西班牙語個人教授にて御座候。然る後、烏生は支那料理店へ参る——烏生が滋養分突起は骨相学上空恐しきまでに異常発達致し居り候へば、牛飲馬食と申すも愚に御座候。而して二時間ほどをば古本屋街にて消光仕り候。早目に就寝熟睡の後、草木も眠る丑三つ時に起出で、まづは煙管を燻すこと如例御座候。乍然過去一年が程は葉巻は手控へ居り候、品行方正の段御憫笑可被下候。末筆乍ら尊兄の御健勝並に御清栄を祈り申上候。猶々烏生はこれより又煙管を一服吹かし参らする所存にて候。右御挨拶旁近況御報告迄に御座候。草々頓首。

この二つの手紙は、なるほど文体こそ異るが、ハーンが自分自身の生活とその気分に満足していた時に書いた消息である。ハーンはボヘミアン時代のアメリカでも、教師時代の日本でも朝起きであった。煙草好きは昔も今も変らない。健康な食欲があって、彼の手紙を読むと朝食がいかにもうまいという感じがする。日本暦にかぞえて明治十一年、ニューオーリーンズにはもうすでに中華料理屋があったということも驚きだが、ハーンはシナ飯が安くてうまく滋養分に富むと感じたのだろう、その店の常連となった。「滋養分突起」というのはガルが発明した骨相学知識を悪戯に応用した言いまわしで、頭蓋のどこかの骨が突起しているからといって人間とくに大食いになろうはずはない。ニューオーリーンズ時代のハーンが、つましい朝食のほかは毎日、外で一回大食してそれですましていたことが、この興趣に富める一文からも察せられる。夜になって執筆に打込む姿は、米国南部でも九州熊本でも全く変りなかった……
しかしこの手紙と熊本の手紙の間には決定的な違いが一つあった。ニューオーリーンズの「鳥」は尾羽打ち枯した独り者だが、熊本のハーンは妻にかしずかれた幸せな家庭人だということである。小泉家の一日の様子を報ずるハーンの手紙に、私は溢れるばかりの「ドメスティック・ハピネス」を感じるのであるが、明治二十六年当時、この手紙を受取ったチェンバレンも、友人として、すなおにハーンの家庭的幸福を祝福したのではあるまいか。

不平等条約の時代

『日本事物誌』には著者の個性的見解がずばりと明快に出ていて、それが前世紀独特の時代色を添えている。帝国主義が肯定された時代に提督の子弟として育ったチェンバレンは、西洋列強の「砲艦外交」の是非についても鮮明な意見を持っていた。たとえばペリーの黒船が一八五三年、日本に開国を迫った威嚇外交の本質について、彼は遠慮会釈なく次のように評している。

「砲艦外交」は、事情を知らぬ平和愛好者たちがしばしば非難するところのものであるが、時と場所によってはまことによく適した政策であることを、この事件ははしなくも示している。多くの場合、「力は正義なり」なのである。砲艦外交こそは、東洋の半ば未開国で通用し得る、相手が理解し得る唯一の政策である。(嘉永年間)当時の日本がそうであった。したがって我々はペリーに対して大いなる敬意を表するものである。……

明らさまに言えば、ペリーが勝利を収めたのは、弱くて無智で、全く不用意で、武備も不充分な日本人を脅かし、彼等の肝っ玉を潰したからである。ペリーが大砲を用いる必要がなかったのは、彼にはいつでも大砲を使うだけの用意があり、それを使うぞという脅迫があまりにも明瞭に見てとれたから、ペリーの武力の前になんらなす術もない人々にとっては、それは到底無視できなかったというただそれだけの理由によって、日本は屈服したのである。……

ペリーの功績の上につけ加えられた（「平和的勝利の道義的偉大性」などという）感傷的な虚飾については、誰も注意を払う必要はあるまい。

その種の政治的リアリズムに立つ東京公使館筋の英国人は後年、日本が朝鮮を併合することも蔭で当然の事として承認した。もし力の真空状態を半島地域に放置すれば、その地域の住民に独立維持の力が十分にない以上、ロシヤとそれに呼応する勢力の南進は必至であり、その種の大悪に比べれば、日本による単独支配の方がまだしも小悪と考えられたからである。その種の地政学的な発想に一片の真実が含まれていなかったとはおそらく言いがたいことであろうが、しかし当時の英国公使館筋ほど正面切って、自国の過去の砲艦外交を弁護できる人は今日、幸か不幸か、日本にはいないようである。

ところで地球上の国々を文明国・半開国・野蛮国に分類する発想は、十九世紀においては文明史観と呼ばれ、日本では福沢以下によって広くわかちもたれた。明治日本が文明開化につとめたのも半開国から文明国への仲間入りをするためであった。しかし、一面で進歩を謳歌する文明史観は、他面で諸国民を文明国や半開国や植民地に位置づけ、西洋諸国と非西洋諸国との間に不平等条約を締結させることとなった。チェンバレンは英国国内に階級差別があるのを当然とした人だが、十九世紀の末年において世界に上下の区別があることをもまた当然と考えた人であった。チェンバレンは日本が西洋列強と平等の立場に立つのを好まなかった。そんな彼だから英国がインドを捨てる、などということはもちろん思いもよらなかった。彼は一九三三年の時点でさえ、インドを手放せばイギリスに取って代るのはロシヤではないか、「あるいは日本人かも知れぬ。この方がよいだろう」などと『鼠はまだ生きている』に書いている。

ところが従来の日本のチェンバレン研究家の多くはその点についてはいかにもナイーヴであったから、「この方がよいだろう」の語調にだまされて、

「チェムバレンのような人があったればこそ日本の世界的地位が進み特に日本の外交関係を円滑にしたにちがいないと思う」（吉阪俊蔵『王堂チェムバレンの交友』『学士会月報』昭和三十年十月発行）

などと述べている。英国は一八九四年（明治二十七年）不平等条約の改正に応じたが、それを目して英国政府の屈服《サレンダー》であると遺憾の意を表した在日英国人の一人こそチェンバレンだったのである。

ところで国家と国家の間にこの種の不平等条約が存在する限り、住民と住民との間にも平等はあり得ない。国内法も社会通念も平等を当然自明の前提としないからである。それだから明治二十年代の日本では、西洋人と日本人の男女は、たとい事実上の夫婦関係を営んでいても、いずれかが国籍を変更して配偶者の国籍を取得しない限り、西洋人の夫が死亡した場合、その遺産は日本人の妻子の手へは渡らず、西洋人の親族へ渡る仕組みとなっていた。

ハーンは不安であった。

ハーンがたとい厄介な手続を踏んでも日本に帰化したいと望んだのは、自分が額に汗して得た財産は妻子の手に残して、自分の亡き後も彼等の生活を保証してやりたいと思ったからである。ハーンは日本を愛したが故に日本に帰化したとする説は日本人の好みに合う見方である。もちろん日本という国への愛情も一つの要素ではあったろう。しかしそれ以上に家族に対する愛情と、その具体的な表明としての経済上の顧慮が、ハーンをして入夫願を提出させたのだと思う。当時にあっては西洋人の男が日本国籍を取得する唯一の方法は養子（入夫）となることであった。

ここでハーンのこの取越苦労とも思われる気苦労にふれる前に、前半生において彼の魂を脅かした幾つか

の不安懊悩に注目しておきたい。幼少時代は数々の不幸に見舞われた歳月であった。はじめに周囲から白眼視され孤立した母子家庭があった。イギリス占領軍将兵の子供を生んだギリシャの島の娘という状況を想像すればよい。ついで周囲と言葉の通じないダブリンの暗い家があった。敵意に囲まれた戦争花嫁は夫の復員を待って日々を過したのである。だが帰って来た夫と妻との間にはたちまち不和が生じた。幼児の情緒は不安定にならざるを得ない。母はヒステリカルに泣く。四歳の時、その母と生き別れるに及んでハーンの不幸は取返しのつかないものとなった。やがて子連れの未亡人と再婚した父親はハーンを邪魔者扱いする……

この英国陸軍軍医チャールズ・ブッシュ・ハーンの仕打ちに義憤を覚えた大伯母ブレナン夫人はラフカディオを自分の邸に引取り、彼女の莫大な財産が、人でなしの父親にではなく、直接ラフカディオ自身へ遺産として渡るよう取決めてくれた。家庭的にはまことに不幸であったハーンも、金銭的にはその将来を保証されたかに見えた。

しかし不幸はあいついで訪れた。寄宿学校へ送られたハーンは、成績優秀の活潑な少年であったが、ある日遊戯中にロープの瘤が当り、一眼を失明してしまう。これはハーンの性格を変えたほどの不慮の出来事であった。白い膜のかかった醜い左眼を気にした青年は、自分はもうまともな結婚は出来ないという絶望に囚われた。続いて大伯母が性悪な親戚のために財産を失った。こうしてハーンは結局自分が受取るべき財産を一文も受取ることが出来ず、大学へも進学出来ず、以前大伯母の邸に奉公していた女中を頼りにロンドンへ出奔し、そこで一年どん底の生活を送る。それは陰鬱で、威圧的な、恐ろしい生活であった。こうして大英帝国の首府の恥部をまのあたりにした挙句、ハーンは十九歳の時、文なしのままアメリカへ渡る……

このように立て続けに苦杯を呑まされた青年が、異常に強い被害者意識を抱いたのは当然でもあった。彼がその後の人生において友人知己とちょっとした誤解から絶交するに至るのも、一半はそのような過去の心的状態に由来する。

ところで日本へ来て、はじめて家庭生活の幸福をしみじみ味うことの出来たハーンは、その幸福を有難く思えば思うほど、自分の死後、妻子を路頭に迷わすようなことがあってはならない――自分の父親が母親や自分にあわせたような酷《ひど》い目を自分は妻や子にあわせてはならない、と心に誓った。来日当初は生活者として収入の問題にも相当に頭を悩ませた。後にあれほどよく売れたハーンの著作のことであるから、彼が収入について思い煩うのはおかしいと思われる向きもあろうが、ハーンの来日第一作『知られぬ日本の面影』、第二作『東の国から』の売行は当初は意外につつましやかだったのである。ハーンがチェンバレンに宛てた一八九五年一月の手紙には全集から削除された部分があるが、そこに明かされたハーンと出版社との間の取決めは次のようなものだった。

……文学というものは驚異的な天才でなければ職業として償われるものではありません。(去年出た) *Glimpses of Unfamiliar Japan* は初版千部は著者への支払なし。二版五百部も初版五百部を中止したため同じく支払なし。三版は一割の印税が出るはずですが、さて何部発行になりますことやら。*Out of the East* は目下印刷中ですが、もし収入があるとすれば百円位のものでしょう。

この百円という金額は、神戸でハーンが一時期勤めた『神戸クロニクル』紙の一月分の月給と同額である。(それ以前、熊本の第五高等学校ではそれに倍する収入を得ていたが、週二十七時間授業という重労働であった)。

神戸時代のハーンは自分が決して日本人に同化しきれないこともまたとくと承知していた。目鼻立ちも異っていたし、日本語の進歩にも限界があった。それにハーンは自分が日本にいて西洋人として働くこと、言い換えれば英語で文章を書き、英語英文学を教えることでもって生計を維持していた。明治二十七年十月二十三日付の西田千太郎宛の手紙で、ハーンはそうした日本社会における自分の位置をなんらロマンティックな幻想なしに認めている。

私は決して日本人になりきれない、あるいは全体としての日本人から真実の同情を期待し得ない事実を、認めずにはいられなくなりました。私の孤立感は遂にもう私には耐え難くなったことを言わずにはいられません。どんなに欠点はあるにせよ、同情心と親切心があり、また私自身と同じ魂の色合を持っている私の仲間の人種の間へ帰らねばならないと感じた。日本人を理解できると信ずる外国人はなんと愚かなことでしょう。

ハーンはそれだけの自覚を持ちながら、しかもなお日本帰化のための手続きを進めたのである。自分によなくつくしてくれる節子は、自分より十八歳も年下の妻である。その節子が助けてくれるからこそ自分は次々と再話作品を世に問うことが出来るのだ。子供たちはまだ小さい。自分の遺産が他人に奪われるような目にあわせてはならない。——そのような事を思案しながら取ったハーンの日本帰化の処置は、けっして一時の情熱に駆られてのことではなかった。

明治二十九年一月十七日、五年前に島根尋常中学校の教頭としてハーンを助けた西田千太郎は日記にこう記している。

十七日（雨）　ヘルン氏、一昨日付ヲ以テ小泉セツ子方ニ入夫ノ願許可セラレ（小泉八雲ト改名）タルヲ以テ、高木苓三郎氏、報告旁入籍届出協議ノ為メ来ラル。

当時神戸で生活していたハーンは、この前例のない帰化手続のためにさぞかし遠隔の松江や東京の知人や友人の手を煩わしたことであったろう。

しかしそれでもなお自分の遺産を他人に奪われるというハーンの被害妄想は消えなかった。ハーンは長男の一雄に対しては非常な熱意を傾けて英語を教えたが、一雄がひどく我儘で、言うことを聞かなかった時、後年こんな書取を命じた。

Papa. "When papa is dead, how will you make some money?"
I. "I do not know."
Papa. "If you do not know, this house will be taken and sold —— and you will have no home…"

いま念の為に書取全文の訳を掲げる。

父「おまえは日本語が書けるか?」
一雄「ほんの少し」
夫「おまえは中村（車夫）と同じくらいきちんと日本語で手紙が書けるか?」
一雄「いいえ」……
父「おまえは英語できちんと書いたり読んだり話したりできるか?」
一雄「いいえ」
父「おまえはなにか商売を習ったか?」
一雄「いいえ」

父「お父さんが死んだら、おまえはどうやってお金を拵えるのか？」
一雄「わかりません」
父「おまえにわからなければ、この邸は人に取られ売られてしまうぞ。おまえには家はなくなり、お母さんもお祖母さんも死んでしまい、友だちもいなくなるぞ。そうなればおまえにもこの世間の人々がどれほど意地悪かわかるだろう」

この書取にはハーンの胸中にある固定観念がはしなくも示されていてほとんど無気味なほどである。節子もまたその『思ひ出の記』の中で、

ヘルンはよく「人を疑へ」と申しましたが、自分は正直過ぎる程騙されやすい善人で御座いました。自分でもその事を存じてゐたものですからそんなに申したのです。

と書いている。ハーンは西洋の出版社ともよく喧嘩した。妻の節子が夫の気性をいかによく呑みこんで心得ていたかは、次の愛すべきエピソードからも察せられる。

……向うからの手紙を読んでから怒つて烈しい返事を書きます。「すぐに郵便に出せ」と申します。そんな時の様子がすぐに分りますから「はい」と申して置いてその手紙を出さないで置きます。二、三日いたしますと怒りが静まつてその手紙は余り烈しかつたと悔むやうです。「ママさん、あの手紙出しましたか」と聞きますから、わざと「はい」と申します。本当に悔んでゐるやうですから、ヒョイと出してやりますと、大層喜んで「だから、ママさんに限る」などと申して、やや穏かな文句に書き改めて出したりし

たやうでございます。

そしてその先に大切な問題にふれて、節子はこう言っている。

ヘルンは私共妻子のためにどんなに我慢もし心配もしてくれたか分りません。気の毒なほど心配をしてくれました。帰化のことでも好まない奉職のことでも皆さうでございました。

第二章　『おしどり』

内在的な証拠を求めて

内攻的で、時に人見知りが昂ずるハーンの癖をチェンバレンは「羞澁《しうじふ》」と呼んだ。小花清泉がそう訳した原語は shy とか timid に類する言葉だったろう。その性癖がつのり、被害妄想の気味さえなしとしなかったハーンは、日本に裏切られた、という幻滅に似た感情を洩したこともあった。憤怒の叫びを発したことすらあった。しかしハーンにありがちな、そうした精神の暴発の言葉尻をとらえて、それがハーンの日本観の行きついたところと結論するのは——戦後の日本で多く見られる解釈であり解説であるけれども——判断が性急に過ぎて、釣合を失しているように思われる。小泉八雲の家庭生活は熊本に限らず東京においても、悪夢からはほど遠い仕合せな暮しであった。家庭のない人チェンバレンには、ハーンの夫婦愛のことがよくわからなかった。いや、わかったとしても、日本に帰化した人の幸福を認めたくないなにかがチェンバレンにはあったのである。

このハーンとチェンバレンの違いについて当時いちはやく鋭い指摘をノートに書き留めた在日米国人にフェノロサがいた。彼は『知られぬ日本の面影』を精読してハーンの詩的洞察力の鋭さに驚嘆した。そしてハーンの著作とチェンバレンの『日本事物誌』の特色を「共感対冷笑——sympathy versus ridicule」という言葉で要約し、以下次のように述べている。

『日本事物誌』は事実の羅列に過ぎぬ点でハーンの著述とはまさに正反対の場所に位置する。……東洋の生活とその持つあらゆる高度な意味合いに対して冷笑的、無感覚、盲目的であり、異国の水準に対するイギリス人批評の例に洩れず、底意地が悪く自意識が強い。もし平俗的で分析的な眼に映ずるもののみが真実であるとすれば、詩は悉く虚言となるだろう。ハーンは夢想家であり、取るに足らぬ人生の些事をも愛し、かつ空想を馳せる人である。ハーンの感受性は絶妙なる音楽を楽しむ人のそれであり、その表現も絶妙なる音楽の如く微妙である。彼は霊的な事実を溶解し、沈澱せる実用性のみを見出す頭脳が、すでに生ける頭脳にあらざることに気づいているのだ。

この山口静一氏の大著『フェノロサ』(下巻、一四五頁、三省堂)に拾われた評語ほど、鮮やかに二人の日本研究者の資質の違いを言い当てた言葉は少い。

気位の高い、頭《ず》の高いチェンバレンは、上から日本を観察する人として、日本についての百科全書を一冊の書物の形で編んでみせた。そのチェンバレンはいわばヴォルテールのごとき冷徹な頭脳の持主であった。啓蒙主義者のチェンバレンは時に民衆の迷妄を嗤い、彼等の風俗を小馬鹿にした。その冷笑癖は『日本事物誌』の叙述のスタイルにもおのずと表面化した。たとえば「入浴」の項でその習慣を褒める際にも、

清潔は日本文明が有する数少い独創的なるものの一つである。それ以外の日本のほとんどすべての制度風習は中国起源であるが、風呂桶だけは違う。

といった冷やかしを添えることを忘れない。「生花」「茶会」「聞香」を叙した後にも、

以上見て来た通り東洋人というのは奇態なものである。ただ古くて不思議だというだけでそれにこだわる。時間を無為に潰すために彼等が丹念に愛着をこめて作りあげた方式というのはざっとこのようなものである。

と日本人の作法に拘わる癖を揶揄するコメントを忘れない。チェンバレンが日本音楽をどう評したかは先に紹介したが、その「音楽」の項目（一九〇五年版）は実は次のような戯言で終っている。

どうか二十一世紀が来るまでに、三味線、琴、その他あらゆる種類の和楽器が薪に化してしまうことを切に望む。そのお蔭で貧乏人が暖《だん》を取ることが出来たなら、その方が本来の目的よりも、余程有用な目的に役立つことだけは論をまたないであろう。

そのようにチェンバレンは徹底した西欧至上主義の開明論者であったから、彼自身が日本で迷信のために迷惑を蒙った際は、強硬な対応ぶりを示した。「憑きもの」の項目には明治十二年夏に田舎へ旅した時の私的な体験が次のように記されている。

それはコレラが大猖獗をきわめた年で、私たち三人連れはその村に一泊しようとしたのだが、コレラ菌につかれている者ではないか、と村の者に咎められた。こうした悲惨な時期にはどこでも土地住人には汚れはなく、よそ者が伝染病をもたらすと非難しがちなものである。篠つく大雨の中でさんざん談判した挙句、日も暮れ、隣村も遠いので、結局何人かの神主に来てもらうことになった。神官は白衣と烏帽子姿で現れ、手に榊の枝を持っていた。彼等は道の左右に並び、その中を私たち三人は静々と進んだ。神主はお祓いをし、私たちの背中を抜いた刀の峰で叩いた。その後で不承不承一夜の宿が与えられたのである。ハーンならばこうした体験に積極的な意味を認め、よほど違った詩人らしい対応をしたことでもあったろう。だがチェンバレンは東京へ戻るや内務省当局に訴え出て、村長以下を馘にさせた。日本政府の名誉のために付言すると、直ちに新村長、新助役が任命されて彼等に代ってその村を治めることとなった。

帝国主義の時代というものをまざまざと感じさせるエピソードである。そういえば、これに類した事件は、後に米軍占領下の日本でも時に起ったものである。神道のお祓いは迷信だ、宗教だと言って、地鎮祭にまで容喙する米人や通訳もどきの日本人まであらわれて、大工さんの顰蹙《ひんしゅく》を買ったりもした。

それに対して頭《ず》の低いハーンは、下から日本を観察する人として、庶民に立ち混り、共感をこめて日本の民俗を記述した。ハーンはキリスト教の信仰を失った西洋人であったけれども、だからといってヴォルテール風の皮肉な無神論を抱懐したわけではなかった。ハーンは迷信を愚昧と嗤う啓蒙的知性を嫌う、優しく温い心の持主であった。ロマン主義者のハーンは日本民衆の信仰や伝承の中にかえって人間の心の真実を認めようとしたのである。それだからハーンにとって民話や伝承を再話したことは単なる翻訳以上の日本の心の真実にふれる行為であった。文学者小泉八雲を論じて、話題がその夫婦愛に及ばざるを得ないのは、ハーンと節子との愛情がその作品に反映し、しかもそれがハーンの著作をわれわれに魅力あらしめる源泉の力となっていると考えるからである。再話作品に描かれた夫婦愛の特質を探ることは、伝記研究的アプローチとは異る文芸研究的アプローチを必要とする。最後にその分析を一つ添えて、この論の結びとしたい。

ハーンは日本に対する悪評は洩したが、日本の女に対する悪口はついぞ洩したことのない人であった。『ある女の日記』のような薄倖の庶民の女でも、君子のような芸妓でも、怪談奇談に出てくるお化けの女でさえも、哀れ深くこそあれ、悪者はいないのである。雪女は夫巳之吉《みのきち》が約束の秘密を破ったので、怒って煙出しの穴から白い霧となって姿を消したが、しかし夫を殺しはしなかった。

夫婦愛にふれた怪談奇談としては『和解』や『おしどり』などがあげられるが、前者については別にふれるので、ここでは後者について分析したい。周知のようにこの OSHIDORI は『怪談』中でもとくに著名な作品として知られている。邦訳もさまざまに多く、研究も鈴木敏也、森亮、中田賢次氏等に見るべきものがある。しかし『古今著聞集』を材料に再話した短篇であってみれば、そこに小泉八雲その人の女性観が示されている、と考える人は少い。日本種《だね》をもとに拵えた作品である以上、そこに日本風の夫婦の情愛が示されているのは当然である、と人々は考えたからであろう。またそれだけにこの『おしどり』に小泉八雲と節子の夫婦愛の秘密を探ろうとした人はいない。

しかし再話文学が作品として成功するか否かは、材料もさることながら、再話者がそこに心力の限りを尽すか否かにかかっている。その再話の過程を吟味することで、原話と再話の異同はもとより、再話者ハーンの気持そのものも明らかになるに相違ない。日本に帰化したハーンの夢は、チェンバレンが言うごとく、悪夢と化したのか、それとも小泉八雲と節子の夫婦愛は、鴛鴦の夢と化したのか。

再話と原話

『おしどり』は鎌倉時代に成立した説話集『古今著聞集』巻二十に取材したハーンの再話作品で、一九〇四年（明治三十七年）ハーンの生前最後に出た作品集『怪談』に収められた。ごく短い作品であるからはじめに拙訳を掲げる。

むかし陸奥《むつ》の国の田村郷《たむらのごう》に鷹使いで猟師の尊允《そんじょう》という者がいた。或る日、鷹狩りに出たが、獲物がまったく見つからなかった。しかし帰り道に、赤沼という所に差しかかると、渡ろうとした川にひと番《つがい》のおしどりが泳いでいる。おしどりを殺すのは良くない。だが尊允はたまたまひどく腹が空いていたので、その番に向って矢を放った。矢は雄鳥《おどり》を貫いた。雌鳥《めどり》は向う岸の真菰《まこも》の蔭に逃れて、姿を消した。尊允は殺した鳥を持ち帰り、早速料理した。

その夜、尊允はもの淋しい夢を見た。美しい女が部屋に入って来、枕もとに立って泣き始めた。いかにも辛そうに泣くので、尊允は聞いていて胸がかきむしられるような思いがした。女はこう訴えた。

「なぜ、ああなぜ、あの人を殺したのです？　あの人に何の罪があったというのです？　赤沼でわたくしたちは一緒にとても仕合せでした。それなのにあなたはあの人を殺した。一体あの人があなたをどんなひどい目に会わせたというのですか？　あなたは御自分が何をしたか本当にわかっておいでですか？　どんな酷《むご》い、どんなひどい事をしでかしたかわかっておいでですか？　あなたはこのわたくしまで殺しました。わたくしは夫なしには生きながらえることはできません。……この事を申しにここへ参りました」

それから声をあげてまた激しく泣いた。その声は聞く猟師の心の髄を突き刺した。女は泣きじゃくりながら次の歌をよんだ。

日暮るればさそひしものを赤沼の真菰《まこも》がくれのひとり寝ぞ憂き

「夕方になるとわたくしはあの方を御一緒に帰ろうとお誘いしたものです。いまは赤沼の真菰の蔭で独

り寝をする――ああ、その辛さ、みじめさは言いようもありません」――この歌を唱えると、女はきつい声で言った、

「あなたは何をなさったか自分でもわからないのです。そうです、わからないのです。しかし、明日《あす》赤沼へ行けば、おわかりになりましょう、きっとおわかりになりましょう」

そう言うと、いたましげに泣いて、女は消え去った。

翌朝目を覚ました時、この夢は尊允の脳裏に鮮やかに残っていた。それでただならぬ胸騒ぎを覚えた。「しかし、明日赤沼へ行けば、おわかりになりましょう、きっとおわかりになりましょう」という言葉はまだ耳の奥に響いていた。すぐそこへ行こうと心に決めた。夢が単なる夢か、それともそれ以上のなにかであるか、わかるはずだと思ったのである。

それで赤沼へ行った。川岸まで来てみると、雌のおしどりがただ独り泳いでいる。と同時に向うも尊允に気がついた。だが逃げるどころか、雌鳥《めどり》はまっすぐに男めがけて泳いで来る。奇妙なじっと据った眼付で尊允を見詰めたままである。と、突然、雌鳥は己れの嘴《くちばし》でわれとわが腹を引き裂いたかと見る間に、猟師の目の前で死んだ。

……

尊允は頭を剃って僧になった。

平井呈一訳恒文社版の『怪談・骨董』には、巻末にハーンが利用した原話がつけられているが、その折角の覆刻が杜撰で物の役に立たない。それで富山大学に保存されている、節子が夫に読んで聞かせた明和七年刊の原文を次に掲げさせていただく。

みちのくに田村の郷《ごう》の住人馬允《ノぜう》なにがしとかや云おのこ鷹《たか》をつかひけるが鳥を得ずしてむなしく帰りけるにあかぬまといふ所にをし鳥一つがひゐたりけるをくるりをもちていたりければあやまたずおとりにあたりてげり　其をしをやがてそこにてとりかひてえがらをばえぶくろに入て家にかへりぬ　其次の夜の夢にいとなまめきたる女のちいさやかなるまくらにきてさめ〴〵となきゐたり　あやしくて何人のかくはなくぞと問ければ　きのふあかぬまにてさせるあやまりも侍らぬにとしごろのおとこをころし給へるかなしびにたへずして参りてうれへ申也此思ひによりてわが身もながらへ侍まじき也　とて一首の哥をとなへてなく〴〵さりにけり

日くるればさそひし物をあかぬまのまこもかくれのひとりねそうき

あはれにふしぎに思ふほどに中一日ありて後えがらを見ければえぶくろにをしの妻《め》とりのはらをおのがはしにてつきつらぬきて死にて有けり　これをみてかの馬允やがてもとどりを切て出家してげり　この所は前刑部大輔仲能《なかよし》朝臣が領《れう》になむ侍也

原文の「馬允《ノ》」が「尊允」に変ったのは、節子が崩し字を読み違えたためである。しかし Umanojō よりも Sonjō の方が四音節の半分の二音節に短くなったため、英語の人名として発音しやすくなった利点がある。節子の読みにはこのほかなお二、三の誤りがあるが、ここでは焦点を女性像の変容に絞って考えてみたい。二つの文化の間を生きたハーンは、その再話作品の中でどのような女を描こうとつとめたか。

告発糾弾する女

『古今著聞集』とハーンの再話を区別する大きな目安は女の訴え方にある。原話で夢枕に立った女は、男の問いに答えて、

きのふあかぬまにてさせるあやまりも侍らぬにとしごろのおとこをころし給へるかなしびにたへずして参りてうれへ申也此思ひによりてわが身もながらへ侍まじき也

と言い、一首の歌を唱えて去る。ところがハーンの女は、男に問われるのを待つことなく、激情をこめて男を告発する。

"Why, —— oh! why did you kill him? —— of what wrong was he guilty?... At Akanuma we were so happy together, —— and you killed him!... What harm did he ever do you? Do you even know what you have done? —— oh! do you know what a cruel, what a wicked thing you have done?... Me too you have killed, —— for I will not live without my husband!... Only to tell you this I came."

この英語の叫びには「殺した」の語が三回繰返される。それればかりではない。why, what がなんと七回も反覆使用される。それはあくまで相手を問い詰め、糾弾するからで、ハーンの女は歌を唱えた後もなお"You will see —— you will see...."「おわかりになりますよ、きっとおわかりになりますよ」と、謎めいた恐怖を男に浴びせて立去るのである。

原話の日本中世の女は、不幸な目にあいながらも、必ずしも相手の非を責めることはしていない。すくなくとも恨みつらみを激しく述べ立てることはしなかった。そこには嘆きはあったが、怒りはない。ところが

原話にあっては「いとなまめきたる女のちいさやかなる」と記された、つつしみ深く哀れ深い日本の女が、ハーンの筆を経るうちに、激しく告発糾弾する西洋風の女へと変貌したのである。その女は威厳と信念をもって自己主張を行う。実際、

「此思ひによりてわが身もながらへ侍まじき也」

の句にこめられた哀感と、

"I will not live without my husband."

の句に示された意志表現との間にはある隔りが感じられる。

発言内容にかぎらず、女の動作そのものも変化した。「さめぐ〵となきゐたり」という原《もと》の女は、再話ではただめめしく啜り泣く（weep, sob）だけではない。甲高い声や鋭い声をも発する（cry, pierce）。女の訴えは単に話す（say）だけでなく、大声をあげて絶叫する（utter, exclaim）。動詞がそのように多種多様にふえたばかりではない。原話では「さめぐ〵と」泣いた女であったのが、再話ではbitterlyが二度用いられ、aloud, piteouslyなどの副詞も使われてその愁嘆の激しさが強調される。

このように女の難詰は、女の声や姿を叙したハーンの地の文でも鋭いものとなったが、女の言葉も同様に激したものとなった。夢の中ではあるが、被害者と加害者の対決が行われたかの感がある。女は、

"Me too you have killed."

と叫ぶ。それは、

「としごろのおとこをころし給へる」

と夫を殺した相手に対してもなお敬語を用いる『古今著聞集』の夢の女とはいちじるしく異る人間像である。原話の日本の女はいかにも受身的でつつましげだったからこそ、馬允は歌を聞いて「あはれにふしぎに思ふ」のだが、再話中では男は夜、女に難詰され、精神的に圧迫された結果として翌朝目が覚めた後もただ

ならぬ胸騒ぎを覚えるのである。

ここで時間の推移についても比べてみたい。原話と再話とはおしどりを射ころした夕べ（第一区分）と夢を見た夜（第二区分）までは結構が同じだが、結びの第三区分が違う。原話では中一日おいた後、腹を嘴で刺して死んでいた妻《め》どりが餌袋の中で見つかるのだが、ハーンはそうした間は置かせず、翌朝に結末を設定した。この時間の配置にもまして巧みなのは場所の配置で、再話では最後の第三区分が最初の第一区分と同じ赤沼という劇的な設定となっている。前の夕べ雄鳥を殺した赤沼へ猟師がまた戻るというこの結構はハーンの創作であって、激しく非難する女の声がまだ耳の奥に残っていたからこそ、男は翌朝すぐ赤沼へ戻ったのだといえよう。妻《め》どりの自害も彼女の激しい訴えがあってはじめて納得のゆく異常なまでに壮烈な行為であった。

この劇的な結末は強烈で忘れがたい。妻《め》どりと猟師と視線がかち合う。眼と眼が会うということは相手の気持がこちらへ伝わるということである。妻《め》どりは逃げるどころか猟師めがけて泳いで来、奇妙なじっと据った眼付で男を凝視した、とみるまに腹を己《おの》が嘴でつき貫いて男の目の前で死んだ……女の行為は切腹を連想させずにはおかない。その後に一行余白があって「頭を剃って僧になった」という仏教説話の結びがここでも用いられる。ただし原話ではもののあわれに心打たれて男は仏門に入ったという感じがするのに対し、再話では事の恐ろしさに心おびえて猟師が現世を捨てた、という印象を免れない。仏教説話はハーンの手を経て怪談に変ったとでも言えようか。

ハーンはこのように原作に手を加えた。その出来映えについての評価は、昭和九年の鈴木敏也教授（『近代国文学素描』）以来、ハーンの再話を良しとするのが一般で今日に至っている。芸術作品として考えるなら、終局に向って加速度的に緊張感が増すあたり、再話の方が格段に秀れているのは森亮教授が指摘される通りであろう（『小泉八雲の文学』）。

しかし問題を夫婦愛に限定して作中に描かれた女性像に焦点を絞って考えると、どのような批評が出来るだろうか。従来この再話について言われてきたことは、ハーンは女を西洋化したことによってより人間化したという鈴木氏以来の説であった。西洋的すなわち人間的という価値判断が支配的な限り、ハーンの背後にいた小泉節子の影は薄れてしまうに違いない。だが人間的というのは、再話の女のように、声を大にして叫ぶことであろうか。また雄弁な抗議だけがはたして真に心に訴える言葉なのであろうか。

『古今著聞集』の女は、「赤沼でわたくしたちは一緒にとても仕合せでした」などと明示的なことはなにも言わなかった。しかし「としごろのおとこ」という一句にこめられた含蓄は、"We were so happy together." をうわまわるものがあるのではあるまいか。「日暮るればさそひしものを」の歌の英訳にも女の強い自己主張は不可避的に現れる。それは主語を明示することによって主語を一方的に固定してしまう西洋語の文法構造の特性それ自体に由来するのだが、ハーンはその歌を激しく訴える女の語りの線上に置いたために、歌の主語も当然女とした。**At the coming of twilight I invited him to return with me**——!

原《もと》の歌では女が誘ったのか男が誘ったのか定かでなかった。というかむしろ「あの方は夕方になると一緒に帰ろうとわたしをお誘いになったものです。それなのに今は赤沼の真菰の蔭で独り寝をする——ああ、その辛さ、みじめさ」と取る方が自然だろう。いや男と女とたがいに気が合って「日暮るればさそひしものを」——それが男女の道というものではあるまいか。主語が定かでないところにこの歌の切ない魅力は秘められている。そして原話では歌が話の中心を成し、歌が哀れを催させる。それに対して再話では歌も女の **I**, **I**, **I**……の訴えの一つと化してしまった……

この再話には顕著な文化変容がもう一つ認められる。「させるあやまりも侍らぬに」という原話の女の言分《ぶん》は、夫はなにも罪な真似はしたこともないのに、という夫の身の潔白を訴える言葉だった。罰当りなことはしたこともない人なのに、という、他者との関係を度外視して、夫の善良さを述べたまでだった。ところが再話で女が、"Of what wrong was he guilty?"と言い出すと、他者との関係で悪い事をしたか、しなかったか、という含意に化してしまう。それでその次に畳み掛けるような質問、"What harm did he ever do you?"が飛び出てくる。それは相手の責任を追及する論理への転化であった。その結果、原話では一人残されたことの淋しさに耐えかねて、女は夫の亡骸のもとで死んだのに対して、ハーンの再話では夫を殺した猟師の眼の前で、わが嘴でわれとわが腹を引き裂いて死ぬという結末に化したのである。それは言ってみれば面当《つらあ》ての死であった。

『聖ジュリアン』の影

ハーンは西洋キリスト教文明社会を脱出して日本へ来た人であった。彼は神道にも仏教にも心惹かれ、英語で書かれた仏教文学とも呼ぶべき『草ひばり』のような、しみじみとした佳品をもその晩年に書いた。ハーンはまた古風な日本婦人に数々の美点を認めた作家でもあった。そのようなハーンが、日本滞在の最末期、『古今著聞集』の仏教説話に取材しながら再話を書くうちに、原《もと》の日本風な受身的な女を西洋風な能動的な女へと変貌させたこのパラドックスは、一考に値いする。古風な奥ゆかしい日本の女を愛し、その面影を数々の著作の中にスケッチしたハーンは、実際は、自己主張の強い、妻《め》どりのような女性を良しとしたのだろうか。実はその訴えには、後述するように、節子自身の声音も混っているに相違ないのだが、ハーンはそのような夫の非業の死を憤る女をヒロインとして据えることにより、『おしどり』を小品ながらドラマティックな結構を持つ傑作と化し得た。その文学的成功に疑いの余地はない。それでは何故に女の性格を変えたのか。その変容の由って来る背景について、外からの刺戟と内からの動機と、二つの理由を考えてみたい。

ハーンはなによりもまず文芸の職人であった。彼は日本文化の解釈者だが、その表現については蕪雑な文章を書くことを許さない芸術家肌の人である。彼にとって再話はあくまで芸術作品として自立できるものであらねばならなかった。そしてその見地に立つと『古今著聞集』の原話に欠けていた劇的な結末がどうしても新たに必要とされたのである。ハーンはその際、壮烈な自害の場をイメージしたが、これが原話にないハーンの工夫であることはすでに見た通りである。そしてその結末へ事を運ぶためにも、夢枕に立った女は猟師を激しく難詰せねばならなかった。ただこの結構を想いつくに際しては、ハーンに一つモデルがあったのではないか、と私は考える。

アメリカ時代の青年ハーンにとって文芸上の師がいたとすれば、シンシナーティの図書館に書物のあったフロベールであった。ハーンは初めはその仏語を読むことにより、後にはその仏語を英訳することにより、自分自身の英語文体を作りあげていった人である。ハーンはフロベールの中でもとりわけ『三つの物語《トロワ・コント》』を好んだ。その趣味は来日後も変らず、一八九三年七月十四日付のチェンバレン宛の手紙にも **the wonderful** ***Trois Contes*** と書いているほどである。ハーンはアメリカ時代の蔵書は大半をアメリカへ残して来日したが、それでも一八七七年に出たシャルパンチエ版の ***Trois Contes*** は持参した。その三つの物語の一つは『聖ジュリアン』だが、狩を好んだ主人公の回心の物語である。その物語が『おしどり』の再話の上へ影を落しているように思われてならないので、そのクライマックスの場面を紹介したい。

——ジュリアンは矢の飛ぶこと、夕立の雨のように狙っては射、狙っては射た。とうとう鹿共はみな矢に中《あた》って死んだ。「日が暮れた。森のあなたを、木の枝の間から透かして見れば空が血で染まった布のやうに赤く見える」。ジュリアンはどうしてこんなに鹿を殺したか自分でもわからない。森鷗外の訳を引かせていただく。

ふいと谷合の向側を見ると、森の外れの所に、牡鹿が一疋、牝鹿が一疋と鹿の子が一疋と立つてゐる。牡鹿は毛色が真黒で体が非常に大きい。角は十六本の枝に分かれて、白い髯を垂れてゐる。牝鹿は秋の落葉のやうに黄いろい毛色をして、草を食ひながら歩いてゐる。その脚の間を斑の鹿の子が乳房を銜へながら、付いて歩いてゐるのである。

弩《おほゆみ》はまた放たれた。鹿の子は直ぐ死んだ。その時鹿の母は天を仰いで胸の裂けるやうな声をして啼いた。それが人間の声であつた。ジユリアンは腹を立てゝ、その牝鹿の胴を射抜いた。

大きい牡鹿はジユリアンを見て、一飛飛んで近寄つた。ジユリアンはこれに最後の一矢を送つた。額の真中に中つて、そのまゝ立つてゐる。

大きい牡鹿は矢の中つたのを少しも感じない様子である。死骸を蹈み越えて、次第にジユリアンに近付いて来る。飛び付いて引き裂かうといふ勢である。ジユリアンはいふにいはれない気味悪さを覚えて後卻《あとしざ》りをした。不思議な獣は立ち留まつた。そして火のやうに燿く目を見張つて、譬へば族長か裁判官かが宣言をするやうに、次の詞を三度繰返した。その時遠い所に鐘を撞く音がした。「咀《のろ》はれてをれ。咀はれてをれ。咀はれてをれ。飽く事を知らぬ奴。いつかは父と母とを手に掛けて殺すであらう。」

かう云つてしまつて、牡鹿は膝を折つて徐に目を瞑つて、死んだ。


ハーンが『おしどり』で原話にない創作を加えた工夫に、妻《め》どりがまっすぐに男を指して泳いで来、奇妙なじっと据った目付で見つめた、という条りがあった。大きい牡鹿がジュリアンを見て近づいて来、火のように燿く目を見張って見つめたのと並行する情景である。ハーンの妻《め》どりは人間の声を出してその嘆きを訴えたが、フロベールの鹿の母も天を仰いで胸の裂けるような声をして啼いた。それは「人間の声であつた」。そして牡鹿も族長か裁判官かが宣言するように「咀はれてをれ」を三度繰返したが、おしどりも“You will see.”を繰返した。牡鹿はジュリアンの目の前で膝を折って死んだが、妻《め》どりも猟師の見ている前でわれとわが腹を引き裂いて死んだ。ジュリアンは家出して、さまざまな事件に遭遇した後、出家して聖ジュリアンとなる。ハーンの猟師はただちに頭を丸めて出家する。その二つの回心のきっかけが獣の目と声と死であることに変りはない。愛する者を殺された生きものの「人間の声」、ヒューマンな訴えが猟師の心を動かし、また読者の心をも動かすのである。

このような外からの刺戟の分析を通して明らかなように、ハーンの再話は日本の伝説や民話の単なる翻訳ではなかった。ハーンその人が持つ芸術観や価値観を通しての再生であった。そしてその中には『おしどり』の場合のように、原作の日本女性を西洋化することをあえてした再話さえも含まれていたのである。ハーンの生涯を通じての野心は、秀れた芸術作品を生み出すことにあったから、その再話再生の過程で、かつて師と仰いだフロベールの作品の印象的な一節を、たとい無自覚裡であったにせよ、一つのモデルとして用いたことは十分あり得ることのように思われる。そのようにして荒削りの原話を一つの宝石に磨きあげる骨を心得ていたからこそ、ハーンは二十世紀の初頭、遠く異郷に暮しながらなおアメリカ文壇中央の『大西洋評論《アトランティック・マンスリー》』誌等へ次々と寄稿する機会に恵まれたのであろう。それは、ハーンの再話が『古今著聞集』の直訳であったなら、けっしてなし遂げ得なかったところの文壇的成功であった。

結び

鴛鴦の愛

松江時代のハーンは山鳩が鳴くと喜んで、節子を呼び、

「あの声聞きますか、面白いですね」

と自分でも、テテポッポ、カカポッポと鳴声を真似して、これで良いかなどとたずねた。蓮池があって蛇がよく出た。ハーンは自分の御膳の物を分けて、

「あの蛙取らぬため、これを御馳走します」

と言っては餌をくれてやった。蛇はこちらに悪意がなければ決して悪いことはしない、というのがハーンの説明で、西インド時代には、勉強をしていると、よく蛇が出て、右の手から肩を通って左の手の方へ抜けて行った由である。


そんな変った外人さんと節子が一緒になったについてはいろいろ訳もあったであろう。縁組後暫くして前夫為二が出奔してしまい、「余っぽど橋の上から投身しようかと思った」(小泉一雄『父小泉八雲』による)こともある貧窮した松江の士族の娘は、周囲にすすめられて、高給取りの外人さんの家に上ったのである。四十歳を過ぎたハーンの側では、日本語もよく通ぜず、寒い松江の冬、病気をしたこともあり、生活もなにかと不如意なので、身近に土地の女を置いたのであろう。当時の土地の人の日記には「ヘルン氏の妾セツ」と記述されているという。がとにかく明治二十四年二月ごろ、節子は十八歳年上のハーンと同棲するに

いたった。当初はたがいに言葉もよく通ぜぬ、けったいな夫婦だったに相違ない。その節子がハーンに愛情を覚えたのは、子供らが宍道湖の渚で沈めては上げていじめていた猫の子を、節子が貰い受けて家に連れ帰った時、ハーンが、

「おお可哀想の小猫」

と言って、びっしょり濡れてぶるぶるふるえているのを、そのまま自分の懐に入れて暖めてやった時だった。小泉節子は『思ひ出の記』の中で遠縁の三成重敬に筆記させて、

「その時私は大層感心いたしました」

と述べたが、くだけた言葉で言えば、夫の優しい心根に自分もじーんと来た、ということにちがいない。ハーンは自身が捨て猫のような境遇に置かれた人だが、そしてそのためにかたくなな一国者《いっこくもの》になったきらいもあったが、けっして優しさを忘れたことはなかった。彼は弱い者いじめを極端に嫌った。それは自分が幼少時代に弱者の立場に立たされた思い出があったからかもしれない。ハーンは雄々しい男であった。かつて自分が被害者として蒙った不幸を他人に加えることで鬱憤を晴らす、ということをおよそしたことがなかったのである。

ハーンの家庭生活がいかなる毎日であったかについては先にチェンバレン宛の手紙を掲げた。一家の幸福の様子についてはその手紙に限らず証言は多い。小泉節子の『思ひ出の記』、「ヘルンさん言葉」で綴られたハーンの妻宛の日本語の手紙、同じく「ヘルンさん言葉」で綴られた節子の夫ハーン宛の手紙など、読む人の心をひとしく打つものがある。萩原朔太郎はその感動を『小泉八雲の家庭生活』に次のように記したが、ハーンの短篇『おしどり』もまたこの文章に記されたと同じような過程を踏んで作られた、夫婦の共同作業の賜物であった、ということを忘れてはならない。

ヘルンにとつての夫人は、……またその仕事の忠実な助手でもあり秘書でもあつた。日本字の読めないヘルンは、その『怪談』や『骨董』やの題材を、主として妻の口述から得た。怪談を話す時には、いつもランプの蕊を暗くし、幽暗な怪談気分にした部屋の中で、夫人の前に端坐して耳をすました。話が佳境に入つて来ると、ヘルンは恐ろしさうに顔色を変へ、「その話、怖いです、怖いです」といつてをののきふるへた。夫人にとつては、それがまた何より面白いので、話がおのづから雄弁になり、子供に聞かすやうにしてなだめ話した。

かうした夫婦の生活では、読書が妻の重大な役目だつた。ヘルンが学校に行つてる間、夫人は暇を盗んで熱心に読書をし、手の及ぶ限り、日本の古い伝説や怪談の本を漁りよんだ。夫人が書斎の掃除をしたり、家事の雑務をしたりする時、ヘルンはいつも不機嫌であつた。「ママさん。あなた女中ありません。その時の暇あなた本よむです。ただ本をよむ、話たくさん、私にして下され」と言つた。しかしヘルンは、素読される書物の記事には、何の興味も持たなかつた。すべての物語は、夫人自身の主観的の感情や解釈を通じて、実感的に話されねばならなかつた。「本を見る、いけません。ただあなたの話、あなたの言葉、あなたの考でなければいけません」と常にいつた。それ故多くのヘルンの著作は、書物から得た材料ではなく、その妻によつて主観的に飜案化され、創作化されたものを、さらにまたヘルンが詩文学化したものであつた。それ故にヘルンもまた、自分の著作は皆妻の功績によるものだといつて、深く夫人の労に感謝した。……しかし夫人は、あくまで良人に対して謙遜だつた。彼女は田舎の程度の低い学校を出たばかりで、充分の高等教育を受けなかつたので、常に自分の無学を悲しみ、良人に対して満足な奉仕ができないことを嘆き詫びた。

ある時ヘルンから『万葉集』の歌を質問され、答へることができなかつたので、泣いてその無学を詫び、良人に不実の罪の許しを乞うた。その時ヘルンは、黙つて彼女を書架の前に導き、彼の尨大な著作全集を見せて言つた。この沢山の自分の本は、一体どうして書けたと思ふか。皆妻のお前のお蔭で、お前の話を聞いて書いたのである。「あなた学問ある時、私この本書けません。あなた学問ない時、私書けました」と言つた。

前にも拙著『小泉八雲――西洋脱出の夢』（新潮社）でこの挿話を引いたが、今回もやはり引かずにはいられない。『古今著聞集』の「さそひし」の歌を誤って節子は「さそへし」と読んだ、それは出雲弁の癖が出たのである、また歌の解釈にも問題がある、などと指摘されたならば、節子は泣いて自分の無学を地下の夫に詫びもしたであろう。また人によっては原話の女こそハーンの好みのはずだ、と節子の介在に疑義を呈する向もあるやもしれない。節子自身も夫の好みの女性の型について『思ひ出の記』に、

（ヘルンは）活潑な婦人よりも優しい淑《しとやか》な女が好きでした。眼なども西洋人のやうに上向きでなく、下向きに見てゐるのを好みました。観音様とか、地蔵様とかあのやうな眼が好きでございました。

と述べている。そして実際、写真を撮る時も、ハーンは妻子が少し下を向いたところを写させた……

それでは再話『おしどり』の妻《め》どりの姿は、ハーンの理想像とは別個の芸術作品中での自立した一女性像なのであろうか。ハーンは生きとし生けるものの命を憐れんだだけでなく、その命を奪う者を激しく憎んだ。あの妻《め》どりの叫びにはハーンのその感情もこめられているのだろう。それも女が変貌した理由の一つだったに違いない。またハーンは日本の淑やかな女を確かに好いたが、しかしハーンが節子を愛したのは、節子がただ単に受身的に淑やかな女であったからだけではないような気がする。節子が生活の上ばかりか仕事の上でも自分の半身――自分の再話を助けてくれるこよなき存在、ハーンが言うところの「あなたは私の手伝い

出来る仁」でもあったからこそ、ひとしお節子を可愛がり、心配し、大事にし、また甘えもしたのである。

節子もただ家事においてのみ夫に尽す妻ではなかった。とはいっても節子は自分が朗読して聞かせたおびただしい物語類が、夫の手で夜ランプの光の下で推敲され、どのような英語の物語に変っていったかについてはおそらくなにも知らなかった。海外で書物が出て印税が入ってくることは、彼女が一切の家計を握っていたので、よくわかっていたが、しかし英語の文章は読めなかったからである。それだけにハーンの死後二十余年、大正十五年から昭和三年にかけて、夫の教え子たちの手で第一書房から邦訳『小泉八雲全集』が出た時、自分が読んで聞かせた話がこんな物語になっていたかと懐しくも思い、また不思議にも思ったに相違ない。

だが『古今著聞集』の説話は、『聖ジュリアン』の影に惹かれたために、節子が思いもしない方向へ話が逸れてしまっていただろうか。私は必ずしもそうとは思わない。西大久保の家で節子が主観的の解釈を通して、実感をこめて鎌倉時代の説話を語って聞かせた時、年よりも早く老いて髪の毛がもう白くなっていたハーンは、半眼を閉じながら、その妻《め》どりの訴える声に、節子の自分に対する強く切ない愛情を感じたはずである。ハーンは自分の死期がすでに遠くないことを予感していた。またそれだけに妻《め》どりの訴えはいかにも切実にハーンの心に響いたはずである。

フロベールを範として文芸の職人たらんと志したハーンは、その節子の声音に耳を傾けた後、三度稿を改めてこの名作を完成した。東洋と西洋を文筆でもってつなごうとするハーンの若い日の夢は、こうしてまた一つ実現した。

ハーンは節子に教えられるとさらに『おしどり』に注を添えた。

古代から極東においてこの番《つがい》の鳥は夫婦愛の象徴と見做されて、今日に及んでいる。

そう書いた時も、ハーン自身はまだ気づいていなかったかもしれない。教えた節子も気づいていなかったであろう。だが今から振返って考えると、夫婦合作のこの『おしどり』こそ、他のいかなる再話にもまして、小泉八雲と節子の死を超えて続く夫婦愛の象徴と化していたのである。

OSHIDORI は日本の中学校や高等学校の英語副読本の中でもっとも広く読まれている作品の一つである。そのハーンの英語の文章が我が国の青年子女に訴える限り、この番《つがい》のおしどりは私たちの心中に永く生き続けることであろう。私たちはあの妻《め》どりの訴えに混って、明治の女小泉節子の声音を知らず識らずのうちに聞いて、心打たれているのである。

ラフカディオ・ハーンの生涯は確かに夢の連続であった。イギリスでもアメリカでも不幸な歳月が多かっただけに、神経質なハーンは、異国でも日本でも、時々夢魔に襲われたに相違ない。だがその人の生涯の夢は、結局、節子との鴛鴦の愛に結ばれて、その生涯は幸福な夢の中に終ったのである。私たちはそのことを、日本を愛する内外の人々とともに、祝福せずにはいられない。

あとがき

前世紀をまさに二分する年――一八五〇年に、奇しくも英語圏における日本研究の二人の先達がこの世に生れた。その一人はバジル・ホール・チェンバレンであり、もう一人は小泉八雲ことラフカディオ・ハーンである。しかし、この二人がその後の日本人に対してもった影響を比べるとき、そこに大きな違いが見いだされる。前者は『古事記』を英訳し、『日本事物誌』を著した博学の学究であるが、今日特別の日本研究者を除いてはチェンバレンの名を知る人は少いであろう。それに反して『心』や『怪談』を誌して、わが国の民俗や伝説を広く海外に紹介したハーンは、今でも英語や国語の教科書に載り、ほとんどの日本人の人口に膾炙《かいしや》している。いわばハーンは一世紀を経て、われわれの間にそのまま生き続けているのである。これは所詮、日本を外から調べた人と日本を内から愛した人との違いであろう。

私が昭和五十六年初春『小泉八雲――西洋脱出の夢』を上梓した時、『朝日新聞』の書評欄（三月十六日）にチェンバレンとハーンとを対比的に位置づける右の記事が出た。この正確な見取図は、後から伺うと、科学史の伊東俊太郎氏の執筆にかかわるとのことであった。

私は右の書物ではもっぱらハーンに焦点を絞って論じたので、チェンバレンとの関係に触れることはきわめて少かった。しかしこの二人の関係についてはいつかは詳述せねばならないと感じていた。それというのは私は昭和五十年代を通じて北米に再三滞在し、ハーンについて語る機会に幾度も恵まれたが、そこで痛切に感じたことは、日米両国におけるハーン評価の著しい落差ということだったからである。米英ではハーンはもうすっかり忘れ去られてしまった。彼の名を記憶しているのは日本研究家だけだが、彼等の間ではチェンバレンが、外から日本を客観的に調べた人の典型として、いまなお敬意をもって回顧されているのに対し、ハーンが日本へのめりこんでしまった人の一例として、その主観的な著述に対しては信憑性すらも問題視されていることは、本文の初めにふれた通りである。日本におけるハーンの評判は日本人の度しがたいナルシシズムの現れだというのが彼地の日本研究家の多くの意見でもあった。しかしそれでも私は、日本人がハーンに覚える愛着にはやはりそれなりの理由があることと考え、先の書物ではなぜハーンの著作が日本人の心魂にかくも訴えるのか、その機微を、幾つかの作品に即して、明かそうとつとめた。幸い伊東氏はじめ御理解ある批評を得て、著者として感謝にたえない。

しかし日本では好評を博したと同じ内容の拙論に対しても、米国では意想外の反論を浴びせられたことが少なくなかった。ワシントンのウィルソン・センターで発表した際など、最初に手のあがった質問が、「あなたは日本政府から米国へ派遣されて、悪化しつつある日本のイメージの好転を計りつつある要員《エイジエント》ではないのか。ハーンに関するペーパーはその練習《エクササイズ》ではないのか」という突拍子もないものであった。そんな底意地の悪い質問を強烈なブリティッシュ・アクセントで発した人は **M. Cunliff** といって *The Literature of the United States* 等の著書で日本にも知られている学者である。「自分の本は日本語訳もあるが、正確に訳されたかどうかわかったものじゃあない」などと私に語るカンリフ教授が常日頃日本に対し決して好意を抱いていないことは察しがついていた。氏は連合軍の一員として第二次世界大戦中ノルマンディー上陸作戦に参加した人でもある。

しかしそれにしても、『合衆国文学史』の著書もあるほどの人であってみれば、その文学史上の一人物であるハーンについて、なにほどかましな認識とましな質問とがあってもよいはずである。だが米国文学史の大家として著名なカンリフ氏が、ハーンとの連想で、「日本政府の宣伝活動」と即座に口走るあたりに、おそらく問題の根はひそんでいるに相違ない。一九三九年、チェンバレンが『日本事物誌』第六版を通して流した日本政府に雇われた御用作家ハーンという悪意あるイメージが残留する限り、またその種の解釈を受付ける土壌が存在する限り、ハーンによって日本を語ることは、これからもなおこの種の疑惑の目でもって見られることであろう。

そのような対照的な関係にあるチェンバレンとハーンであってみれば、いまハーンを再評価し、チェンバレンのある種の態度を批判することが、直接間接に米英の日本研究のある面の批判に通じることは私も承知している。また東京帝国大学文学部の創設者たちの多くによって讃えられ、いわばすべての元老教授たちの教授ともいうべき「チェンバレン先生」について、その神話というか伝説を突き崩すことが、従来の師弟関係の情誼にもとるものがあることもまた承知している。

だが生前のチェンバレンが「真理を求めて止まない欲求」「不注意、不正確なるものに対する憎悪の念」によって知られた学者であったにせよ、その発言内容のすべてが公正であったという保証はない。チェンバレンの説に無批判的に従う人は外国にも日本にも残念なほど多かったが、しかしそうした盲従はけっして真理に忠実なる所以ではないであろう。サンソムが『国語と国文学』第十二巻第四号に寄せた英文の思い出によると、亡くなる前年、サンソムから小著を贈られたチェンバレンは、誤りに気づくと、

「これらは取るにも足らぬ瑕瑾であるかもしれません。しかし貴君は必ずやこれを訂正されることを望まれると信じます」

という返事を寄越したそうである。チェンバレンが最晩年にハーンについて述べた言葉は単なる瑕瑾ではすまなかった。まずそれはハーンの名声そのものをものの見事に傷つけた。だがそれは同時にチェンバレンその人の人格をも深く傷つけかねない大きな瑕疵でもあったのである。

私は右の誤りが正されることは、これからの日本研究の発展の上にも不可欠のことと考える。実際、右の

誤りが訂正されることを望まれる人は少くないであろう。ただしその種の訂正の仕事は西洋の日本研究家の手で果されてこそ、海外では人々に得心の行くだけの効果もあがるのであろう。とはいっても、私どもとしても、調べておくべきことは調べ、言うべきことは言っておくのが本筋であることはいうまでもない。

『日本理解とは何であったのか』は、チェンバレン兄弟と小泉夫妻という個性に富める人柄が織りなすさまざまの人間模様のひろがりに惹かれて書いた人物評伝であり、右の正確不正確の問題は数多くある論点の一つでしかない。しかしチェンバレンとハーンの関係の上では決定的に重要な論点であり、その点を起点として、両者の日本へのアプローチや家庭的背景にいたる、さまざまな方面へ話もひろがったのである。日本理解とは精神の大いなるドラマであった、と思わずにはいられない。

日本回帰の軌跡

——埋もれた思想家　雨森信成——

第一部　洋行帰りの保守主義者

海のあなたの

海のあなたの遥けき国へ
いつも夢路の波枕、
波の枕のなくなくぞ、
こがれ憧《あこが》れわたるかな、
海のあなたの遥けき国へ。

この詩は上田敏が『海潮音』に訳した南仏プロヴァンスの詩人、テオドール・オーバネルの詩である。もとの詩は、波のまにまに海彼岸《かいひがん》に流れつき、恋人の腕に抱きかかえられる夢の世界をあらわした詩とのことだが、私たち日本人にとっては、海のあなたの遥けき国、西洋、への憧れをうたった詩であるように感ぜられる。上田敏その人も明治三十八年、そのような心持で「海のあなたの」を訳したのに相違ない。

「洋行」という言葉がある。それは日本人、――それも選ばれたほんの一握りの日本人――が船で西洋へ渡った時代、西暦でいえば千八百六十年代から千九百五十年代までの百年足らずの時期の、日本人の西洋への憧憬を結晶させたような和製漢語である。上田敏その人も「海のあなたの」を訳したころは、まだ西洋へ渡る機会を得ないで、この詩を口ずさんでいたのだった。島田謹二博士の調査によると、敏はオーバネルの詩を次のウィリアム・シャープの英訳によって重訳したという。

To a far land across the sea,
Oftentimes in my dreaming hours

I voyage alone
a bitter voyage of longing oftentimes I make,
To a far land across the sea.

上田敏の手にかかると、英訳にある「辛い旅路」の bitter は消えてしまった。「なくなくぞ」とはいいながら、敏は間違いなくこの詩に海彼《かいひ》への甘美な夢を託していたに相違ない。

明治以来、西洋は日本人にとって憧れの国であった。その心情をより直截的に表明した詩人は萩原朔太郎で、

ふらんすへ行きたしと思へども
ふらんすはあまりに遠し
せめては新しき背広をきて
きままなる旅にいでてみん。
汽車が山道をゆくとき
みづいろの窓によりかかりて
われひとりうれしきことをおもはむ
五月の朝のしののめ
うら若草のもえいづる心まかせに。

「旅上」と題されたこの詩は大正十四年『純情小曲集』に発表されて以来、多くの人に愛誦された。「みづいろの窓」というデュフィの水彩画を思わせる光と色と感傷。後に旧制高校の生徒でランボーの言葉をわざ

と平仮名にして「けらあむ・えさんでふおお」と書いた者がいたというが、それに先駆けるような「ふらんす」というやわらかな表現。私自身も大学生だった昭和二十年代の半ばにこの詩を初めて読んだが、当時は日本がまだ米軍占領下という鎖国状態にあったために洋行など思いも及ばず、「ふらんすはあまりに遠し」という言葉がいかにも真実に響いた。それでせめては新しき背広をきて浅間山麓などへ行ったものであったが、そのような時期の大学生にとっては、堀辰雄の小説であるとか立原道造の日記や手紙は、いわば西洋の代替物としての魅力や香気を漂わせていたように記憶される。洋行することが外的事情で不可能になっていたために西洋に対する憧憬がいちだんと純粋化され、水晶に似たきらめきを発した時代があったのである。

この西洋への憧憬は、人によって内容もさまざまであろう。朔太郎は『青猫』中の「春の感情」では、

ふらんすからくる烟草のやにのにほひのやうだ
そのにほひをかいでゐると気がうつとりとする

と趣味性の世界でのフランス憧憬を口にしている。日本人の西洋へのあこがれは、そうした趣味性の次元から感性・知性の次元まで多種多様な要素から成り立っているのであろうが、しかしその根底にひそむ意識は、日本人は西洋からまだまだ学ぶべきことがある、という自覚であったろう。「多くの面で自分たちより進んでいる西洋」という観念があり実感があったからこそ、日本人は西洋へ憧れたのである。

そんな気持は日本がシナと戦争を始めた昭和十年代の前半にもまだ強く残っていた。昭和十四年十一月、父が西洋から一年ぶりに帰って来た。その日、小学校二年生であった私は、学校を早退けして、母や叔母と一緒に横浜の岸壁で、なんと心躍らせて近づいて来る浅間丸を出迎えたことだろう。そしてその夜、私たち兄弟はどれほど心はずませてドイツ製の玩具の自動車を走らせて遊んだことだろう。それは走っている車に

ふっと上から息を吹きかけると停る仕掛けになっていた…… そしてその私が昭和二十九年九月、同じ横浜の岸壁からフランス郵船に乗って遠くマルセーユへ旅立つこととなった。「私も旅立つ日、デッキから見おろす岸壁の見送りの親しい人々の顔が脳裏に焼付いたのを記憶します。君の場合も必ずやさうでせう」

香港で受取った父からの航空便にそう書いてあったが、岸壁の光景は確かにそうであった。いまこう書いている間にも、その時の父や母や友人の顔が、その時撮った一枚の写真のように浮んでくる。「がんぺき」それは不思議なまでに遠国への憧憬と祖国への郷愁を秘めた言葉であった。父の手紙の「岸壁」という一語も多くの思い出を呼びさました。かつては俗物と思って、文学青年の自分が反撥していた実業人の父――その六十を過ぎて急に年老いた父の手紙に私は意外な懐しさを感じた。そこに親子二代に共通する体験が語られていたからだけではない。父の文面の句読点の打ち方にも自分と同じ生得の血脈のリズムを感じたからである。

だがあの頃の私、ヨーロッパへ行って奨学金が尽きた後も五年も頑張り、一旦帰国した後も今度はイタリアへ貨物船で五十五日をかけて再渡欧した私――そんなにまでして西欧に憧れた私が、いまこともあろうに「日本への回帰」を論ずるのは、なにか矛盾のような感じもする。いや矛盾ではないにせよ、なにかタブーに触れるような気がする。「日本への回帰」は危険なトピックである。昭和十年代の前半、市民の間では「洋行」がまだ強い魅力を持ち、八歳になった少年が胸を夢にふくらませて沖から近づいて来る船を凝視していたころ、論壇や文壇では時流に乗った人々によって「日本への回帰」が威勢よく唱えられもしていたからである。あれは日本における偏狭な国家主義や盲目的な軍国主義の伸長と関係あったことではないだろうか。またそれは日本浪曼派流の自我肥大と結びついたことではなかったろうか。

だがより長期的に見れば、「日本への回帰」や「国粋保存」――それは強度に外国にさらされた日本人が発した自己同一性確保のための叫びだったのかもしれない。あるいはそれは日本人の文化交流にまつわる精神病理の一症状だったのかもしれない。いまはその過去の実例を遠慮や気兼なしに直視して、私自身の内心の自然に即して論ずることとしたい。私がこの問題に突き当ったのは、ラフカディオ・ハーンこと小泉八雲を調べていた過程のことで、従来ハーンを助けた影の人として名前のみ伝わっていた明治の知識人雨森信成《あめのもりのぶしげ》の数奇な一生がほぼ明らかとなり、彼の「ある保守主義者」としての日本への回帰の軌跡がはっきりと見えてきたからである。それだから主題はあくまでハーンと雨森の二人にあるのだが、しかしそれ以外の人々の日本への回帰の例も取りあげて、論述の公平を期することとしたい。

フランス郵船は国家の威信保持のために、第二次大戦後も長く欧亜航路に客船を毎月運航させていた。だがそれでも、ラ・マルセイエーズ号が横浜の岸壁を永久に去ってからもう四半世紀が過ぎようとしている。「洋行」の時代は終った。自分のように船で三度インド洋を横切った者はいまや過去の洋行世代に属しつつある。だがその一人としてこのような往来の日本精神史上の意味にふれてみたい。それも一方通行的に西洋対日本の関係を論ずるのでなくて、なるべく対面交通的に、東西双方の視角から問題点を観察してみたいと思うのである。

日本の第一印象

海を渡って来た人の中には日本文化史に名を留めることとなる西洋人がいた。一八九〇年（明治二十三年）十月号の『ハーパーズ・マガジン』に発表されたラフカディオ・ハーンの『日本への冬の旅』という紀行文の第十四節には相模湾から望見した日本の第一印象が次のように記されている。

……早暁、甲板に出る。天気は晴、寒く、依然として烈風が吹き荒んでいる。右舷の方角に、黒黒とした山脈が現れ、背景は見事なばら色の朝焼である。左舷の側にもいまや別の山脈があり――そこここに鋸状のぎざぎざを見せながら、えもいえぬやさしい起伏である――この方が右側の山よりもいっそう近い。と、快い驚きの衝撃とともに、それとなく目で探していたものが見えてきた――これまでの期待を遥かに越えて――しかし水色の朝空を背に幻のごとく夢のごとく白い姿であったので、最初見たときはそれに気づかなかった。一切の形あるものを越えたところに、雪を頂いたこの上なく優美な山容――富士山だった。裾の方は遠景と同じ色で識別できず――ただ頂きの全容があえかな薄膜のように空に懸かっている――幻影と見まごうほどに。

しかし、さし昇る朝日の光につれて山の輪郭がはっきりしてくる。まず、しみ一つない頂きの部分が不思議な花の蕾の尖端のように淡紅色《とき》に染まり、それから一面金色《こんじき》の混った白色となる――やがて頂きから真直ぐ下へ延びる線が見えてくる――雨が急流となって流れ下った痕である。山全体が朝の光に包まれている――その下のくっきりと青い山脈がまだ一向に夜の眠りから醒めぬというのに。しかし日射しの明るさの中にあってさえ、その美しさは依然として霊的な清らかさと――妖しいまでの繊細さを失わない――その輪郭あるがゆえにようやく眼は、この山を形作っているのは白い霜の蒸気――なにか淡い雲のようなものではないと納得がゆくのである。私たちはその息を呑むばかりの美しさに恍惚となって見とれている。

……

（仙北谷晃一氏訳）

スケッチ風の描写には即席で記録した人の臨場感が漂っていて、ほとんど日記のように読める。ハーンは片方の眼が盲で、もう一方の眼も極度の近眼だった。だから手近の部分部分はたいへん正確に見てとることが出来たが、遠くの水平線であるとか天の星であるとかはきちんと見ることは出来なかった……　そのように説くチェンバレンのような人もいるけれども、それでは右に引いたハーンの日本の第一印象とは何なのだろうか。ハーンは遠くの地平線であるとか山脈であるとか富士山とかを正確によく把えているではないか。

空想をほしいままにして勝手に言葉をつらねてはいない。それにこの人の著作を通覧すると、いろいろ遠くのものの記述に接する。すでにアメリカ時代、仏領西インド諸島のプレー火山を描写して「言葉の画家《ワード・ペインター》」と呼ばれたことがあったが、松江時代、伯耆大山《だいせん》を描いた筆致はターナー風というか印象画家風《インプレショニスト》である（『神々の国の首都』十二節ほか）。その色鮮やかな描写は、ハーンを愛読した志賀直哉が刺戟されて彼自身『暗夜行路』の中で描いたところの大山の朝明けであった。だとするとハーンは極度の近視にもかかわらず、遠くの景色もよく眺めていたということになる。

ハーンの秘密は実は長い筒状の望遠鏡にあった。それはいまでも小泉家に家宝のように伝わるハーン遺愛の品だが、ハーンはカナダ太平洋鉄道でロッキー山脈の間を抜けて来た時も、その望遠鏡でもって雪を頂く山々の景色にじっと見入って来た。同じように明治二十三年四月四日早朝、アビシニア号で相模湾にはいって来た時も、その望遠鏡でもって、意外に高い空のただ中にそびえる富士山の上半身をじっと仰いだのだった。

考えてみると、富士山が外人の間でフジヤマの名で知られ、いわば日本のシンボルとして内外の人々からもてはやされたのは、「洋行」の時代においてもっとも顕著なことだった。横浜がわが国の表玄関であったころ、船上の人々はゆっくりと時間をかけて富士山を仰ぎつつ港にはいってきたからである。そしてまた別の人々は、別離の感傷にひたりつつ、この霊峰に見送られて外へ赴いたからである。

前世紀を探求する心

いまここでその日本の港を船出して、西洋へ向ったが、その実、精神的には日本へ回帰した人々の心境を一瞥したい。

一例として島崎藤村の場合を考える。

明治二十年、築地にあった東京一致英和学校は白金へ移って、明治学院となった。その普通部は当時の尋常中学校の高学年にさらに一年を加えた学校で社会的な評判も高かった。その第一期生に島崎藤村はいた。『桜の実の熟する時』はその当時の思い出を小説化した作だが、作中の一老婆は、

「捨さんの学校は耶蘇だつて言ふが、それが少し気に入らない。奈何《どう》もあたしは、アーメンは嫌ひだ」

と言う。それを田辺の主人がなだめて、

「お婆さん、左様貴女《さうあなた》のやうに心配したら際限《きり》が有りませんよ。今日英学でも遣《や》らせようと言ふには他《ほか》に好い学校が無いんですもの。捨吉の行つてるところなぞは先生が皆亜米利加人です。朝から晩まで英語ださうです」

と言っている。作中で捨吉と呼ばれる島崎藤村は、友人たちの証言によれば、入学当初から「いかけやの天秤棒」とあだ名されるような「しゃれた洋服を仕立てて、青と白とのはでな靴下」をはいた「当世流の才子めいた少年」であった。その少年は第一学年の終り近く、明治二十一年六月十七日、高輪の台町教会で木村熊二牧師から洗礼を受けた。この学業優秀な生徒は、教師たちの信望も厚かった。ほかの生徒が答えられないと、外人教師は、色白の少年をさして、

"Now, Mr. Shimazaki, you try."

と言った……

この島崎藤村は『文学界』グループの俊秀の詩人としていちはやく名を成した。

遂に、新しき詩歌の時は来りぬ。

そはうつくしき曙のごとくなりき。あるものは古の預言者の如く叫び、あるものは西の詩人のごとくに呼ばゝり、いづれも明光と新声と空想とに酔へるがごとくなりき。

あるいは聖書を、あるいはイギリス浪漫派を想起させる言葉が、『藤村詩集』序には光り輝いて並んでいる。内部生命に満てる満三十二歳の明治青年は、感激をこめて、過去との訣別を高らかに宣言した。

誰か旧き生涯に安んぜむとするものぞ。おのがじゝ新しきを開かんと思へるぞ、若き人々のつとめなる。

藤村はやがて父島崎正樹の遺稿『松が枝』を編み、家を整理すると大正二年、満四十一歳の時、ついにフランスへの旅にのぼった。

かねて憧れの西洋であった。ところが旅も果てようとする最後の行程——ポート・サイドからマルセーユへの船上で、藤村はにわかに父親を思い出す。全集に『地中海の旅』として収録されているその一文は発表当時は『父を追想して』と題されていたが、その中で藤村は次のように故人の霊に呼び掛ける。

父上。

九つの歳《とし》に御膝下を離れ、其後東京で一度御迎へすることが出来たぎり、再び私はあなたを見ることも叶はなかつたものでございます。あなたと私との隔りは、この世に居ないものと生きながらへて居《を》るものとの隔りでございます。しかし私の前には幼少の頃に御別れしたまゝのあなたがあつて、私はまたあなたの前に子供の時の心で居ります。……異郷の客舎にあつた間も、私の心はよくあなたの前に行きました。あなたの愛を喚起《よびおこ》したのも寂しい異郷の旅でした。

父島崎正樹は国学の徒で、仏教を嫌い、耶蘇教を極力排斥した人だった。明治五年生れの藤村が、東京へ上り、当時の野心に燃えた少年たちと同様、英学を修めようとした時、かつて平田篤胤の没後の門人となったほどの父は故郷にあってしきりと心配した。しかし少年は父の権威に反撥し、家の重圧を脱れて、父が極力排斥する西洋に精神のよりどころを求めた。そして新しい文芸の道をひたすら前へ前へと進むことによって詩人として名を成したのである。

「誰か旧き生涯に安んぜむとするものぞ」

藤村がそう叫んだ時、世間の青年子女も感激してその声に和した。

だが西洋の清新横溢なる思潮に憧れたその人が、いま西洋が近づくにつれ、しきりと思い出すのは父なる人のことである。どうしてそのような心境の変化が生じたのだろうか。旧弊な父親を懐しく感じ出したのは地中海を渡る中年の旅人の一時の気まぐれや感傷ではなかった。藤村は満三年をフランスで過した後、帰国の途につくが、その船旅の感想を『故国を見るまで』に記した時も、あらためて次のように父を偲んでいるからである。

僕が阿爺《おやぢ》に別れたのは十三の歳だがね、あの阿爺と来たら、そりやあもう頑固な人だつたからねえ。僕等の国には十八世紀の末から十九世紀の前半期あたりへかけて非常にさかんな保守的の精神が興つたさ。それが国学といふやつを産《う》み、古語の研究となり、古代詩歌の復活となり、続いてさかんな愛国運動とも成つた。僕の阿爺なぞも矢張その運動に加はつた一人で、尊王攘夷なんてことを唱へて、西洋から入つて来るものを極力排斥したね。

しまいに精神に異常を来たして、座敷牢で死んだ父親は、そのころはまだ平常であったが、それでも子供心にも恐いもの、頑固なものとばかり思った。その後、上京して明治学院で外人教師について英学に打込んだころも、藤村は自分が学ぶこと、為《す》ること、考えることは阿爺と何の関《かかわ》りがあるだろうか、自分の心持は旧世代とは全く通じないもののようにばかり思われて仕方がなかった。
しかし四十を過ぎたいまになってみると、藤村には、自分などが長い間かかって外国の言葉を学んだり、外国の本を読んで見たりしたのは、唯西洋を模倣する心からでは無い、何卒《どうか》して触れて見たいと思うものが有ったからだ、と反省されてくる。そしてこんなことも言った。

……不思議さねえ、遠い外国の旅に出て来て見ると、子供の時に別れた阿爺《おやぢ》のことなぞがしきりと恋しくなる。僕等が今日あるのも、彼様《あゝ》して阿爺の時代の人達が頑張つて居て呉れた御蔭だ、印度あたりのやうに外来の勢力に敗けてしまはなかつた御蔭だ、左様《さう》思ふと僕はあの頑固な可畏《おそろ》しい阿爺に感謝するやうな心持を有《も》つて来た。多少なりとも僕等が近代の精神に触れ得るといふのは、あの阿爺達に強いものが有つたからだ。それに触れ得るだけの力を残して置いて呉れたからだ。僕は左様《さう》思つて来たよ……いえ実際、父の愛といふやうなものを喚起《よびおこ》したのも、寂しい外国の旅だつた……

そのような父と父の世代に親愛の感情を持ち始めた島崎藤村は、「前世紀を探求する心」を抱くようになり、その題の随筆では、
もしわが国における十九世紀研究ともいふべきものを書いて呉れる人があつたら、いかに自分はそれを読むのを楽むだらう。明治年代とか、徳川時代とかの区画をよくされるが、過ぎ去つた一世紀を纏めて考へて見ると、そこに別様の趣きが生じて来る。

といい、事実、彼自身がその晩年、大作『夜明け前』に打込むようになるのである。大正五年、フランスから帰国する船中で藤村は、「しまひに、座敷牢で死んだ阿爺」と言ったが、『夜明け前』の主人公青山半蔵もまたそれと同じ不幸な運命を辿る。藤村はパリの客舎に身を置いて、世界史の中における日本の近代とは何か、という日本人としての自己確認の問題に突き当らずにはいられなかったが、その二十年後の昭和十年には『夜明け前』を完成して、自己自身が提出した問題に彼なりに答えたのである。

島崎藤村がパリ時代に父の世代の日本人の価値を発見して感動した記録には次のような一文もある。昭和十八年初夏、『栗本鋤雲遺稿』に寄せた序文は、七十一歳で亡くなる直前の藤村の絶筆ともいうべき文章だが、その昔パリの客舎で栗本の『暁窓追録』を読んだ時の感動の余韻を次のように伝えている。栗本鋤雲は幕臣で、函館時代以来、外国人との折衝に当り、後に軍艦奉行、外国奉行なども勤め、慶応三年（一八六七年）にはパリへ赴いた。幕府瓦解後の明治元年、そのパリで観察したことを『暁窓追録』として刊行したが、藤村が読んだ大正の初年だけでなく、昭和の今日私どもが読んでも「旧い感じを抱かせるどころでなく」、フランスの生活の仕組みが如実に記録されている。万国博覧会出品のために同行した商人が裁判所に出頭を命じられた時、お白州とは違う裁判所とナポレオン法典とに法治国の文明を感じ、整然とした番地に便利を覚え、フランス警察官の態度に役人とパブリック・サーヴァントの違いを認める。いちはやくパリ市の下水道の中にはいって視察した点は渋沢栄一も同じだが、なにしろ当時のパリ市はオスマンの都市改造成って十年、地下の下水道に観光船を浮べてそれを目新しい見物《みもの》としていたのである。

……翁が巴里での見聞の記事は、大正年度にそれを開いて見ても旧い感じを抱かせるどころでなく、尋常旅行者の想ひも及ばないやうな正しい観察の力がその中に溢れてゐるのにもひどく心をひかれた。翁は……その物に動ぜぬ気魄と、長い教養の効果と、日本人としての誇りとは、おそらく当時の欧米人に拮抗して敢へて下らなかつたであらうと思はれるに関らず、その異郷の見聞録を読めばよく異質の文化を認め、しかもそれが自国を思ふ誠実から発してゐることを知つた。そこにわたしは翁の強い把握の力を感じるばかりでなく、自国の発展に資する見地から真に他の長処の採り用ふべきものは進んでそれを受け入れるやうな理解と同情とに富んだ天性を前世紀の日本の武士に見つけることを心強く思つた。

四十過ぎてはじめて外国へ旅した島崎藤村は、パリでもホテルに引籠りがちで友人にも恵まれなかった人であるだけに、半世紀前の栗本鋤雲の積極的な文明受容の態度にいっそう心打たれたのだろう。そのようにして藤村は、パリでそれまで「封建的」の一語で片付けていた父の世代の日本人の苦心と努力とを再発見するのである。それが後年の『夜明け前』の制作へ連なったことは、『夜明け前』の中に栗本鋤雲その人が喜多村瑞見という仮名のもとに出てくる一事からも、察せられよう。その喜多村が栗本を指すことは藤村自身が右に引いた序文の先で述べている。

洋行帰りの保守主義者 (一)

四十を過ぎた島崎藤村の「洋行」は、精神的にも肉体的にも遅過ぎたのかもしれない。姪と許されぬ関係を持ち、逃れるようにフランスへ渡り、そこで第一次世界大戦の勃発に際会した藤村に西洋人の親友がいたという話を聞いたことがない。それではそんな孤独が原因で「日本への回帰」を起したのだろうか。年齢を話題にするなら、三十を過ぎて英国に渡り、イギリス嫌いとなった夏目漱石も連想に浮ぶ。それでは幸福な留学の例としてよく引かれる森鷗外の場合はどうだろう。鷗外が大正時代にはいって、蒼古遒勁な格調の史伝小説を次々に書き出したのも、藤村の場合と相似た精神の回帰現象が生じたからではあるまいか。

森鷗外は満二十二歳の時、陸軍軍医としてドイツへ洋行することを得た幸運児であった。彼の一生は、教養の面でも体験の面でも、ほどよく均衡がとれていた。西洋と東洋に左右二本の足をおろして、鷗外のようにバランスの取れた人はほかには見いだしがたかった。同時代の日本国内は無論のこと、東洋諸国にも西洋諸国にもいなかったに違いない。

その鷗外は若い時から、西洋一辺倒の論者を「酔洋者」として批判した人でもあった。それだけに、彼自身、医学、文学をはじめ万般の知識を西洋から学び、日本へ伝えて多大の功績があったにもかかわらず、「西洋かぶれ」と自分とを明瞭に区別していた。鷗外がその点にはっきりふれたのは明治四十四年の随筆『妄想』で、五十歳に近づいた鷗外は往年の自分を振返り、その立場を「洋行帰りの保守主義者」と規定した。そしてこんな風に述べた。

これまでの洋行帰りは、希望に耀《かがや》く顔をして、行李の中から道具を出して、何か新しい手品を取り立てて御覧に入れることになつてゐた。自分は丁度その反対の事をしたのである。

鷗外は、単に西洋という権威にすがっただけの改良論議には、都市、食物、仮名遣いなどの問題で反対した。日本語を廃して英語に置き換える、とか、西洋はローマ字を使って左から書くから日本もそのように横書きに改める、といった単に西洋を後楯とする傾向に反対したのである。そのような鷗外は文学思想の面でも、西洋最新の流行を取り立てて御覧に入れる知的代理店業者は内心軽蔑していたのだと思う。しかしそういいながらも帰国当初の『於母影』などの訳詩集から明治末年の『椋鳥通信』にいたるまで、新日本文学「改良」のための啓蒙的な仕事にずいぶん精出したように見える。文壇では革新的な作品を次々と提示してみせた。訳詩、翻訳、評論、『舞姫』以下の三部作——それらは広義の西学東漸の文筆活動であった。だが鷗外のそうした新事業の面白さは、それらの欧風の諸作品が、一面では新しい出発でありながら、他面では国風の抒情につらなる雅文体や巧みな漢語でもって綴られていた、といういかにも複合的な様相を呈していたところにあった。文化上の新しさとは過去が新しく蘇ることであり、けっして単なる過去の否定ではない。

二本足の人鷗外における日本と西洋の関係は、相互排除的なものではなかった。乃木将軍の殉死以後における鷗外の日本への回帰といわれる現象も、大正三年に書いたキューゲルゲン『生ひ立ちの記』序から察すると、唐木順三が断定するような「一挙に（日本という）一方の足に力をこめた。（鷗外は）一本足になった」というような単純なものではない。鷗外が徳川時代の先人に関心を示した背景には、明治時代に欧米の文化をあれほどに摂取することのできた日本人の一人としての鷗外が、そのような自分を生み出してくれた伝統、その過去の系譜とは何であったか、という問題に思いを寄せたからである。その時、渋江抽斎とか伊沢蘭軒とかいった江戸時代の人々が今日の自分に血のつながる、いわゆるコンジェニアルな存在として親しく浮んだのである。藤村がパリで考えた「もし過ぎ去った一世紀を誰かまとめて書いてくれる人がいたなら」という願いに鷗外は、鷗外流に答えていた。それが『渋江抽斎』などの作品だったのではあるまいか。それは今日流にいいかえるならば『渋江家の人びと』とも呼ぶべき大河史伝であった。そこには武士精神への郷愁ももちろん底流していたが、しかし単なる過去の美化ではなかった。この史伝の終りの方に抽斎の子孫として洋学者渋江保が登場するのを見る時、鷗外は、徳川時代とか明治年代とかの区画はせずに、日本における十九世紀の総体を摑んでいた、という感を私は受けるのである。

洋行帰りの保守主義者 ㈡

しかし日本人の祖国への回帰を描いて私にもっとも感動的に訴える文章は、実は日本人の手になるものではない。日本語で書かれたものでもない。それはラフカディオ・ハーンの『ある保守主義者』という文章で、一八九六年（明治二十九年）、ハーンの滞日第三番目の著書『心』に収められた。『ある保守主義者』はもと九節から成る物語で、その第一節は次のように始る。

彼は内陸の町で生れた。三十万石の大名の城下町で、かつて外国人などの来たことのない土地であった。彼の父親は位の高い侍だったが、その父親の屋敷は主君の城を取囲む外濠《そとぼり》の内にあった。それは広いお屋敷で、お屋敷の奥にも周りにも自然を模した庭園があり、その庭の一つには軍《いくさ》の神、八幡様の小さな祠《ほこら》もあった。四十年前の日本にはこうした家がいくつもあった。芸術家の眼を持つ人にとってはいまでも多少残っているこうしたお屋敷は、童話中のお屋敷のようであり、その庭はさながら仏教の極楽の夢である。

だがその当時は侍の子弟は厳格に躾けられた。そしていまここで話題にしているその侍の子もそのような夢に耽る時間などほとんど持ちあわせなかった。……口がそろそろ利ける年頃になると、子供はまず次のように諭された。すなわち、この世で一番大事にせねばならぬものは義務である。立居振舞で一番大切なことは自分を抑えることである。利己的な意味で苦痛を恐れるな、死は取るに足らぬ、という教えだった。

森鷗外は『妄想』の中で城下町で育てられた幕末の幼年時代を回顧して、

小さい時二親《ふたおや》が、侍の家に生れたのだから、切腹といふことが出来なくてはならないと度々諭《さと》したことを思ひ出す。その時も肉体の痛みがあるだらうと思つて、其痛みを忍ばなくてはなるまいと思つたことを思ひ出す。

と書いているが、いかにも相似た生い立ちといえるだろう。『ある保守主義者』の筋は、主としてこの主人公が、変化する時代環境の中で、いかなる思想上の推移発展を遂げるか、という形で語られている。その大要は、先を続けると、次の通りである。

彼は武芸の訓練を受け、四書の素読をはじめとする教育を授かり、祖先の霊を敬い、死をも恐れぬ武士に躾けられた（第一節）。時代は黒船が来航した幕末期で、神風は吹かず（第二節）、「夷狄」は内陸の城下町にもお雇い教師としてはいって来た（第三節）。維新の変革が起り、廃藩置県となった頃、青年は英語を習いに横浜へ出、外国人宣教師について学んだ。はじめは自国の敵の実体を冷静に学ぶことが愛国者たるものの務めだと思っていたが（第四節）、西洋文明の圧倒的な優勢に感銘を受け、その由って来る力がその宗教にあるのだとするならば、日本の愛国者たるものの義務は、このより高度のキリスト教信仰を奉じ、全国民を改宗させるべく努力すべきではないか、と考えるにいたる。士族出身の青年はそう思いつめて、親族の反対を押切って、敢然としてキリスト教徒となった。先祖代々の信仰を捨てたということは青年にとっては一時的な苦痛以上のものであり、彼は廃嫡され、旧友の侮蔑を招き、身分も失い、貧窮の結果生ずるあらゆる難儀を身に受けねばならなかった。だが侍の子として受けた躾が青年に克己の念を教えてくれた。青年は憂国の人として、真理を求める人として、自己の義務であると信じたところのものを見つめ、惧れることも悔むこともなくその道を進んだ（第五節）。

しかし近代科学から借りた知識の助けで日本古来の信仰を荒唐無稽なものとして論証してみせた西洋人宣教師たちは、その論証の刃《やいば》がそれと等しい力をもってキリスト教信仰に対しても向けられることを知って狼狽する。西洋人宣教師たちは自分の教え子が優秀であればあるほどキリスト教に留る期間が短いことを発見して驚きかつ衝撃を受けるが、その青年もやがて教会を離れた。宗教問題において懐疑派となった青年は、政治問題においても自由思想家となり、明治政府と衝突する。彼は国を去ることを余儀なくされ、まず朝鮮へ渡り、清国へ行き、その地で教師として生活し、ついでヨーロッパへ渡る（第七節）。彼は長い歳月の間、日本人としては稀なほど西洋文明をよく見た。欧米で多くの都市に住みつき、さまざまな労働に従事した。

西洋は彼が予期していたよりはるかに大きな巨人の世界として彼の眼前に現れた。物質面で、また知的な面で西洋は明らかに優越していた。しかもその知力は強者が弱者を破壊するためにも用いられていた。その時彼が得た信念は次の通りであった。日本は今日、必要に迫られて外国の科学を学び、自国の敵の物質文明から多くを採用せねばならぬ境遇に立たされている。しかしいかに必要に迫られているからとはいえ、従来からの正邪の観念を丸ごと投げ棄てねばならぬという道理はない。西洋生活の浪費性は彼にかえって自国の清潔な貧しさの中に力を認めさせるきっかけとなった。自分は古来の日本の中で最良のものは極力これを保守保存しよう。外国の文明に接したことにより、それ以外には決してわかりようのなかった自国の文明の価値や美点が彼にははっきりと見えてきた。こうして彼は自分の産土《うぶすな》の国へ帰る許しの出る日を一日千秋の思いで待ち望む人となった（第八節）。そして彼は「洋行帰りの保守主義者」として横浜の港を目指して戻って来る（第九節）。

「小説とはいえない」

> これは小説とはいえない。これは洞察、それも一つの政治的洞察で、芸術作品のように濃縮され、逸話のように物語られている。これは私見では要するにジャーナリズムの一産物なのだが、ただこれはこの世でできる限りの、最高度に教養のある、真面目で、内実のあるジャーナリズム活動の所産である。

この一文は一九〇四年、ホーフマンスタールがハーンの『ある保守主義者』に対して下した批評である。評価はきわめて高いのだが「小説とはいえない」。それはハーンが主人公の性格づけ、いいかえれば個性化を全く行わなかったからである。

ところがその思い切った省筆のため、この邦訳にして三十頁ほどの伝記は、幕末期に士族階級の一員として生れ、明治初年の過渡期に成人した日本知識人の、西洋文明との対決の一般論として読むことが出来る、という利点を持ったのである。いま仮に個々の事例にそれに相応するような固有名詞をあてはめてみよう。

「腰にさしている小刀《しょうとう》は飾りではない」

そのように諭されて躾けられた子供たちの中に森林太郎もいたことはすでに述べた。森有礼などは自刃してはてた兄のことを終生忘れなかったにちがいない。次に、直接外国人について学ぶために横浜へ出て来た作中人物と似た人といえば岡倉天心の一家などもそれだろう。外人宣教師について学び、愛国者としての義務感からキリスト教への改宗に踏切った人の中には内村鑑三や新渡戸稲造などもいる。一旦入信しながらキリスト教を棄てた人の数はさらに多い。思想史的に軽視されがちだが、主流としての日本知識人はむしろこの「転向」した側にあったのではあるまいか。宮崎滔天、徳富蘇峰、また時代はやや下るが、島崎藤村などもやはりキリスト教を離れた人たちである。その多くの人たちは離れた理由をぼかしたままにしてしまったが（そしてそのために「転向」にやましさがつきまとったが）、我等の主人公は棄教の理由をはっきりさせていた（またそれだからこそ日本の近代国家建設の目標をキリスト教的西洋近代とは別の線上に据えることもできたのだろう）。日本国内で一波瀾を起した後、自由思想家として外国へ渡るあたりは馬場辰猪や尾崎咢堂のような人物を思い浮べれば良いだろう。国粋保存を志して日本へ帰って来るあたりは、西村茂樹や三宅雪嶺や志賀重昂などの開明的保守主義者を連想させる。西洋文明の暗黒面を見て、世界苦の際限ない氾濫を予覚したについては、この文章が書かれた時点ではまだ洋行していないが、夏目漱石の西洋文明批評とどこか相通じるものがある。しかし「洋行帰りの保守主義者」というはっきりした自覚を持っている点では、この作品の主人公は誰にもまして『妄想』の翁に自己を仮託した森鷗外を思わせる。

私ははじめてハーンの『ある保守主義者』を読んだ時、これが引金となって鷗外は『妄想』を書いたのではないか、とさえ思った。しかし鷗外にはハーンを読んだ形跡がない。鷗外の蔵書中にハーンの著書は英文はもとより独逸語訳も一冊もない以上、鷗外はやはりハーンと全く別個に、鷗外独自の思想展開の帰結として、「洋行帰りの保守主義者」という自己定義にいたったものらしい。それにしてもハーンと鷗外の観察や結論にこの種の符合が見られるのは、考えさせられるものを持っている。私は『ある保守主義者』の正体を是非突きとめたくなった。

第二部　ハーンの影の人

詩人、学者、そして愛国者

モデルは雨森信成《あめのもりのぶしげ》といわれた。それは『ある保守主義者』を収めたハーンの来日第三作『心』がその人に献呈されているからである。TO MY FRIEND ／ AMENOMORI NOBUSHIGÉ ／ POET, SCHOLAR, AND PATRIOT「詩人、学者、そして愛国者なる我が友人、雨森信成へ」この印刷された活字を見るとハーンがこのように敬意を表した人物はいったい何者であったのか、知りたくなったのである。

ハーンは十四年間の日本滞在中に十三冊の書物を著したが、その中で日本の友人に献呈した著書は二冊しかない。その中で来日第二作『東の国より』は松江中学校の教頭でハーンのために尽してくれることのまことに多かった西田千太郎にすでに捧げられていた。TO NISHIDA SENTARO ／ IN DEAR REMEMBRANCE OF IZUMO DAYS「出雲の日々の懐しき思い出に、西田千太郎へ」という献辞は、当時結核が悪化して臥せりがちな西田の気持を激しくゆすぶった。そしてハーンもほかならぬこの心友の西田に、自分がなぜ次作を雨森に献呈するのか、そのわけを一八九五年（明治二十八年）十二月十五日付の手紙で明らかにした。それはハーンが自分にとってかけがえのない西田との友情をおろそかにするものではない、と言っている風さえある。また世間の人々の数少い雨森についての言及中、ハーンのこの証言が第一に重要であることはいうまでもない。

親愛なる西田さん、

……『心』が到着の頃、私は当地（神戸）にいないかも知れませんから、貴君の所書きは出版元へ知らせておきました。きっと一番最初に刷ったものを貴君へ送って参りましょう。私はその書物の巻頭には雨森氏へ宛てた献呈の辞を載せるつもりでおります。氏は日本へ来たほとんどあらゆる外国の著述家たち

――特にサー・エドウィン・アーノルド――を助けた人です。それなのに氏の助力に感謝して敬意を表した者が一人もおりません。私はその例外になるつもりです。氏は私がこれまであった人々の中で、最も驚嘆すべき人物の一人です。はじめ私に対して尊大でしたが、私がただの世界漫遊の観光客でないと知ると、それからは本当に誠実な、暖い、無私の友となってくれました。

年代は前後するが、ハーンは一八九四年九月二十二日チェンバレン宛の手紙の中で『東の国より』に収められた一文にふれて、

『横浜にて』は仏教に関した文章で――ある老僧との対話でありますが、雨森氏が――多くの質問に実に見事に答えて――あの文章を手伝ってくれました。彼の原稿はそれ自身が驚異であります。雨森氏のように英語を書くことが出来、あれほど深くものを考えることが出来る人なら老子『道徳経』を完全なフランス語に訳すことが出来るというのは当然の話です。

と書いている。『ある保守主義者』の主人公はヨーロッパではまずフランスに長く滞留するが、雨森の洋行も事実そうした道程を経たに違いない。名前に AMÉNOMORI NOBUSHIGÉ とアクサンをつける習慣など――後にやめるが――パリで覚えたことではあるまいか。（雨森は「坊っちゃん」という日本語はフランス語の **petit monsieur** に相当する、などとも書いている。言葉のニュアンスを摑むに秀でた雨森の感性を証するような指摘である）。ハーンの雨森の知力に対する感嘆は尽きない。ハーンが熊本へ移った明治二十四年に横浜在の雨森と文通するよう紹介してくれた人はその年に第一回の横浜駐在を了えて帰国することとなる米国海軍主計官のミッチェル・マクドーナルドだが、この親友が六年ぶりに横浜へ戻って来ると、ハーンは

明治三十一年四月に東京から手紙を送ってこう礼を述べている。

雨森氏の写真を送ってくださって誠に有難う存じます。(そうです、君はあの小さい方を返してくれました)。この方は色が褪せないでしょう。そして間違いなく前のよりは宜しいです。それから、これはもう言うまでもないことですが、百万の日本人の頭脳の中から、このような頭脳をいま一つ見出すことはあなたにも出来ないでしょう。雨森氏の頭は知的にいって日本人種の最善の粋を現しているというものです。

雨森についての言及の第二は、大正三年に『小泉八雲』を著した田部隆次で、直接雨森に会った人ではないが、「交際と交友」の章にこう書いている。

『心』を捧げた雨森信成は米国で学問して、英仏独の各国語に精通し、和漢の学問にも仏教にも精しかったので、何でも知らぬ事のない不思議な人とヘルンに見られていた。……陸奥宗光伯にも知られていたという人でありながら、晩年西洋洗濯屋の主人としてグランド・ホテルに出入していたところから見ると隠れた学者で一種の奇人であったろう。晩年ヘルンは彼と疎遠になった。ヘルンの没後、『大西洋評論《アトランティック・マンスリー》』にその思い出の一片を寄稿しているが、その英文もなかなか見事である。ヘルンの書簡がまとまって雨森未亡人の手からアメリカに渡っていると以前に聞いたが、その後の事は分らない。

言及の第三はハーンの長男小泉一雄で、昭和六年に出た『父八雲を憶ふ』には、少年の眼から見た父の親友マクドーナルドと雨森の面影が次のように記憶されている。

父はかつて母と私を連れて横浜へマクドーナルド様を訪ねた時もやはり（母方の遠縁の）高木さんを伴いました。マクドーナルド様は、親友雨森信成氏と口を揃えて、父だけは横浜で一泊するようにとしきりと勧められたそうですが、用件が済んだ以上は妻子と共に一時も早く嫌な横浜から去りたかったらしいのです。どこの食堂ででしたか判然記憶しませんが、一同が洋食を食べた後、雨森氏は御自慢の謡曲を聞かせるべく、マクドーナルド様と父とを隣室へ誘《いざな》い、ここで盛んに唸り始めました。私は腹一杯食べた後で隣室から洩れて来るお経のような油蟬のような、とにかく睡気を誘う単調な音律を耳にしながらとうとうそこへ寝込んでしまいました。

目を醒ました時私は高木さんの背にいました。父母も傍を歩いていました。場所は横浜のステーションでした。一行が汽車へ乗り込んでから、

「これで宜しい」

といって父は笑っていました。

「まだ気がつかずに謡っておいででしょうか?」

と母の言葉を受けて、高木さんは、

「もう直《じき》、ここへ追うてみえます」

と答えられました。成程、何分かの後、いよいよ発車間際に、大の男が二人プラットフォームへ慌しく大股に突進して来ました。

「ゼアーゼアー!」

「オー、ユー、ウィケッド!」

と叫んでマクドーナルド様と雨森氏は窓際へ来て、まんまと出し抜かれたとて、喧しく鳴り亘る発車予告のベルの音を打ち消して哄笑されました。余り笑わぬ高木さんもこの時は微笑して居られました。

この本にはまた雨森がマクドーナルドと一緒に牛込の家へ泊りに来たこと、また明治三十一年の夏三週間を鵠沼で過した小泉一家をこの親友が訪れたことが「海へ」の章に次のように記されている。

一日横浜から、マクドーナルド様と雨森さんが尋ねて来られ、この東西の偉大な体軀の両客人も父と共に海で泳がれました。雨森さんの抜手は（ハーンの知人で元松江中学校の教諭であった）田村さんのボチャボチャ泳ぎと異ってなかなかに鮮かなものであったようですし、マクドーナルド様の海軍仕込の泳ぎはかなりに剛壮な、スピードの早いものであったように覚えています。しかし何方《どちら》も父のようにふうわりと軽くその身が水上に浮いては居なかったと思います。

一雄はまた昭和二十五年に出した『父小泉八雲』では「アシスタンツ」の章で、ハーンが熊本時代「マクドーナルド氏の紹介に拠り在横浜の雨森信成氏とも盛んに文通して、古典に関する問題等種々助言を受けていた」と書き、さらに次のように述べている。なお右の「古典」とは仏教関係の古典の謂と思われる。

神戸時代にもチェンバレン氏及雨森氏との文通は頻繁である。明治廿九年八月東京へ来てからも同三十三年頃迄は雨森氏との文通は盛んに続けられ、博学多才の氏へ父は歴史、伝説、宗教等に関し種々質問し、明快な答を与えられていた。

雨森氏は旧幕臣で、桑門に縁《ゆかり》ある由とも聞いたが詳《つまびらか》でない。明治の初め頃、国事犯で投獄された事もあるやに聞いた。若年の頃、欧米へ渡り宗教を研究し、帰国後牧師になられたが、外人宣教師と大衝突してキリスト教から足を洗い、貿易もされたとか。英文の筆の立つ御仁で、ロンドン・タイムスだの

『大西洋評論《アトランテイツク・マンスリー》』等へ屢々投稿された。常に横浜に居住し、千軒山の見晴台上に茶店を出して居られた事もあった。民間外交官を以て自任して居られ、陸奥宗光伯と親交あり、陰乍ら時の外務省の補佐をして居られたとも聞いた。父の親友マクドーナルド氏とは大の仲良しであった。生業は西洋洗濯屋の主人で、一頃は殆ど横浜中のホテル、外国商館、外人宅等の洗濯物を一手に引受けて頗る盛大にやって居られた。

この『父小泉八雲』の「伝記」の章にはハーンが雨森信成へ宛てた手紙が公表されなかった理由が明確に次のように記されている。

雨森信成氏の場合は、氏の意見は甚だ徹底している。曰く、「私はハーン君と親しかったし、その最も親友であったマクドーナルド君とも亦親友である。今回ハーン君の『ライフ・アンド・レターズ』が出版される事に対して、故人の意志よりも遺族を思う多くの友人知己の善意に対し、先ず賛成である。併し、私はハーン君の性格をよく知っているが故に、彼からの手紙は――他の人の場合は知らず、私の場合は――却って公表せぬ方がハーン君の霊を慰めると信ずる。この由私はマクドーナルド君へも既に伝えて諒恕を得た次第である。私は嘗てハーン君のリテラリ・アシスタントであったし、両者間のコレスポンデンスの大部分は氏の著作の内容及材料の出所等に関する物である。それは公表せざる事をハーン君は望まれたのであった。」――

是が氏の意見であった。ハーンが後年聊か雨森氏と疎遠になった原因も実は氏が余りにも豪放的な人物で、ハーンへ提供した材料をうっかり公表した等の点もあったとか聞いている。雨森氏はハーンの歿後数年ならずして腫瘤の為に急逝されたが、当時氏の令弟が、私の母を訪れて、「両人共今は既にこの世に無い。両者を供養の意味でハーン雨森往復書簡を一冊の本として刊行しては如何」との話を持掛けられた事があった。「いずれマクドーナルド氏の御意見も伺ってから」との事で是は実現しなかった。

ハーンは明治三十七年九月二十六日に亡くなり、三十日に通称瘤寺と呼ばれた自證院圓融寺で葬儀が行われた。一雄は「アシスタンツ」の章にこう書いている。

当日横浜からマクドーナルド氏と雨森氏とが連立って会葬され、葬式後、自證院の表庭一面に絨毯の様に生じた青苔の上に立って、大男の両氏が涙の裡に我々遺族を慰め励まされた。

――あの強い人、マクドーナルド氏と豪放磊落の雨森氏の涙。あんなに父が嫌っていた旧教の僧侶であるエック氏の礼節正しい会葬振りとあの温顔。もう赤ちゃんに用のない筈のお産婆さん葛野老刀自の会葬、而も私等の黙礼に対し、近視眼故の知らん顔、抜衣紋の皺頸を亀の様に伸しての引上げ振り、偉い人だが怖い小父さんとのみ聞かされていた梅博士の好い小父さん振り。――是等私の一生忘れ得ぬこの日の印象は、今猶つい昨日の事の様にさえ憶われる。

これが満十歳で父を亡くした少年の記憶する雨森信成の像であった。その中には母節子から聞いた話ももちろん混っていたであろう。雨森信成の打算無視の助力をほかの助手の仕事と同等視してはいけないことは一雄も知っていた。チェンバレン、西田千太郎、雨森信成の「この三者の説明は他の諸氏のと違い、有効なレクチュアとしてハーンが尊重して受取った場合が少くなかった」と付言している。そもそも雨森を「アシスタンツ」の一人にかぞえたのが一雄の間違いであり、礼を失したことなのではあるまいか。

しかしそうした他人のいかなる証言にもまして雨森の才学識を雄弁に語るものは、雨森その人の英語の文章である。ハーンが亡くなった翌一九〇五年十月『大西洋評論《アトランティック・マンスリー》』は彼の *Lafcadio Hearn, the Man* を掲げた。

その長文の一端は、雑誌掲載に先立って、ハーンの遺著『天の河縁起』に序を付したフェリス・グリーンズレット（F・G・のイニシャルは Ferris Greenslet の略）によっても引用された。雨森の『人間ラフカディオ・ハーン』はハーンその人の英文を凌ぐばかりの名文で、私は読んで驚嘆した。その幾節かは後で紹介するが、これだけ達意の英文が書けた著者について「横浜で外人を顧客に持った大きい西洋洗濯屋の主人だったということぐらいしか分っていない」（森亮）という。私はこの世に「隠れた学者で一種の奇人」（田部隆次）の閲歴を探ろうと横浜開港資料館を訪ねた。借覧した『横浜市史稿』には、横浜で多少とも名の知れた人々の墓の一覧があり、「学界」の分類には、

雨森信成　英学　明治三九、三、一、根岸町相沢墓地

とあって、摘要に「能楽・和歌にも達した」と付記されていた。墓地は増徳院の二つあるお茶屋の西側の方のすぐ向いの上にあって、「英隆院殿信成實道清居士」と戒名が刻まれていた。同じ墓石に「善隆院殿信光妙錦清大姉」と刻まれているのは夫人であろう。英隆院は英学の大家に掛けた戒名に相違なく、実道も実業に打込んだ雨森の生涯を指しているにちがいない。

『横浜市史稿』の「教育篇」は堀田璋左右という人の手になるが、その凡例にはまた、

開港以来（横浜には）横尾東作、雨森信成、尺振八等の如き洋学家、梅花・周三・昌寿の如き文雅の士、数へ来れば伝す可きは少く無い。さりながら諸家の横浜に於ける事蹟が甚だ明瞭ならぬのが多い……

とあって結局雨森の生涯の詳細は一切不明のままに終っていた。雨森信成が亡くなった年は西暦に直すと

一九〇六年である。『横浜市史稿』が編まれたのはその四半世紀後の一九三一年から三二年にかけてである。その二十余年の間に彼の事蹟はもうすでに湮滅してしまったのだ。雨森が亡くなって八十年になろうとする今、また『横浜市史稿』が編まれてからも半世紀以上経つ今、私は雨森信成の生涯を探る手がかりはもはやないものと諦めた。『ある保守主義者』について昭和四十九年に秀れた論文「ラフカディオ・ハーンと日本の心」を書かれた森亮教授は、

モデルの雨森の思想をそのままハーンが代弁していると考えるのはすこし危険である。雨森は確かに東西の宗教・哲学に精通した人であるが、その識見、時代を見る目の鋭さについてはハーンのこの作品などから想像されるだけで、実証的判断を下す材料は乏しい。

と資料的調査の行詰りを結論された。この森論文が載った『講座比較文学6　東西文明圏と文学』（東大出版会）の解説に私も講座編集者として「読者で雨森信成についてなにか御存知の方は是非御一報くださるようこの紙面を借りてお願いする次第である」と書きそえた。しかし誰からもなんの反応もないまま、いつか十年が過ぎた。

Lafcadio Hearn, the Man

私は雨森の正体は、結局は雨森が一九〇五年十月号の『大西洋評論《アトランテイツク・マンスリー》』に寄せた一文を綿密に読み、そこに描かれた雨森とハーンの関係を手がかりに探すよりほかはないと考えた。雨森もその背景も *Lafcadio Hearn, the Man* の中に求めるのが最良だろうと考えた。この文は、半世紀前、一度本邦に紹介されたことがあるが、今ではおよそ目に触れがたい文献である。本来ならば全訳を掲げるべきだろうが、いかにも長い。

それでハーンの作家としての面目や特質、雨森の人柄、また両者の交友を伝えて貴重と思われる箇所を私が訳し、前後に説明を添えることとする。なお雨森のこの追憶文の一特色は今日所在不明となっているハーンの雨森宛の書簡からの引用がふんだんになされている点で、人間ハーンの面目や作家としての特質を伝えて鮮やかである。例えば次の一節のごときはハーンの意図が奈辺にあったかを示すものだろう。

私は物語を勝手に拵えることはしません。私は物語を日本人の生活から拾います――新聞に出た実話、お遍路さん、旅行者、召使などから聞いた話、そして私自身が旅行しながら見聞した話――そうしたものから材料を拾うのです。

ハーンは主観的空想をほしいままにするフィクション作家とは思われたくなかったのだ。その彼にとって日本紹介にまつわる難事は二種類あった。

貴君にはもちろんお解りのことと思いますが、神道の社《やしろ》が外国人にどんな印象を与えるかという感じを西洋人読者に伝えるのは難しいことです。しかしその第一の難点にもまして難しい第二の難点がある。それは日本人が神社にお詣りしてどんな感じを受けるかということを伝えることです。なにしろ外国人はそれをただ推測するか臆測するかするよりほかに仕方がないのですから。

第一の難点はハーンに限らずロティなども克服し得た。しかし第二の難点――日本人の神道感覚を摑む、という点ではハーンは真に稀な、例外的成功者であった。雨森はこう評した。

だがそれにしてはまたなんと正確にハーンは日本人の心と気持を「推測」し「臆測」したことだろう。それは彼が畠山勇子や日本人の微笑について論じた文章を読めばよくわかることである。

日本紹介者としてのハーンはすこぶる慎重だった。彼はあらかじめ雨森に原稿を送って、文中の固有名詞の綴りや意味に間違いがないかチェックしてもらった。この二人は互いに英文を交換して出来映えについて批評を交わすのを常とする仲だった。ハーンが雨森の英文を褒めちぎったことはチェンバレン宛の手紙にも出ていたが、雨森自身に宛ててもこう書いている。

私の質問に対する貴君のすばらしい御回答は、意を尽したばかりか、実に見事な英文となっているので、そっくりそのまま印刷しても、ただちにその真価が認められる一文と思います。貴君のこのような御回答に接してただただ嬉しうございました。御礼の言葉もございません。実にすばらしいもので、私が貴君に負うところはいまや真に多大であります。この草稿を使わせていただくと、私はたやすくスケッチ風の小品を仕上げることが出来ます。しかし貴君の御草稿を読んで、私は貴君に対して畏敬の念を抱かずにおられません。貴君が小生の次の著作に対してどのような判断を下されるかと思うと、自信が揺らぎます。貴君は必ずやいくつもの間違いを見出されるでしょう。

雨森がこのようにハーンを援けた著作はおそらく『心』か、さもなくば『仏の畑の落穂』であったろう。もっともハーンは雨森の英文をいつも無条件で褒めていたわけではない。東京時代のある時、雨森が自信のない英文をハーンに送った。すると折返し返事が来た。

貴君は返事は不要とおっしゃいますが、原稿の件に関してはすぐお返事した方がよいと思います。そうすればこれから先、愉快でない議論はせずに済みますから。手短かに申します。貴君の原稿は全然良くない。私の唯一の忠告は「すぐ焼いてしまえ」というだけです。

ハーンはその「手短かな」きつい忠告に添えて、いくつものいかにも納得のゆく理由をあげていた。それで雨森もただちにその原稿を火中に投じ、数日後二人が会った時、二人はその件について心から笑った。ハーンはといえば、批評によく耳を傾けたが、その正しさについて心底から納得の行かぬ限り、自分の文章を改めなかった。それは「一語を変えると一文全体の構成が傷つく。そればかりか文章の音楽的特質を甚しく損ずる」からであった。ハーンはまたおよそその時の衝動にまかせて書き飛ばすことのない人だった。ハーンはその作品にふさわしい時間をかけた。いま雨森の地の文もあわせて引くとハーンの文章作法はおよそこうである。

ハーンは随筆にせよスケッチ風の小品にせよ、けっして一気呵成に書くことがなかった。ハーンは始めから書きはじめなかった。彼はまず部分部分を書いて、その部分から全体を組みあげていったのである。私が文章を書き出すことの難しさを述べた時、ハーンはこう返事を書いてよこした。「貴君が書き出しについて言われたことはいかにもごもっともです。だから私は始めから書きはじめようとはしません。大体そのやり方は面倒が多過ぎる。私はまず一番やさしい箇所から取組みます。そこからまたよそへよそへと移ります。そして最終的に四、五十の短い部分を集めて結びつけ、それを一体化します。それはいってみれば預言者が見た枯骨のヴィジョンのようなものです」

ある場合にはこうした部分部分が集って一体をなすまでに相当の時日を要した。それにハーンは、ある種の主題を論ずるに際して、ただ単に見て、読んで、理解しただけでは満足しなかった。彼は見て、読んで、感じなければものを書かない人であった。その感じがつかめるまではいつも落着かなかった。

「枯骨のヴィジョン」とは「エゼキエル書」第三十七章で語られる、骨と骨とがつらなって肉が生じ皮が覆い、やがて人に気息が通じる光景である。ハーンは雨森に、自己の体験を語りつつ、さらにこんな忠言も与えた。

貴君の小品なり物語なりについて申せば、もし貴君が出来映えに御不満なら、それはお考えのように表現が舌足らずだからではなくて、貴君の頭の中にひそんでいる思想なり感動なりがまだ十分にはっきりと形を取っていないからだと思います。貴君はなにかを感じていながら、その感じを表現できないでいる――それは結局、貴君自身がその感じがなにであるかを知らないからです。我々はその感じの正体がなにであるかを理解せずに感じる者なのです。我々のもっとも力強い感動は実はもっとも定義しがたいものなのです。それは実はそれが先祖代々からの感覚の集積であって、夥しい数のものが層を成して、混りあい、たがいに消しあって、ぼんやりとなっているからでしょう。……無自覚的な頭脳の働きこそこうした内にひそむいわく言いがたい感情なり思考なりを伸ばす上で最適のものです。静かに何度も何度も書き直していると、感動とか思考とかはその過程で自分から――無自覚的に――のびのびと姿を現して来る。……もちろんある種の感じはなかなかはっきりしてくれない。だが最良の結果が得られた時は必ずはっとさせられます。その最良の仕事は結局無意識から生ずる作用なのですから。

ハーンはこのように推敲の意味を説いた。それは文章を磨き立てるという修辞の次元よりも、俳諧の達人がある種の感触をはっきり自覚するその瞬間の意味を説く言葉に似ていた。ハーンはその種の自覚の一例として椰子の樹にまつわる感動の正体をつきとめた一文を雨森に示した。雨森はその随筆は残念ながら未完に終ったと述べているが、私はその一文こそ『ゴシックの恐怖』ではなかったか、と考える。ハーンはその中で、高さ二百尺もあるような椰子の幹を見あげるうちに、突然幼い日に教会堂の中で覚えたゴシックの恐怖の戦慄がよみがえった様を分析しているからである。

ところで「先祖代々からの感覚の集積」に言及するハーンは一個の「自我」とか「個我」とかいうものの存在をむしろ虚構と見做して信じなかった。それはパーシヴァル・ローウェルなど十九世紀の西洋人や宣教師が、東洋人に対する自分たちの優位を主張する上に好都合な観念として強調したものに過ぎない。ハーンはそれだから自分の長男がいつI（自分）と言い出すかを興味の眼をもって見つめていた。ハーンには西洋人に自我があり東洋人に自我がないとするなら、西洋人と東洋人の混血児である自分の子供の場合はどうなるのか、という問題意識もあった。その問題設定はもちろん「近代的自我」という西洋人好みの神話を破るための措定であったが。

家の子供はよく喋ります。いつも「坊っちゃん欲しい」とか「坊っちゃん見る」とか言います。「自分」という観念はまだないわけです。しかしこれは西洋の子供とて同じことで、“Willie wants”と言って“I want”とは絶対言わない。「自分」という観念やそれに伴う不可思議や驚きはずっと後になって生れるものです。私がIという観念に完全になじんだのはもう三十歳を過ぎた後のことでした。

ハーンは一個の自我よりも先祖代々からの記憶や感覚の集積を重んじた。それゆえ草ひばりの歌についても「種の有機的な記憶の歌」という定義づけを行った。一匹の虫の歌もただ一匹の虫の歌でなく先祖代々の記憶の歌であるとして、仏教的死生観への共感を示したのである。やや高踏的に過ぎるかとも思われるが、雨森が思想家としてのハーンの位置を示唆した次のたとえも引いておきたい。

ハーンは詩人であったから、当然情緒的なるものに喜びを覚えた。そしてハーンは仏教や神道の中に彼の好みの進化論のいわば情緒的側面を認めたのである。……彼は仏教や神道の教義の中に自分の好みの理論を飾るにふさわしい古風に美しい衣裳を発見したのだといってもよい。私は次のような思いを禁ずることが出来ない。もしかりにハーンがもっと長生きして詩作することがあったならば、彼が進化論に対して占める位置は、ポープがボーリングブルックの哲学や神学に対して占めた位置と相似たものとなったであろう。ちょうどポープが詩中で彼自身の考えをキリスト教の教養でもって美化したように、ハーンは散文で彼自身の考えを仏教や神道の教義でもって飾ったのである。そしてポープの詩句のあるものがその真実の感情を隠すほどに美しい言葉のために正統的キリスト教信仰の模範と目されるにいたったように、ハーンの著作についてもそのこの世ならぬ魅力のために似たような幻想が生れたのである。しかしハーンは、仏教や神道を大いに作中に引きはしたけれども、私見では彼はあくまで不可知論者であった。

雨森は仏教や神道とハーンの関係をそのように見たが、しかし彼はハーン追悼の一文を実に鮮やかにハーンが信ずるところの進化論と調和する仏教という考え方でもって結んだ。すなわちハーンの影響について、

だが次の一事だけは確かである。それはハーンの業因《カルマ》の一端であるところのハーンの著作は、これから先も彼の数多い愛読者の頭脳と神経に数限りない印象を植えつけ、数限りない波動を呼び起すことであろう。そしてそのようにして数限りない自我を新たに存在の中へ呼びおこすことであろう。そしてその新し

い、算え切れない自我の数々こそ、人々の間にあってラフカディオ・ハーンの名前によって知られたところの何百万何千万という魂によって構成されていたあの愛すべき存在の数限りない魂を映し出すイメージなのである。

私は以前、『小泉八雲――西洋脱出の夢』（新潮社）でハーンの『草ひばり』を論じて、この虫の歌に前世の命を思い、来世の命を思うハーンの進化論的彩りで染めつけられた仏教的死生観にふれたことがあった。その時、読後感として恩師市原豊太先生から次の歌をいただいたが、この一首こそとりもなおさずハーンの気持であり、かつ私たち日本人の多くの人の気持をよみあらわしている、と有難いことに感じた。我々はけっしてばらばらにアトム化した個人ではない。我々は時々亡くなった父母の霊とともに考えていると思う時が実際にある。

我一人思ふ心はたゞ独り思ふに非ず祖先《みおや》の心

私たちがこの和歌に敬虔な気持で共感する時、私はハーンの考えには理があると信ずるし、雨森がハーンについて述べた結びの言葉もまた正しいと思うのである。

天才ラフカディオ・ハーン

雨森信成は「人間ラフカディオ・ハーン」を論ずるに際し、まず作家の文章作法の秘密を明かし、次いで思想に及んだ。ハーンをよく知る友として、手許に残された数多の書簡を自在に活用し得たからであるが、今日読み返して雨森のこの論が、その後出た内外人のいずれのハーン論よりも秀れ、かつ正鵠を射ている、という感に打たれる。これは日本人が英米作家を論じた評論中、古典的地位を占めるべき英文であろう。その上、そこに引かれたハーンの手紙の抜萃は、ハーンが雨森をいかに敬し、いかに重んじていたかをもおのずと示している。

もっともフェリス・グリーンズレットは、ハーンの遺著『天の河縁起』に序を寄せた際、異論を呈した。雨森のこの一文は「人間ラフカディオ・ハーン」でなく「天才ラフカディオ・ハーン」を描いている、と言ったのである。雨森はハーンの genius を説き明かした、というこの異議は、もちろん裏返した表現であって、雨森の評論への最大級の讃辞なのである。

それに雨森は作家としてのハーンの秘密だけでなく、人間ラフカディオの真価をも実によく紹介していた。その紹介を通して雨森その人の人間像も浮んでくるので、以下初めにハーンの手紙を、後に雨森の地の文を、いくつか引かせていただく。まずハーンの熊本時代末期の手紙から。

日本のお上は貴君のような方を高等学校教授として雇いません。貴君のような方が雇われて、当然つくべき地位についたら、外国人教師の地位も楽しいものとなりましょう。外人教師も思想家と立ち交わることとなり、親切なもてなしも受けるでしょう。しかしいまの私は学内政治の大好きな心の狭い書記に使われる下男みたいな立場です。ひどく孤立してしまったものだから、また英国人たちの間へ戻りたくなりました。もちろん在日英国人には彼等一流の偏見やしきたりやがあることは承知していますが……

誰か当地（熊本）に自分と同類の魂がいて、時々意見を交わすことが出来たらどんなにいいかと思います、——そしてあなたこそその魂なのです。一緒に話したり、街燈のともった町並を散歩したい。しかしそれが出来なくとも、時々は手紙を書くことはできましょう。あまりお忙しくない時は、どうか私に手紙を書いてください。必ずすぐお返事を差上げますから。

そして東京時代の初期には次のような意味深長な手紙をハーンは雨森に寄せている。

東京に住んでる連中が文化人面をしてるのは不愉快千万です。あれは贋物です。高次の不可知論の思想史的位置について正確に述べることのできる西洋人はこの首府に一人だっていやしない。その主題に関する書物を全部渡してやってもきちんと述べることができないのです。こうした連中は十九世紀の思想を十八世紀流の観念で割り切ろうとする。連中は言葉の字面を読んでそれで思想を読んだつもりになっている。それはまるで私が漢字の字面を眺めてそれで漢文が読めるといってるようなものです。

ハーンが上京して腹を立てた相手はフロック・コートを着た半ば欧化した日本人に対してだけではなかった。帝国大学の西洋人教授もその西洋中心主義の放言でもってハーンを深く傷つけた。ケーベル博士は、もともとスペンサーごときは哲学者として認めない教授であったが、

「異教徒は皆霊魂を救うために焼き殺すべきである。また全世界はローマ旧教の支配を受けるようになるがよい」

と放言した。それは半ば冗談ではあったが半ば本気であったから、ハーンは深く傷ついた。かつての友人チェンバレンは手紙で言及されている「十九世紀の思想を十八世紀流の観念で割り切ろうとする」ヴォルテールの流儀を汲む男であった。神道評価をめぐる宗教問題となると、チェンバレンの浅薄さ加減が鼻についた。ハーンは在京の文化人面に厭気がさして、

「飴屋、八百屋、辻占売、お遍路さん、そうした人たちの世界こそ私の世界です」

と言うようになった。雨森も書く。

ハーンは単純素朴な、率直な人々を愛した。そうした人々となら有態に語り合うことが出来たからである。だからハーンはお百姓や職人や職工や漁師と立混ることを好んだのである。

そして明治三十年夏、富士登山をした後にハーンが寄越した次の手紙の一節を引いている。ハーンは富士登山で難儀した。

……多分問題は私が年取って肥っていたからでなくて、私が強力《ごうりき》たちが言うところの「豚足《ぶたあし》」だったからと思います——小さな細い足なもんだからなにもつかめない。それで下山に際して強力は足袋と草鞋を穿かせてくれました。それはぴたりと足にはまって気持よかった。いずれにせよ富士登山をして素晴しい、忘れがたい体験をしました。その体験は、山頂から日の出を拝んだ、いまは亡き人々の群に私がいつか加わるまで、私の脳裏に残るでしょう。あの強力たちの思い出もなにか有難いもの、心懐しいものとして残ります。なんというすばらしい善良快活な心の持主たちでしょう。こんな事を言うと失礼に当るかと思いますが、新日本のお役人たちが皆あの強力のようであってくれればよいが、と思います。

ハーンと雨森の仲は、小泉一雄が言うのとは違って、東京時代の終り、ハーンが牛込から大久保に越した明治三十五年三月以後も依然としてきわめて親しいものがあった。引越し直後にハーンが寄せた手紙には次の一節がある。

私の現在の大学の勤務時間は午前と午后ばらばらに分れています。だから貴君はもしかすると私が外出して留守している間に拙宅を訪れるかもしれない。それで家人に命じて、私が居ようが居まいがともかく貴君を座敷に上げて引留めておくよう言いつけてあります。拙宅は今度引越してだいぶ快適になりました。(ただ出雲の家中屋敷に比べればはるかに劣りますが)。書物も整理がつきました。東京のかなり辺鄙な地域にあたるこの界隈でお泊りになりたいなら、どうぞ拙宅にお泊りください。スペイン語で言うように「拙宅は貴君のものです」。もちろん貴君はお泊りになれるもっと素敵なお家を何軒も御存知でしょう。だがだからといって貴君にお会い出来て私以上に幸せな友人がそうしたよそのお宅に居られるかどうか——私は疑問だと申したいのです。

ハーンが上野の展覧会で気に入った絵があると、値がいくら高くても「安い安い」と言って買った話は節子夫人の『思ひ出の記』にも出てくるが、ハーンは雨森宛にこう書いた。

先日上野でなにが売物に出ていたのを見たとお思いになりますか。桜の精霊の掛物でわずか二円六拾銭でした。大喜びで飛びつきました。安いと思った。実に綺麗なもので表装した時お目にかけます。貴君が時々お休みになるお部屋に掛けるつもりです。そうすればこの次拙宅にお泊りになる時、その綺麗な桜の精が床の間から抜け出して貴君を愛撫するでしょう——ゴーチエの美しい物語にある織物中の女のように。

私はハーンと雨森の友情を語る上で、雨森の評論中にちりばめられているハーンの手紙をもっぱら引いたが、それに劣らず見事な描写は雨森その人が英文で綴った二人の——というか主計長《ペイマスター》のマクドーナルドを合めての三人の交友である。ハーンは雨森に、

「マクドーナルド君の友情を大切になさい。マクドーナルド君は貴君を本当に好いています。彼は鋼鉄の

ごとく信義に固い男です」

と書いたが、先に小泉一雄も回想した明治三十一年夏の海水浴の半日は、雨森によれば次の通りであった。

ラフカディオに会いに「親愛なる主計長」と一緒に鵠沼に遊びに行ったあの午后のことを忘れることはできない。……私たちは打ち揃って浜辺へ下りて行った。天気の好い日であった。私たちの七、八町ほど沖に江ノ島が絵のように浮んでいる。青海原に漂う緑の葉の繁みの塊のようである。左手には片瀬や稲村崎の松の茂った崖が海に突き出ていた。右手のはるか遠くには箱根や伊豆の山々が青くひろがる空に幽かに見えた。そしてそれらの山々すべての上に、神々が住み給うと伝えられる富士山の霊峰が天空に聳えていた。

私たちは裸になって大浪の中に飛び込んだ。ラフカディオは泳ぎの名人であったから、水中でとんぼ返りを打ってみせた。私たちはみな上機嫌で、海から上って来ると子供たちのように、アダム同然の恰好をして磯辺で遊び戯れた。仰天したのは小蟹どもで、私たちが追っかけたからである。穴へ逃げこもうとするのを邪魔したり、穴から掘り出して捕えたりもした。村の白い小犬も加わって一緒に蟹を追いかけた。だが断っておくが蟹を殺しはしなかった。私たちは面白半分に追っかけただけである。もっとも犬は犬流に蟹退治を行ったったが。

その日は本当に短かった。暗くなったので一同ラフカディオの宿に戻り、そこで子供たちと遊んだ。「親愛なる主計長」は長男の一雄に器械体操を教えこみ、ラフカディオと私とはアクロバットを競いあったが、それを見てハーンの妻君も子供たちも乳母も宿屋の女中もみな笑い転げた。翌日の勤めを思い出したのでマクドーナルドと私は横浜に帰ることにしたが、ハーンはその後間もなく帰京してこんな手紙を書いて寄越した。

「鵠沼では本当に素晴らしい一日を過しました。一生忘れません。これからまたいろいろの土地であのような一日を何回も過すことが出来るよう念願いたします。我等の親友を鵠沼まで連れて来てくださって有難う。それにまた愉快に遊ぶことが出来て心から御礼申しあげます」

雨森はハーンの東京の家に呼ばれた時の思い出も語っているが、話が具象的でハーンの日常の挙措がものの見事に点描されている。ハーンの煙管の蒐集にふれた後、雨森はこう書いている。

訪問客があると、ハーンはこうした煙管の一つに火を点け、まるで上司の機嫌を損ずるのをひどくおそれる人のような口の利き方をした。それからおもむろにポケットから眼鏡《モノクル》を取り出すと、最初はそれでもってまず庭を眺め、訪問客の注意をどこかの樹か岩に向けさせた。客がそちらを眺め、顔に光がよく当っている間に、ハーンはさっと振返り、稲妻のようにすばやくその横顔を一瞥する。それから眼鏡はポケットにしまって、会話は何事もなかったかのようにまたおもむろに続くのであった。

だがハーンのこの一瞥は、フラッシュをたく写真機よりもさらに強力だった。というのは彼は相手の全貌をその一瞬に撮し取ってしまうからである。相手の服の仕立ても色も材質も表情の特徴も、いや相手の頭の中の考えをも見抜いてしまうのであった。

雨森はハーンの晩年に彼の家に泊った。その際の思い出は、家庭の良き父ハーンとは別個の『怪談』の作者ハーンの面影を伝える一文である。

……私自身も夜ふかしをする方なので、その夜私は小泉家に泊って床の中にはいっても本を読んでいた。柱時計が一時を打った。それでもハーンの書斎にはまだランプの灯りがついていた。低い、しゃがれた咳かなにかが聞えた。具合が悪いのかな、と気になって、私は自分の部屋を出てハーンの書斎の方へ行った。しかし仕事中なら邪魔したくはなかったので、用心深く戸をすこしだけ開けて覗きこんだ。ハーンは例の高い机で夢中になって書いていた。鼻は原稿用紙にもうつかんばかりである。一枚また一枚とハーンは書き続けた。その途中ハーンはふと頭を上げたが、私が見たものは何であったろう。それは私が見慣れたハーンではなく、別人のハーンであった。その顔面はぞっとするほど蒼白で、大きな片眼は光り、彼はさながらこの世ならぬ何者かと情を通じているかのようだった。

一九〇五年当時、ボストン文壇で非常な影響力のあったグリーンズレットはこの一節を読んで、これこそハーンの天才の秘密を伝える文章だと思った。そして自分が『天の河縁起』へ寄せた序文を雨森の次の一節でもって締めくくった。

ハーンの内部には聖火のような浄い情熱が燃え、その炎の中に彼の精神は住んでいた。それが塵あくたから生命あふれる詩を呼び起し、人間思想の最高のテーマを把えたのである。

日本文化の案内書

いま紹介した『大西洋評論《アトランティック・マンスリー》』一九〇五年十月号の記事は、作家としてのハーンや、ハーンと雨森との交友関係を証してまことに貴重な証言である。その中に著者雨森その人の閲歴を解く鍵となるような言葉はほとんどなにもないが、それでもこんな一節があった。

雨森信成、ああ彼はおそろしく実用的な仕事——ガイドブック、ホテル、生糸取引、株式、そして政治

――に熱中している。彼は幸《さち》ある島へ旅するだけの時間のゆとりをほとんど持ちあわせていない。

これは三人称で書かれているが、明治三十三年も近くなった頃、ハーンが雨森に寄越した手紙の一節の引用で、ハーンはわざと三人称で雨森の活動――things awfully practical――を列挙したのである。それは雨森がいま少し自分と一緒に文雅の世界に遊んで極東の魅力をもっと自分にもわかち与えてくれまいか、という願望を裏返して表現したものだった。ハーンは続けて、

私は一度死んで生れ変らない限りはその魅力にふれることは出来ないのでしょうか。それとも不老不死の泉のかたわらで咲くような、私がいままで見たこともないような花を雨森信成が私のために見つけてくれるのでしょうか。

とも書いている。雨森との交友がハーンにとってどれほど貴重な意味を持つものであったかが、おのずと察せられる。こうした文章は、いってみればハーンの嘆き節であったが、初めに掲げた一節は、はからずも雨森が横浜にいてどのような実用的な仕事に従事していたかを示唆する文章ともなっている。書物ならばあるいは国会図書館に保存されているかもしれない。私は出掛けて和書の目録を調べたが、雨森信成の著書はなかった。しかし頭の奥でなにか閃くものがあって洋書の著者目録も検索してみた。すると一冊 *IMPERIAL HOTEL GUIDE BOOK FOR TOKIO* という本が見つかったのである。奥付だけが日本語で、明治二十五年三月出版、著作者は神奈川県平民　雨森信成　東京府麻布区六本木町一番地佐々木高行邸寄留、と出ていた。念のためにワシントンの米国国会図書館の洋書カタログ――カタログだけは東京でも調べることが出来る――にも当ってみた。すると日本についてもワシントンの国会図書館の方が情報をよりよく整理してあると

見えて、そこには雨森の著書が三冊あがっていた。一冊は例の *Lafcadio Hearn, the Man* であり、一冊は右の東京のガイドブックであり、いま一冊は横浜近傍のガイドブックであった。ハーンが guidebooks と複数に書いたのはやはりいわれのないことではなかったのである。

私ははじめ雨森がガイドブックを書いたと知った時、その志を疑った。しかし後にこの二冊の著書を手にして、自分の考えの非を悟った。本文百四十八頁の『東京案内』も、本文七十四頁の『横浜・鎌倉案内』も、ただ単に巧みな英語で綴られているだけではない。神社仏閣の由来を説き、故事来歴、歴史を語ることによって、来日外国人に日本文化を親しく理解させようという執筆態度なのである。一読して思い浮ぶことがあった。長く欧州に滞留した雨森は、彼地でかずかずの寺院旧蹟を訪ね、その際ベデカーをはじめ良き案内書から教えられるところが多大であったろう。それならば日本についてもそれに匹敵するものを自分も書いてみよう。そのように着想した時の雨森の心事は、西洋の都会を訪ねて索引付の地図を重宝した留学生森鷗外が帰国後、東京方眼図を作って世人の便宜を計った心事にどこか似ている。あるいは西洋の古寺巡礼をした人が、帰国後日本でも古寺巡礼を行い、西洋美術を見た目で京都の一級品を論じた気持にも似ている。ただ雨森の場合は、達者な英語の力を生かして、外国人観光客に向けて祖国の文化を英語で説こうとしたのである。その案内書の出来映えは後世の交通公社などが拵える無性格な英文案内書とはおよそスタイルを異にする。いまその一例を鬼子母神信仰の篤い横浜常照寺を説明する彼の英文を訳すことによって示してみよう。いったいこれが旅行案内書か、と思う人は世のいわゆるガイドブックに毒された人である。雨森が目指したものは日本文化そのものの案内書であったのだ。

鬼子母神常照寺

常照寺は横浜グランド・ホテルからおよそ二十七町の距離にある。この寺は仏教の女神である鬼子母《きしも》神《じん》（悪魔たちの母）を祀っている。民間に伝わる話によれば、鬼子母神は人肉を喰って生きている一千の鬼子《おにご》の母であった。母はその子等に食物を与えるために毎日人の子をつかまえては殺した。ある日、その人の子狩りから戻って来ると、自分の子が一人見あたらない。不安懊悩にとらわれて鬼子母神はその子を探してまわったが、隅々まで覗いても、見つからない。絶望のあまり憤怒《ふんぬ》の情にかられた鬼子母神は天を呪い地を呪った。天は自分の子を大切に守ってくれなかったからである。地は自分の大切な子を隠してしまったからである。しまいに疲れはてた鬼子母神は、失意落胆のあまりへなへなと地べたの上に横になった。すると釈迦牟尼がその面前に現れて鬼子母神に問うた、

「女よ、なぜそのように悲嘆にくれるのか」

「最愛のわが子の行方が知れぬようになりました時、どうして悲嘆にくれずにおられましょう。お釈迦さま、なにとぞ御慈悲でございます。もし出来ますことならばわが子をお返しくださいませ」

「お前の子供は残忍無惨な鬼に殺されて、その鬼の腹の足しとなっているやもしれぬ」

と釈迦牟尼が言った、

「ああ、どうかそのようなことはおっしゃらないでくださいませ」

と母親は言った、

「そのようなことは考えただけでも恐ろしくて死ぬような気持がいたします。ああもしわが子をつかまえて腹の足しにするような残酷無惨な者がおりますなら、必ずその仇《かたき》を取ってやりまする」

そう言うなり鬼子母神は立ちあがって、憤然と出て行こうとした。釈迦牟尼は女を引きとめて言った、

「瞋恚《しんい》の炎を吐きながら、一体お前はどこへ行くつもりか」

「どこへですと」

と女は答えた、

「わが子を殺した悪魔が誰であるか、そ奴の居場処をきっと突きとめてみせまする」

「まあ待て」

と釈迦牟尼がゆっくり言った、

「お前に子供を返してやれるかもしれぬ」

「御慈悲でございます。左様お願いでござります。是非わが子をお返しくださいませ」

母親は涙もせきあえずお釈迦様にすがった。

「しかしお前に返す前に」

と釈迦牟尼が申された、

「お前にひとつ尋ねたいことがある。いったいお前は、お前の千人の鬼子《おにご》を養うために毎日大勢の人の子を殺したが、その人の子の母たちも、いまお前が苦しんだと同様の苦しみを味ったのだ、と考えたことはないのか。お前には子供が千人いる。しかしその子の一人でも亡くせば、お前は悲嘆に沈み狂するごとくになったでないか。お前が殺した人の子たちは、その母御《ははご》にとってはかけがえのない一人子であったかもしれぬ。そうなれば母御の嘆き悲しみはお前の嘆き悲しみに幾層倍するものでもあったろう。さあお前もお前自身の嘆き悲しみから、わが子を養うために人の子を殺すことがいかほど悪虐非道なことであるか、よくわかったろう。これについてどう思うか、お前の考えを言いなさい」

鬼子母神はしばらく言葉につまったが、やがて激しく嗚咽すると、釈尊の足もとに突っ伏して言った、

「お釈迦様、お釈迦様のお言葉は、曇りました私の良心の上に燦々と照り輝く光のように降り注ぎました。その御光《みひかり》に照らしますと、以前の私の所業は言葉に尽せぬほど凶悪なものでございます。後悔に胸も張り裂けんばかりでございます。お釈迦様、なにとぞこの悩み苦しみからこの私をお救いくださいませ。この悩み苦しみは、私がわが子を亡くしたと思いました時よりもずっとずっと大きうございます」

釈迦牟尼は言った、

「前非を悔いる様を見て心嬉しく思います。お前のその後悔でもって幾百幾千という人の子が命を救われましょう。それでは私に誓いなさい、将来もう二度と人の子を殺しはせぬ、と」

「その通りにいたします。が」

と母は答えた、

「しかし私の子供はみな人の肉の味をしめてしまいました。もし私から子供たちにくれてやらないと、子供たちは腹を立てましょう。私に手向うやもしれません。子供たちだけで人の子狩りに出るやもしれません」

「人の肉の代りにいいものをあげよう」

釈迦牟尼はそう言って、おもむろに袋から柘榴《ざくろ》の実をいくつか取り出すと、それを母者人《ははじゃびと》に与えて、言った、

「これを食べて御覧。そうすれば味が似ていることがわかりましょう。これからは子供たちには柘榴をあげなさい。いかなることがあろうと人の子を食うような性悪な真似はしてはなりません」

鬼子母神はありがたく柘榴の実を味い、将来いかなることがあろうとも人の子一人殺さない旨を誓言《せいごん》した。すると釈尊は、幅の広い袖の下から、行方知れずとなっていた鬼子母神の子供を前へ押しやって、

「さあこの子をよく見て御覧。人殺しがいかによくないことであるか、お前も身にしみてわかったはずだ。その事が身にしみてわかるよう私が方便を考えたのだ。お前の居ない間にこの子を一人隠して、お前を世間の子を亡くした母親と同じ立場に置いてやったのだ。お前は前非を悔いたから、お前にこの子を返してやる」

「お慈悲深き仏さま」

と鬼子母神は手をあわせてお釈迦様を拝みながら言った、

「仏さまは私ごとき者にすら救いの手を差しのべてくださいます。私は罪深い者で、悪の中に溺れきっておりました。私をお助けになりこの子を返してくださいました仏さま。仏さまの御前で誓わせていただきます、私はこれから先、世のありとあらゆる人の子の救い手、すべての人の子の守り神にならせていただきとうございます。私は元、人殺しでありました。これから先は、この世の子という子に守りと救いの手を差しのべさせていただきます。そうして罪の償いの数々をさせていただきます。鬼子母神とその鬼子たちは人の子の忠実な守護者となりましょう」

——これが民間に伝わる鬼子母神信仰である。子供が病気になると、母親は快癒を祈りに鬼子母神に参拝する。子宝に恵まれぬ人々は、子宝を授かるよう鬼子母神に詣る。鬼子母神はまた歯痛《はいた》を治す霊験あらたかな神様であるとも信じられている。痛みを治したい人は願《がん》をかけて柘榴は食べないようにしなければならない。そして歯痛が快癒した時、お礼の徴《しるし》に鬼子母神に柘榴の実をお供えしなければならない。

常照寺の本寺は下総中山にある有名な鬼子母神中山法華経寺である。太田の岡の斜面に位置しているので、常照寺からは横浜市が一望の下におさめられる。お祭りは例年十月八日と十八日の間に執り行われる。

キングズリーやブルフィンチにギリシャやローマの神話や伝説をやさしく説いた書物があるが、雨森信成のこの『横浜・鎌倉案内』の一節を読んで私はそれを思い出した。仏教説話を英語で平明に説いてなんと見事であることか。——私はにわかに鬼子母神にお詣りしたい気持にとらわれた。常照寺はいま京浜急行電鉄南太田駅のすぐ北側にある。石段を登ると立派な山門があり、左に首つなぎ地蔵がある。戦前は八の日には子供たちに赤飯を炊いて出したものです、と大黒さんが案内してくれた。鬼子母神は口の裂けた、恐い顔をしていた。お寺の中で勉強していたらしい子供たちがランドセルを背負って、楽しそうな声を立てながら庫裏から出て行った。

「願が叶いますとお母様方がなにか子供の身のまわりの品を奉納するというしきたりはまだございますか」

「以前は草履を寄進なさったものでございます」

そんな質疑を私が大黒さんと交わしたのは、ハーンもこの近傍の鬼子母神をいまを去る百年前にたずねていたからである。

ハーンの影の人

ハーンはお稲荷さんの狐とか橋の人柱とか路傍のお地蔵さんといった民間信仰・民間伝承に深い関心を抱いた人である。雨森が物語る鬼子母神の説話も、人間性は根本的に善であり、魔の母といえどもその本性に善を秘めていることを教えているだけに、もしこの話をあらかじめ聞かされていたなら、必ずや自作の中に取入れていただろう。というのもハーンは来日二ヵ月後の明治二十三年六月、横浜から一日江ノ島へ遊んだ帰りがけ、すでに鬼子母神に立ち寄っていたからである。田圃の間を人力車で行くと蛙の声が絶え間なくて、一瞬ニューオーリーンズで聞いたカスタネットの音と夢見心地に錯覚した。右手に（ひょっとして常照寺だったのではあるまいか）樹の繁った緑の斜面の上に小さなお寺があった。

しかし『江ノ島めぐり』の筆はいま一つ冴えない。それはガイドの真鍋晃が、「鬼子母神は自分の子供をむさぼり食った」という似て非なる説明をしてしまったためである。そう言われて見ると本堂の鬼子母神は、お顔の器量はいいが、眼には妖しい光が浮んでいる、などともハーンは思った。

だがそうして与えられた誤った先入主にもかかわらず、ハーンは境内に、真鍋晃の説明とは違う、おだやかな雰囲気を本能的に感じた。『江ノ島めぐり』第二十節は次のような母性愛讃歌に終っている。

鬼子母神を訪れて帰りしなに思いもかけぬ驚きを覚えた。それは御礼の徴《しるし》のお供物の数々である。お寺の前に竹竿が幾本も高く立っていて、間を紐がぴんと張ってある。その紐から幾十着、いや幾百着もの小さなおべべ——色どり豊かな日本の赤ん坊のための着物——が吊るさがっているのだ。たいていは粗末な布地で出来ている。というのもこうした御礼の品をお供えするのはごく貧しい質素な女たち、貧しい田舎の母親たちだからである。しかし子供のために鬼子母神にお詣りした親の願いは有難くも叶えられたのだ。

この小さなおべべの一着一着が、母親の素朴な喜びや苦しみを物語っているが、つつましやかな母親の指で一生懸命、丹念に縫いあわされたこうしたべべの数々を見ると、心動かずにはいられない。この世界のどこへ行こうとも母性愛はひそんでいる。子供を思う母の気持がいまはしなくも私の眼前に示されたのだ。こんな名もなき人々のやさしい心、その信心、その報恩の念——それがいま私の周囲の一切の事物にそっとふれる。夏の風のそよぎのように優しく撫でるがごとくそっとふれる。

途端に外の世界まではっと美しくなったかに思われた。六月の光はより優しく甘美になり、永遠の一日の紺碧の中にも新たな魅力がにわかに加わったごとく感ぜられたのである。

ハーンは日本の母の優しい心にギリシャの瞼の母を思い出した。イオニアの紺青の海と紺碧の空とをいまこの極東の国の初夏の風に感じた。こうした鋭く温い感受性の持主であったから、もしも正確な由緒を聞かされていたなら、さらに合点するところが多々あったに相違ない。そしてこの例は、ハーンの傍にいて説明した人の重要性をあらためて思いおこさせるのである。いま彼の周辺に誰々がいたかを振返ってみよう。

まず来日初期、横浜時代の四ヵ月は、生活の目途も立たず、なにかと不如意だった。経済的にも心理的にも不安定だったのである。日本の第一印象はすばらしかったが、日本人の友人にまだ恵まれなかったために、自己の見聞の正確不正確をたしかめる術を欠いていた。それが松江へ行ってから事態が一変する。生活が安定し、節子とも一緒になった。中学の教頭西田千太郎が親切にしてくれて、懇切な説明を与えてくれた。すると感受性の焦点がぴたりと合い、日本知識が深まったこともあいまって、次々と好文章が生れて来た。

ところが熊本へ移るとまた具合が悪くなった。周囲に英語の出来る日本人教師はいるのだが、彼等は日本の事をおよそ知らない。ハーンは知的交友 intellectual companionship の欠如に悩みはじめた。その訴えを聞いて横浜在のマクドーナルドが雨森信成を紹介してくれたのである。以後ハーンは十余年の長きにわたって、雨森と文通を交わすこととなる。

ハーンは主として出雲地方に取材した来日第一作『知られぬ日本の面影』(一八九四年)については雨森の助言を得る機会はほとんどなかったであろう。しかし第二作『東の国より』(一八九五年)、第三作『心』(一八九六年)、第四作『仏の畑の落穂』(一八九七年)、そしてその後も毎年一冊ずつの割合で出された『異国情趣と回顧』『霊の日本』『影』等の書物に収められた文章には、雨森が材料を提供したもの、文章に眼を通して固有名詞などを正したもの、ハーンの質疑に答えたもの、が幾つも混っているように思われる。

その中で雨森の知見が生かされていることが確実に知られているのは『東の国より』に収められた『横浜にて』の仏教知識である。これは先にも引いた通りハーン自身がチェンバレン宛の手紙で述べているからである。『心』は雨森に捧げられた書物だけに『前世の観念』『業の力』『祖先崇拝についての二三の考察』などにも雨森から受けた説明が種々生かされているであろう。雨森はこのように「学者」として助けただけでなく、「詩人」としてもハーンに手を貸した。『ある保守主義者』は「愛国者」としての雨森の半生を描いた物語といえるが、その冒頭にローマ字でもって引かれた和歌、

あまざかる日の入る国に来てはあれど大和錦の色は変らじ

このいかにもナショナリストを象徴するにふさわしい歌は、雨森が自己の感懐を述べた旧作か、あるいはハーンの需めに応じてこの物語のために詠んだ新作であろう。日出づる国から日の入る国、西欧《アーベントラント》へ渡った時の気概を要約している点、poème de circonstance として悪くない出来映えではなかろうか。

同様のことは芸者といい条、その生涯を描いて明治の女を不滅化した『君子』の場合にもいえる。君子《きみこ》は柔和で貞節で、しかも底に強いものを蔵した女である。その作品の冒頭にやはりローマ字で引かれた三十一文字、

忘らるる身ならんと思ふ心こそ忘れぬよりも思ひなりけれ

は女の切ない心事を伝えて巧みだが、この謡曲『藤戸』などに見られる「忘れんと思ふ心こそ、忘れぬよりは思ひなれ」の句を応用した和歌もやはり「詩人」雨森信成が教えてくれたか乃至は作ってくれたにちがいない。

雨森自身は、自分が手を貸したことをおよそ言わぬ人であったが、それでも先の英文追悼記事の中で、ハーンは『心』に収められた『ある保守主義者』を書き了えるのに二年間近くを、『仏の畑の落穂』に収められた『涅槃《ニルヴアナ》』を書き了えるのに三年以上を要したことを私は個人的にも識っている。

と述べている。その種の経緯に通じているのは彼がその材料提供者であったからである。

ハーンが雨森の無私の助力に深く感動したことはいうまでもない。それだからこそ明治二十九年、『心』を「詩人、学者、そして愛国者なる我が友人、雨森信成」に捧呈したのである。それだけに『心』が出版さ

れ、ただちに贈呈したにもかかわらず、雨森から受領の挨拶がなかった時、ハーンはたいへん気に病んだ。『ある保守主義者』で自分は雨森を誤って書き伝えたか。またその作に限らず他の作でも、彼が提供してくれた材料をふんだんに使ったが、しかし自分は雨森の名前をまったく表に出さなかった。そのことで雨森が腹を立てたか、と懸念したのである。しかし返事がなかったのはそうではなく、雨森が大きな事故に遭って一月ほど横臥を余儀なくされたからだった。往時を回顧して雨森は『大西洋評論《アトランテイツク・マンスリー》』誌上にこう書いている。

精神照応《テレパシー》は科学的にも根拠がある――そんな事が実証されたなら、次の件はその一例ともなるだろう。一八九六年五月初め、私は人力車に乗って丘から坂を下る途中、事故に遭った。車夫が躓いたのである。坐席からすぐ私は飛び降りたが、着物がなにかに引っ掛って、真逆様に地面へ落ちた。路傍の石に肩を打って、左腕の骨がはずれてしまった。病室で横臥を余儀なくされ、暫くの間はハーンに手紙を書くことも出来なかった。事故に遭ったことをやっとハーンに知らせてやった時、ハーンは六月六日付の手紙で次のような返事を寄越した。

「私は『心』の中のなにかであなたが腹を立てられたのではないかと心配しておりました。それでもうお手紙をくださらないのではないかと懸念しておりました。そうした折も折、四日の夜、私はあなたについて実に奇妙な夢を見たのです。あなたは向って右の肩の付根あたりを指してなにか仰言った。意味はわかりませんでした（夢の中で声を聞くことは稀です。言葉を感じるのがせいぜいです）。がともかくあなたがひどく傷ついていることがわかった。私は肺をやられたな、と思いました。それから目が覚めて、『なんだ、夢か』と申しました。それでもその時刻は書き留めておきました。それだけにあなたのお手紙は私を驚かしたのです。私共二人の間には私が知っている以上の霊的な共感があるのやも知れません」

私が病床にあった時、ハーンが寄越した手紙はいつもこのような語調で書かれていた。

「霊的な共感」と訳したが、ハーンの英語はghostly sympathyである。雨森はハーンが仏教や神道の教義的・学理的な方面だけでなく、そこから派生した説話や俗信、怪談や奇談にも興味を寄せていることをよく承知していた。『霊の日本』*In Ghostly Japan*は一八九九年刊行で、ハーンの関心はその題名にも出ているが、この本にも、

夜ばかり見るものなりと思ふなよ昼さへ夢の浮世なりけり

の一首が引かれている。やはり雨森が貸してくれた智恵かと思われるが、この歌もこの一巻の巻頭を飾るにいかにもふさわしい三十一文字である。中に収められた『悪因縁』は『牡丹燈籠』に取材した作品だが、作中ハーンに向って「西洋の読者がまだほとんどなにも知らない、日本の庶民の超自然的なるものについての感じ方、考え方を説明する上でこの話の怪談めいた部分は役に立ちますよ」とすすめてくれた人物は「なにかというと東洋哲学の迷路を上手に案内してくれる一友人」であった。小泉一雄は『父小泉八雲』の中で『牡丹燈籠』の英語下訳をしたのは、松江中学でハーンから英語を習い、逓信省にその後勤めた折戸徳三郎だと述べているが、しかし東洋哲学の迷路をきちんと案内してくれた人は中学卒の折戸ではなくて雨森だったに相違ない。

なおハーン一家が横浜へ招かれた時、食後の余興に雨森が謡曲を聞かせた話はすでに引いたが、それは「能楽にも達した」雨森が御自慢の謡いを披露しただけのことだったろうか。ハーンを、此岸と彼岸とをシテが出入りする、字義通りghostlyな夢幻能の世界へ誘おうとしてのことではなかったか。世間の人々は能楽を高尚なものと見做し、怪談を低俗視して、両者を別個のジャンルに属するよう割り切りがちだが、実は

片方でお化けの話がひろまる土壌が底辺にあればこそ、もう片方で能楽が花ひらくという日本の国柄を見落してはならない。冥暗の世界と現世との中間に漂うもの、そのカミに取囲まれているという意味での神道的風土にハーンは惹かれたのである。

西洋洗濯屋

英語世代ともいうべき一群の鮮やかな英語使いが日本に生れたのは一八六〇年前後のことで、彼等は中等教育から高等教育にかけて英語に漬って育てられた人たちであった。主著をことごとく英語で書いた岡倉天心は一八六二年生れ、著作の三分の一を外国語で発表した新渡戸稲造は一八六二年生れ、内村鑑三は一八六一年生れ、米国通として海軍で重きをなした斎藤実は一八五八年生れ、森鷗外は医学を学びもっぱらドイツ語を得意としたが一八六二年の生れである。世間には日本人の外国語を駆使する力も時代とともに進歩したかのように錯覚する人がいるが、右にあげた人々の力に比べれば今日の日本の大学の外国語教師の平均的な実力がはるかに及ばぬものであることはいうまでもない。

だが幕末期に生れて明治初年に育ったこの英語世代の中で、有名になった他の誰に比べても英語の実力という点で遜色ない英才は、一八五八年生れの雨森信成であった。この英語世代の特色はその多くの人が、自国の秀れた面を外国に伝えたい、という愛国の衝動に駆られて英文で著述した点にある。そして岡倉が『茶の本』を、新渡戸が『武士道』を、内村が『代表的日本人』を英語で著わしたように、雨森も後に『大和魂』を書くのだが、それより先の明治二十五年、すこぶる実利的なやり方であったが、雨森は帝国ホテルのために英文の東京案内書を書くことで、仏教や神道などの日本文化を西洋人に説き明したのであった。その第一作の成功に励まされて数年後には横浜グランド・ホテルのために横浜・鎌倉の案内書を作成した。著者名の下に **M. R. A. S.** とあるのは雨森がロンドンの「王立アジア協会」の会員だった印だろう。この ***The***

Grand Hotel Book for Yokohama and Immediate Vicinity は、題名を異にするものを含めて明治三十年代から著者没後の大正年代にいたるまで幾度か版を重ねた模様である。横浜が日本の表玄関であったころ、遠来の賓客はまずグランド・ホテルに投じた。そしてその客の幾人かはこのガイドブックを片手にあるいは市中へ、あるいは鎌倉へと観光に出掛けたのだった。

雨森が海外旅行者としての前半生の体験を後半生に生かしたものは東京や横浜の案内書だけではなかった。西洋でホテルに泊ってクリーニングという日本とは違う洗濯業の存在に気づいていちはやくそれを導入した。雨森が横浜で「西洋洗濯屋」と呼ばれたのは、ただ単に西洋人相手の洗濯屋という意味ではなく、西洋式洗濯業という意味も含まれていたのだろう。当時の東海道筋の宿屋がまだ井戸端や川で敷布や下着を洗っていた時、雨森はいちはやく舶来の洗濯機械を用いて「衛生」を売物にした。店主が外国語に堪能ということもあって一頃は横浜の外人宅の洗濯物を一手に引受ける繁盛ぶりだったのであろう。グランド・ホテルにも始終出入りしたが、単なる出入りの洗濯屋の主人という以上の一個の名士、ホテルの支配人の友人として遇せられたに相違なく、海外から名士が来日するとよく紹介された。そんな縁から日本に立寄るほとんどあらゆる外国著述家に日本を説明するという廻り合せにもなったのだろう。「何を尋ねても知らぬ事のない不思議な雨森」は横浜居住の西洋人の間でかなり知られた人物だったようだ。

米国海軍の主計官ミッチェル・マクドーナルドが第一回の横浜在勤中、雨森を熊本在のハーンに紹介したことはすでに触れた。ここであわせて述べておくと、マクドーナルドの日本駐在は計五回に及び（明治二十一–二十四年、三十一–三十三年、三十五–三十八年、四十四–大正三年、九–十二年）、来日するたびにハーンやその家族を助けた。主計官としては最高位の少将にまで昇進して退役したが、その後はほかならぬ横浜のグランド・ホテルの社長となって、早大英文科を卒業してもぶらぶら遊んでいるハーンの遺児一雄を一時ホテルに雇ったこともあった。もっともその仕事は一雄にはまったく向かなかった。マクドーナルドは不幸にも大正十二年九月一日、関東大震災の日、倒壊したホテルと運命を共にした。一雄はその日仕事を休んでいたので助かった。横浜に住んでいた雨森の子供夫婦もやはりその時に亡くなった。

このマクドーナルドと雨森とは実によく気が合ったらしい。雨森がハーンと会った記録には必ずといってよいほどマクドーナルドの姿を傍に見かける。ハーン一家が横浜へ食事に呼ばれた日、二人が牛込のハーンの家へ呼ばれて泊った日、二人が明治三十一年夏小泉家の避暑先の鵠沼へ現れてハーンとともに水泳を競った日、そして同年一月のハーンのマクドーナルド宛の手紙には、やはりマクドーナルドが雨森を誘って三人で一緒に昼食し、ついで大森に遊んだことが記されている（大森は当時はまだ東京郊外の閑静な遊楽地であった）。その日雨森は今度は自分がお二人を鎌倉へお招きしようと提案した。この横浜の実業家は鎌倉に別荘を持っていたらしい。ハーンはマクドーナルドにこう書いている。

時候のいい頃に、昨日大森で遊んだと同じように今度は鎌倉で楽しく一日を過したいものです。それを楽しみにしています。雨森氏のことだからきっと鎌倉で思いも掛けぬものを見せて私たちを喜ばせてくれるでしょう。いま生きている人で雨森氏ほど鎌倉をよく知っている仁《じん》はほかにおりますまい。あの人は滅多な人には自分の知識をわかち与えない人です。

そしてマクドーナルドと雨森がハーンの葬式に現れてこの二人の偉丈夫が涙のうちに遺族を慰めてくれた日……

米国海軍主計官マクドーナルドが横浜に居を卜したのは、この日本最大の港が太平洋をはさんでアメリカに対していたからである。雨森が横浜に居を卜したのは、この港町であれば、一私人としての彼もその卓抜した外国語の力を存分に生かして、働くことが出来たからである。雨森は横浜の「顔」であったが、同時に彼は自分が日本を代表する「顔」であることも意識していた。彼が内外の英字新聞に寄せた英文の調査はまだ徹底して行われていないが、そこに示された意見は私人のそれだけでなく、陸奥宗光などの意向を体したものも混っていたに相違ない。

愛国者

雨森は来日外国人著述家に智恵を貸した。『アジアの光』の著者エドウィン・アーノルド卿に仏教知識を授けた。しかしハーンの手紙から察すると、雨森は商人といってもけっしていつも腰の低い人とはいえず、来日作家といい条その実一過性の世界漫遊家《グローブトロッターズ》に過ぎぬ人に対しては明からさまにいやな顔をしたこともあったらしい。雨森は白人を自己と対等に扱うアジア人として、時に尊大の印象を西洋人に与えもしたのであった。

ではその多忙で、自尊心の強い雨森が、なぜハーンに対してのみは惜しみなく助けたのであろうか。文通はハーンが熊本にいた三年間、神戸にいた二年間、そしてその後半ではやや減ったとはいえ東京時代の八年間を通じても長く続いていたように見受けられる。それはハーンとの文通が雨森にとっても益ある交際だったからに相違ないが、しかし雨森がハーンを無償で助けて十余年、黒子《くろこ》に徹した裏には、そうした単なる知的社交の域を越えたものがあった、と私は思うのである。

ハーンと松江中学校の西田千太郎との友情はよく知られている。西田はハーンよりも年少だったが聡明で、英語もよく出来、人物も立派だった。教頭としての責任感から外人教師の世話をするうちに友情はごく自然に発展していったのである。この二人は、いってみれば「君」「僕」と呼びあう仲であったが、ハーンと雨森の間柄はそうではなく、もっと隔てがあった。フランス語でいえば終始 vous を互いに用いたような間柄である。ハーンと雨森と、会うより先に長く文通したという関係も、一つの距離を置いたのであろう。

前にも述べたが、ハーンは松江に限らず熊本でも英語で日本を説明し、疑問に答えてくれる日本人を求めた。その際ハーンがはじめ親しくし、後にいちばん幻滅した人は第五高等学校の英語教授佐久間信恭であった。札幌農学校に学んでクラークの影響下にクリスチャンとなった英語の達者な佐久間は、西洋文明を礼讃するに急で、日本的価値を解さなかった人である。というかおよそ日本的なるものを貶しめることに快を覚えるタイプだったからである。――そして東京に来てから後にハーンはこの種の人に会うのがいやでたまらなくなった。それというのも帝国大学の同僚中には西洋文明のみを文明と見做す教授が、ケーベル博士のような西洋人教授に限らず、擬似西洋人とも呼ぶべき日本人教授の中にも多かったからである。ハーンはそうした人々の中で、古武士の面影を留める人として熊本では秋月悌次郎、東京では根本通明を敬愛したが、残念なことにハーンは彼等の日本語を解せず、彼等はハーンの英語を解さなかった。しかし言葉は通ぜずとも、ハーンの人間を見る眼がいかに確かであったかは、松本健一氏の評伝『秋月悌次郎――老日本の面影』（作品社）によっても十分証されたように思う。

一方、雨森信成は、外国にさらされた日本人の常として伝統的価値に目醒め、それを西洋人に向けても強調したい衝動に駆られていた。そのような心性の持主であるだけに、日本人の立場に内なる共感を示すハーンに人一倍惹かれた。それは今日でも私たちがハーンの著作を読んで覚えるあの不思議な心の共鳴のなにかなのだが、雨森はそのハーンへの傾倒を『横浜・鎌倉案内』の中にハーンからの引用を六回加えることで示した。雨森は、自分が日本について西洋人に向けて語りたいことをハーンが自分以上に巧みに英語で代弁してくれている、と感じた。鬼子母神の伝承を説くことで仏教の慈悲の観念を西洋人読者に説明する雨森の語り口はすでに引いたが、いかにも達意の英文である。しかし鬼子母神に奉納された手縫の赤ん坊の着物の数々に日本庶民の母子の情を感じるハーンの感受性はいっそうさといものである。そしてハーンが『加賀《かか》の潜戸《くけど》』（In the Cave of the Children's Ghosts）で日本の母の亡き児を思う情を描く時、その文章はそれよりさらに切実味を帯びるものである。そのハーンの紀行文は百年後の今日も入沢康夫氏の詩魂を呼びおこして、あの海の波のどよめきを内に伝える詩『死者たちの群がる風景』を生んだ。雨森も、ハーンのその種の文章を読んだ時、心打たれ、同気相通じるものを感じたであろう。そして日本人の英文著述家が自家宣伝的に日本について書くよりも、この外国人著述家に書いてもらう方が、比べものにならぬほど信憑性も出る、と思ったに相違ない。言いづらいことだが、日本人の英文著述については、新渡戸稲造の *Bushido* も内村鑑三の *How I Became a Christian* も、日本国内でこそいまなお名著としてもてはやされているが、外国ではややもすれば疑惑の目で見られているのが実相である。とくに後者のごとき、異教徒の改宗心理の記録としてヨーロッパのキリスト教宣教関係者の間では注意を惹きもしたが、内村が読者として想定した肝腎の米国では、出版当時まったく問題にもされなかった。

そのような実態を冷厳に見つめるなら、雨森自身がなにか英文著述を試みるより、その学識をハーンの用に供して、ハーンに書いてもらった方がより一層自分も生きる。雨森はそう感じたはずである。そして「愛国者」雨森は日本を世界に伝えてもらうために、十余年の長きにわたって、自分の知識をハーンにわかち与えたのである。

しかし雨森から材料をわかち与えられたハーンもまた偉大であった。ハーンはそうした材料を消化して自分自身のものとせぬ限りは、絶対それを使わなかったからである。著述家としてのハーンの偉さ、文筆の職人としてのハーンの面目もそこにある。またそれだからこそ両人の交際が十余年の長きにわたって続き得たのではあるまいか。いまその見地から『ある保守主義者』に見られるハーンの独創性を再検討してみよう。

富士山の意味

なるほど『ある保守主義者』の閲歴の多くは雨森が書き送った材料に依拠したのだろう。「小説とはいえない」とホーフマンスタールに評されたように物語の主人公の半生はあくまで濃縮された筋のみであった。

この骨格に具体的な経緯まで書きこんだならば、『ある保守主義者』はそれこそ明治日本を物語る好個の教養小説《ビルドウングスロマン》ともなり得たかもしれない。

しかしその種の肉づけをすることは外国人ハーンには及びがたいものであった。しかもハーンは「物語を勝手に拵えること」を日本研究者としてなるべく控えたし、それに素質からいってももともと交響曲的な大小説を書くという型の作家ではなかった。それで主人公の性格づけ、いいかえれば個性化は行わず、作中に固有名詞は用いず、境遇もとくにどこと特定しないままに終ったのである。もっともその省筆のためにこの伝記が一般論として通用するメリットを持ち得たことについては先にふれた。それではそのように肉を削いだスケッチが、どうして文学者ハーンの個性を刻印した代表的作品となり得たのだろうか。ハーンはまず主人公の半生を理解した。知的に摑んだだけでなく感情的にも追体験することを得た。だがハーンはあくまで筋のみを語った。ところが一日本知識人と西洋文明との対決のこの物語は、その最後の第九節において俄然赫奕たる光彩を発する。それはそこまでの節が肉付けを欠いていたために一際ひき立つ、色彩豊かな、感性に訴える散文なのである。

外国で長く苦労した、明治の反政府側の一自由思想家だった人が、いま祖国と和解して、船に乗って日本へ回帰してくる。

それは一点の雲もない四月のある朝、日の出のすこし前であった。暁闇《ぎょうあん》の透明な大気を通して彼はふたたび故国の山々を見た、――彼方遠くの高く尖った山脈《やまなみ》は、インク色をした海のひろがりの中から、黒く菫色をして聳え立っていた。流浪の旅からいま母国へ彼を送り届けようとする汽船の背後では、水平線はゆっくり薔薇色の焔で満たされつつあった。甲板にはもう何人かの外人船客が出て、こよなく美しいといわれる太平洋から望む富士山の第一景を眺めようと心待ちにしていた。朝明けに見る富士山の第一景は今生でも、また来世でも、忘れることのできぬ光景であるという。皆は長く続く山脈をじっと見つめていた。そして深い夜の中から峨々《がが》たる山岳の輪廓がおぼろげに見える上のあたりをじっと見まもっていた。そのあたりでは星がまだかすかに燃えていた。しかしそれでも富士山はまだ見えなかった。

「ああ」

と皆に訊《き》かれた高級船員が微笑して答えた。

「皆さんは下の方ばかり見過ぎますよ。もっと上を、もっとずっと上を御覧なさい」

そこで皆は上を、ずっと、ずっと上の、天の中心の方を見あげた。すると力強い山頂が、いま明けなんとする日の光の赤らみの中で、まるで不可思議な夢幻《ゆめまぼろし》の蓮の花の蕾のように、紅《くれない》に染まっているのが見えた。その光景を見た時、皆は心打たれてひとしくおし黙った。たちまち永遠の雪は黄色から黄金《こがね》へとすばやく色を変じ、太陽の光線がその山頂に達するやさらに白色に変じた。日の光は地球の曲線の上を横切《よぎ》り、影深い山脈の上を横切り、また星々の上をも横切って来たかのようであった。というのも巨大な富士の裾野は依然として見えないままであったからである。そして夜はすっかり逃げ去った。おだやかな青い光が天空をことごとく浸すと、さまざまな色彩《いろど》りも眠りから目覚めた。凝視する船客の眼前に光に満ちた横浜湾が開けた。聖なる富士の高嶺は、限りない日の光の穹窿の中天にかかって、その裾野は依然として目に見えぬまま、まるで白雪の霊のごとくであった。

流浪の旅から帰って来たその人の耳には、「ああ、皆さんは下の方ばかり見過ぎますよ。もっと上を、もっとずっと上を御覧なさい」という言葉が響き続けた。そしてその言葉は、彼の胸中に湧きあがる抗いがたい、大いなる無限の感動と、いつか茫洋たるリズムをあわせた。するとすべてがぼーっとにじんだ。もう空高くの富士の山も、靄がはれるにつれて青から緑に色を変じつつ近づいてきた手前の岡や小山も、湾中で混みあっている大小の舟も、また近代日本の一切の事物も、彼の眼には見えなくなった。その時彼の心の眼に見えたもの、それは古き日本であった。春の匂を帯びてかすかに香る陸の風が彼の頬を吹き、彼の血にふれた。そして長い間かたくなに閉ざされたままであった記憶の細胞の中から、彼が一度は忘れようとつとめたもの、一旦は捨てさったものの面影を激しく揺さぶった。身内の死んだ人々の顔がまざまざと彼の眼前に浮んだ。もうお墓に埋められて何年も経つ故人の声がはっきりと彼の耳に聞こえた。ふたたび彼は父の屋敷の中の小さな子供に返った。明るい一間《ひとま》から一間へと子供は駈けまわり、木の葉の影が畳の上でふるえている日の当る縁側で彼は遊んでいた。あるいはまた庭先のおだやかな緑の夢みるような平和な風景をじっと見つめていた。ふたたび彼は母親の手がそっと自分の手を握ったのを感じた。毎朝毎朝、神棚の前、御先祖様の御位牌の前へ幼い足取りの自分をお詣りに連れて行ってくださった母親の手を。するといま大人《おとな》のこの人の唇が、突然新しく見出した意味に新しく心打たれつつ、幼い日々何気なく唱えたあの単純な祈りの言葉をふたたびそっと低い声で繰返したのであった。

ハーンはまことに印象深く富士山を描いた。この富士山はそれより六年前の一八九〇年四月四日、ハーン自身が太平洋を渡って横浜へ着いた時にすでに目撃した遠景であった。その時の描写をいま再度生かして用いるために、ハーンは主人公の日本帰国を「一点の雲もない四月のある朝、日の出のすこし前」に設定したのであった。

だが同じ富士山を描いたにしても、先に引いた五年前の『日本への冬の旅』と『ある保守主義者』の最終節とでは意味づけがまったく異っている。前者は文字通りの紀行文でしかなかったが、後者では富士山が日本人に対して持つ精神史的意味がはっきりと示されている。主人公が富士山はどこかと探して、

"Ah! You are looking too low! —— higher up —— much higher!"

と高級船員に言われてはっとする。なぜならその言葉はただ単に場所を差し示す句としてではなく、精神のあり方を差し示す句として、読む人の心に訴えるからである。海外に勤務していた明治の日本人が英米人があまりにハーンを褒めるのを聞き、この一節を読んだ時の感銘はいかばかりであったろう。小村寿太郎も読んだ。幣原喜重郎も読んだ。そして作中の主人公が、

「皆さんは下の方ばかり見過ぎますよ。もっと上を、もっとずっと上を御覧なさい」

と言われた時、その言葉は読む人の心魂に徹したに相違ない。

風景描写そのものも『日本への冬の旅』はやや散漫であって、行と行との間に隙間が感じられるが、『ある保守主義者』では富士山が祖国の象徴としての意味を荷うて描かれているだけに、日の出の光景そのものが二重の感動を帯びる。ここでは富士山の外的な印象のみが写されているのではない。ハーンは外国人でありながら、富士山が日本人にとって何を意味するかを共感をもって了解し、人生のこの貴重な瞬間において私たちの血や追憶の中によみがえる魂を捉えたのである。

実際二つの文章を読み比べると、この六年間のハーンの筆力の冴えに心打たれる。その推敲、凝縮の力にもましてハーンの日本理解の心根の深さに感動を覚える。父の屋敷の中の昔の小さな子供に返った主人公は、明るい一間《ひとま》から一間へと駈けまわり、「木の葉の影が畳の上でふるえている日の当る縁側で遊んでいた」。日本人の心の故郷のこんな描写は、ハーンが小泉家の父として優しい心で日本の子供の遊ぶ様を見つめていたからこそ捉えることの出来た光景である。母なる世界への回帰は、幼時に母と生き別れたラフカディオにとっては、永遠の主題であったが、いま母なる世界への回帰と母国への回帰の二つの主題がこの作品の結びでものの見事に合一するのである。すでに亡きはずの母親の手がそっと自分の手を握って御先祖様の御位牌の前へ連れて行ってくれる。

するといま大人《おとな》のこの人の唇が、突然新しく見出した意味に新しく心打たれつつ、幼い日々何気なく唱えたあの単純な祈りの言葉をふたたびそっと低い声で繰返したのであった。

祈りの言葉の内容は明示されない。それは「南無阿弥陀仏」であってもよい。しかしそれが特定されていないのは、この母の懐への回帰が、特定の個人や特定の教義によるものではなく、普遍的な現象としての、敬虔な魂の回帰であることを示唆しているものといえよう。

『ある保守主義者』を読んで、そこに自分が提供した知識の数々を読みとった雨森であったが、その彼もこの最終節にいたった時は、この物語がもはや自分の物語ではなく、完全にハーンの作品と化していることを身にしみて感じた。そしてこの影の人は、自分が一日本人として言いたかったことを、ハーンが代って自分以上に鮮やかに述べてくれたことに対し、深く謝するところがあったのである。

ハーンの雨森宛書簡が、また雨森のハーン宛書簡が、ともに世に出ることが万一あるならば——その二つのことを私は切に望むが——二人の東西稀に見る知的交友についての真実がいっそう明らかにされるであろう。しかし律儀な明治の人雨森は、自分が素材を提供したことを明かせば、ハーンの仕事の実相が世間に知れ、ハーンの名声に疵がつくことをおそれて、その間の経緯は一切伏せてしまった。しかし雨森としてみれば、『ある保守主義者』の主人公として描かれた以上、自分の仕事は十分酬われた、と思ったことでもあろう。誇張した言い方が許されるならば、あの一文にまさる墓碑銘は、今生にもまた来世にも、あろうとは思われない。そうしたこともあって雨森はハーンの死後、グリフィスの問合わせに接するまで、『ある保守主義者』のモデルであるということを自分からは一切口にしなかった。雨森信成が世に忘れられた人として、死後八十年間光を浴びることなく打捨てられていた理由の一半は、こうした事情にも由来する。

第三部　埋もれた市井の思想家

グリフィスの一生徒

福井県立武生工業高校教諭山下英一氏は篤学の士である。山下氏は英語教師として福井の英学の歴史に興味を持った。福井藩は幕末期に他藩に先がけて洋書習学所を設置した開明的な藩であった。「仁義忠孝ハ我ニ存ス、器械藝術ハ彼ニ取ル」と主張したのは橋本左内である。藩主の春嶽松平慶永は熊本から横井小楠を招き、次々と大胆な新政策を実行させた。小楠は維新に先んじること二年の慶応二年には甥の左平太・太平兄弟を変名させて米国へ留学させた。留学先はニュージャージー州のラトガーズ大学である。翌三年には小楠に励まされて福井藩士日下部太郎が渡米する。日本人で学業優秀の故をもってファイ・ベータ・カッパ会員に選ばれた最初の人である。しかし彼は明治三年、ニューブランズウィックで亡くなった。

そのような日本の俊秀を迎えたラトガーズ大学は当然日本に関心を持った。そして学生時代横井兄弟に英語を教え、日下部太郎にラテン語を教えたことのあるウィリアム・エリオット・グリフィス（一八四三―一九二八）は卒業するや福井藩の招聘に喜んで応じ、明治三年来日、翌四年の三月から藩校明新館で教壇に立つのである。こうして福井の英学は一時期、時代の先端を切った。

山下英一氏は郷土のこの英学史を丹念に調べ、グリフィス著『明治日本体験記』を平凡社東洋文庫から刊行した。これは William Elliot Griffis : *The Mikado's Empire* 第二部の翻訳である。その間渡米してグリフィスの母校ラトガーズ大学を訪ねアレクサンダー図書館のグリフィス・コレクションも調査した。その時、その中に恰幅のよい、堂々たる一日本人の写真を見つけたのである。Yours faithfully／Nobushige Amenomori.／Dec. 21. 1904. と署名があり、裏にグリフィスの字でこう書いてあった。

Lafcadio Hearn's dearest friend, interpreter, helper, biographer, to whom Mr. Hearn dedicated one of his books and wrote of as "An Oriental Conservative." Mr. Amenomori visited Europe and came home intensely Japanese than ever. Originally, a pupil of W. E. Griffis at Fukui, in 1871. Quaffed Occidental civilization and rejected it. Notable contribution to the *Atlantic Monthly,* during the Russian War.

雨森信成氏はラフカディオ・ハーンの一番の親友であって、ハーンを助け、解説の労を取り、ハーンの死後その伝を書いた。ハーンは雨森氏に自著の一冊を捧呈し、氏を「ある東洋の保守主義者」として描いている。雨森氏はヨーロッパを歴訪し、出発前よりもはるかに熱烈なる日本人として帰国した。はじめはW・E・グリフィスの福井における生徒で、一八七一年（明治四年）のことであった。雨森氏は西洋文明をがぶ飲みした挙句に吐き出した人である。日露戦争中に『大西洋評論《アトランテイツク・マンスリー》』誌に注目すべき寄稿を行なった。

グリフィス研究に打込んでいた山下さんはこのグリフィスの生徒にも関心を寄せた。漠然と横浜あたりの人と思われていた雨森が、意外にも福井の人であることがわかったきっかけはこの写真の裏の「グリフィスの福井における生徒」という一節だろう。福井の人山下さんは雨森信成が福井藩士、松原十郎の次男であること、福井の明新館で学んだ後、横浜へ行って英学を学び、さらに東京築地の一致神学校で植村正久、井深梶之助等とともに学んだ人物であることを突きとめた。一致神学校は先にも述べたように明治学院大学の前身であり、山下さん自身が明治学院大学英文科の出であることがこの時も幸いしたに相違ない。山下さんはその発見を『グリフィスと福井』（福井県郷土誌懇話会刊）の一二七、一四二、一五二―一五六頁に発表した。

雨森信成は「神奈川県平民」と書物の奥付に書いていた。小泉一雄も「雨森氏は旧幕臣で」と書いていた。明治初年キリスト教に改宗した若者に落ちぶれた佐幕派の士族が多数いたことも事実だったので、私は雨森がまさか勤王派の福井藩の出身であるとは思いもよらなかったのである。私は山下さんの教示を出発点に次々と調べた。資料は意外に多く出て来た。以下その新材料をもとに再構成した、埋もれた思想家雨森信成の生涯である。

「稚心ヲ去レ」

横浜根岸相沢墓地に雨森信成の墓がある。明治三十九年三月一日没と記されているが生年は記されていない。この墓地に隣する増徳院には過去帳が幸い戦災にも焼けずに残っていて、享年が四十九歳である旨が記載されている。数え年であるから逆算すると信成は安政五年（一八五八年）の生れと知られる。福井藩士松原十郎（実名、義成）の次男として生れた。幼名を千代吉といい、慶応二年他久馬と改めた。松平文庫や福井市の戸籍を見ると、長男は秀成で三男は元成である。

橋本左内は「稚心ヲ去レ」と説いたが、雨森がハーンに語った幼年時代の侍の子弟としての厳格な躾けはまさにそれで、母親からやさしく可愛がられた時期は痛ましいほど短かった。

はじめて袴を着ける前に——それは当時は大切な儀式だったが——子供は乳離れするよう、できるだけ女々しい環境から遠ざけられ、天然自然の稚心の衝動を自制するよう教えられた。小さな仲間たちも、子供が母親と一緒に町中を出歩いているのを見かけると、

「おまえまだお乳が欲しいのか」

と馬鹿にするように囃したてた。もっとも家の中で母親の傍にいる時は、思う存分甘えることもできたが、しかし母親と一緒にいられる時間はけっして長くはなかった。当時の躾では、ぼんやり甘えたりするような無為の楽しみは厳しく抑えられていたので、安楽ということも、病気の時を除けば、侍の子弟には許されなかったのである。……

このスパルタ風の教育は、冷厳な態度を青年に仕込むよう意図されていたので、不吉な暗い面がないわ

けではなかった。なにしろ家族の内輪を除いては気を弛めることもできなかったからである。男の子は血を流す光景に慣れるよう、処刑の場に呼び出された。その際あらわに感情など示してはならないのである。またその帰り道、梅干の汁で血のように染められた飯を山盛り悠然と食べるよう命ぜられた。年歯の行かぬ男子にもっとずっと無理難題が言いつけられることもあった。たとえば、胆が坐っている証拠に、深夜、処刑場へ行って生首《なまくび》を一つぶらさげて帰って来る、などということである。

少年の日の信成は藩校明新館で和漢洋の学問を修めたが、漢文による中国古典が主であった。冬の朝、手がかじかんで筆が持てない場合、その手を氷のように冷い水に突込むよう命ぜられた。そうすればまた血のめぐりがよくなる、というのであった。

だがその明新館には明治三年七月、英人ルセーが雇われて英語を教えに来、翌四年三月にはグリフィスが着任し、英語で理化学を教えたのみか、ドイツ語フランス語まで教えてくれた。この二人が着任したのはハーンが松江中学に着任するより二十年前のことである。その当時、外人教師が日本人の生徒にどのように見られたかという問題は、彼自身が田舎の人の好奇心の的となったハーンにとっても、たいへん興味深いことだった。それというのも新任のイギリス人教師は、そうした事とは露知らず呑気に構えていたが、はたではまるで珍獣でも観察する時のように、こっそり見ていたからである。だがそれにもかかわらず、外人教師が生徒から受けたのは、常にきわめて丁寧な態度であった。生徒たちは彼を「師の影を踏まず」という中国風倫理に従ってもっぱら敬して遇したからである。もっとも蔭ではこんな会話をしていた、とハーンは『ある保守主義者』の第三節に書いている。それは雨森が報じた思い出を彼が脚色したエピソードに相違ない。南アフリカへ去って牧畜業者に転じたルセーは読む機会がなかったろうが、終生日本に関心を抱き続けたグリフィスは一読して思わず首筋に手を当てたことだろう。一生徒は言った、

「あの肉の色を見ろ、柔かくて締りがないじゃないか。あの首を一刀の下《もと》に刎ねるのはいともたやすいことだろうな」

廃刀令以前の当時、生徒たちの中には大刀をさした者が実際まじっていた。またある時外人教師は日本風に相撲を取るように誘われた。それはただのお慰みだろうと本人は思っていたが、日本人の子弟たちは実はこの異人の肉体的な力を測ろうとしていたので、第一の生徒はこう言った、

「腕っ節は強いが、腕を使っている間にどう体を使えばよいかわかっていない。腰はたいへん弱い。あの背をへし折るのは難しくあるまい」

第二の生徒は言った、

「外人と勝負するのは簡単だろう」

すると第三の生徒が口をはさんだ、

「剣で勝負するなら簡単だろうが、しかし外人はわれわれよりも鉄砲の術に秀でている」

第一の生徒がまた言った、

「西洋の軍事学さえ習ってしまえば、西洋の兵隊なぞもう恐るるに足らん」

すると別の生徒がつけ足した、

「外人はわれわれ日本人ほど辛苦に慣れていない。彼等はじきに疲れる。寒さを怖れる。冬の間中、外人の先生は部屋に火が赤々と燃えていないとやっていけないが、俺なぞあの部屋にものの五分間もいると頭が痛くなる」

そんな話を蔭ではしていたが、若者たちは外人教師に対して親切だった。それで教師はこの若者たちを愛するようにさえなった。

ハーンは雨森から明治初年の福井における外人教師と生徒のこのような関係を聞かされて、自分の松江に

おける生徒との交流を微苦笑とともに思い出さずにはいられなかった。そこには相似性がまったくなかったとは言い切れなかったからである。もっともハーンは侍の子弟をもっぱら強壮な青年たちのように描いているが、実際は必ずしもそうとは言い切れないものがあった。雨森が一九〇四年十二月二十一日付のグリフィス宛の手紙で回想したところによれば、「あの頃の私は瘠せて、青白い顔をした、身体の弱そうな少年」であったと告げている。またそのころの信成は毎日のように師グリフィスの午後の散歩にお伴したとも書いている。

明新館の一英才

生徒たちが外人教師を慕ったについてはそれとはまた別の動機もあった。明治初年、福井藩は成績優秀の生徒を藩の留学生としてアメリカへ送ることにしていた。少年信成もそれを望んで大いに学業に励んだにちがいない。

しかし変化は突然やって来た。廃藩置県、武士階級の消滅、社会組織全体の再編成、中央集権国家の成立……するとたちまちのうちに内陸の福井は開港地に遅れを取った、辺鄙な田舎町にまた戻ってしまった。かつては他藩からも福井へ洋学を学びに内地留学生が来た時期もあったのだが、いまは英学をもっと学びたいと願う青年は明新館を飛び出して横浜を目指すようになったのである。生糸の産地である福井からは商人が横浜へ出ていく伝手はあった。その中には岡倉天心の父なる人もまじっていて、時代の大勢を察知して、いちはやく子供の覚三を宣教師の塾へ通わせて英語を習わせていた。

明治四年九月、信成もグリフィスに暇を乞うと横浜を目指して福井を去った。明治五年二月にはグリフィスその人も東京大学の前身南校へ招かれて福井を去った。ただしグリフィスの後任には同じくラトガーズ大学を出たワイコフが引続き理化学教師として来日した。するとグリフィスは英語のよく出来る満十四歳の信成が通訳としてワイコフに付添い、福井に戻るよう取計った。彼等がやがて第二十八番中学と改称する明新館にはいったのはその年の八月十三日である。『植村正久と其の時代』補遺索引六八頁に引かれたワイコフの明治六年二月一日付の手紙には福井へ戻って半年後の信成のことが次のように記されている。

松原は、甥が死んだので、既に二三週間帰省している。彼はその家名を嗣ぐのです。なお日本の習慣では、嗣子は死者に対して、忌服をせねばなりません。で、松原は最早松原姓ではなく雨森姓になりました。松原は忌服を切り上げて、二三日前再び帰校したけれども忌明まで私の宅には来ません。……松原はこの学校で一番正確に英語を話します。通弁の誰よりも勝れています。大岩は私の話をよく了解するし、翻訳も彼よりは上手だが、松原ほど良い英語で自分を表現することは出来ません。松原は私と一緒に横浜から此処へ来たのです。彼は横浜で英語を学んだ……短時日ではあったがグリフィス氏の許にもいたのです。

三十五万石の福井藩の家老に近い格の家に六百石の雨森家があって、もと江州から来た家柄であるという。当主は雨森右膳といったが、松平文庫に伝わる人事記録によれば慶応元年病気で家督を弟の雨森胖《ゆたか》に譲った。その胖が明治六年一月病死したので松原信成は一月十八日家督を継いで雨森信成となった。(私には胖が信成の甥だというワイコフの説がよくわからない。雨森家は信成の母方の伯母の嫁ぎ先である)。学問の抜群に出来る信成は見込まれて養子となったのである。雨森家には雨森右膳の妻ちかと娘芳《よし》がいた。ちか(近)は天保八年生れ、槍術の榊原家の女、芳は文久二年生れである。数え年十六の信成は十二の芳と許嫁の間柄になった。

当時の信成の穎脱ぶりを示すものとして山下教諭は Barker という化学教科書第一部の翻訳をあげている。

（その原本 *A Manual of Inorganic Chemistry* by C. W. Eliot and T. H. Sterer は足羽県学校蔵印で今日は福井市立図書館に蔵せられ、"Began from 15th Oct. 1873 N. Amenomori" のサインがはいっている由である）。福井で理化学を教えるワイコフは東京の南校でやはり理化学を教えるグリフィスに宛てた一八七三年（明治六年）三月五日付の手紙にこう書いている。

この手紙と一緒にバーカーの第一部の写しをお送りします。それは前は松原という名前であった雨森が作ったものです。彼はしばらくの間病気をしていたから遅れましたが、さもなければもっと早く完成したでしょう。

ひょっとしてこれは翻訳ではなくて英文をそのまま写しただけの仕事ではなかったかとも思うのだが、しかし福井で写本させるくらいならばアメリカの版元から東京へバーカーの化学教本を取寄せることぐらいグリフィスには簡単に出来たはずである。なお山本秀煌談にある、雨森信成の弟に化学者松原某がいた、というのは途中で姓が変ったために同一人物を二人に分けて考えた誤解でもあったろうか。ワイコフは翌明治七年夏福井の中学を辞し、九月には文部省の命により新潟外国語学校へ転じた。雨森はふたたび横浜に戻り、ブラウン塾にはいった。

雨森少年は福井でもバイブル・クラスに出ていたが、宣教熱心のグリフィスやワイコフからすでに感化を受けていたのであろう。明治七年七月ブラウン塾にはいるとたちまち先輩の信者たちにつかまった。年配の本多庸一が江頭信太郎を連れて上総房州方面へ日本人としては最初のキリスト教巡回伝道に出るから同行するよう誘われた（『植村正久と其の時代』第三巻、五頁）。その種の宣教活動は他人を改宗させると同時に、年少の人を活動に従事させることによって本人の信仰を強める目的も秘めていたのであろう。雨森は同年十月、横浜海岸教会でバラから洗礼を受けた。こうして雨森信成の名は海岸教会人名簿に記されたのである。福井の雨森家で夫に先立たれて家を守る身のちかは、雨森家を継ぐべき娘の婿となる人が耶蘇になったと聞いて動顚したに相違ない。結局信成を離籍し、明治八年十二月二十六日、松原十郎の三男で文久二年七月九日生れの元成《もとしげ》、すなわち信成のすぐ下の弟を代りに入籍した。芳よりわずかに下の数え年十四の少年であった。その間、雨森家と松原家では幾度か親族が集って相談したことでもあったろう。それは芳の心にも傷跡を残した事件であった。

ところでその雨森のキリスト教改宗についてハーンは『ある保守主義者』に次のように叙している。まず横浜の英学塾での生活について。

彼は教育と伝道に専心没頭する年老いた宣教師に惹かれ、やがてその人を信頼するようになった。その年老いた宣教師は、この若い侍の中に並々ならぬ資質を認め、格別に熱心に改宗させようとつとめ、青年の信用を博するためにあらゆる労を惜しまなかった。いろいろな方法で青年を助け、青年にフランス語やドイツ語、ギリシャ語やラテン語まで多少教え、相当な部数に及ぶ宣教師個人の蔵書を青年に自由に使わせた。青年は有難くその蔵書を使わせてもらった。そしてその蔵書の所有者はやがて機会を見てこの自分の気に入りの生徒に『新約聖書』の一部を読むように言いつけたが、青年は別になんの抵抗も示さなかった。青年はこの「邪宗」の教義の中に孔子の訓に似た倫理的教訓があるのを見つけて驚いたと言った。老宣教師に向って侍の子はこう言った。

「この聖書の教えは私たちにとって格別目新しいものではありません。それどころか間違いなく非常に良い教えです。私はこの本を勉強してこの本についてじっくり考えてみます」

当時の日本の知的俊秀が思い悩んだ最大の問題は、何故に西洋の力がかくも偉大であるのか、ということだった。東洋の青年は、畏敬の念にも似た驚嘆の情で、いったい如何にしてこの力が獲得されたのか、と問わずにはいられなかった。それに対して年老いた師は、西洋文明の優越した力はキリスト教に基く、と断言した。もしそれが事実であるなら、日本の愛国者たる者の明白な義務は、近代化の人間的基礎をなすこのより高度の信仰を奉じ、全国民の改宗のために努力しなければならない。――そう思いこんだ青年が、先祖代々の信仰を捨て、廃嫡も世間の侮蔑もおそれず、憂国の士、求道者として、自己の義務があると思い定めたところのものを見つめて、惧れることもなく悔むこともなく進んだ経緯は、前に『ある保守主義者』の梗概を紹介した条りですでに述べた。しかし実際問題として入信であるとか入党であるとかは、それほど理路整然たる過程を踏むわけのものでもない。「教育と伝道に専心没頭する年老いた宣教師」サミュエル・ブラウンから感化を受け、同窓の青年たちの熱気を浴びた雨森の改宗の実際が、ハーンが叙するほど論理的な思考の帰結であったかどうかはわからない。だがいずれにせよブラウンが雨森に与えた薫育は間違いなく深いものであった。それというのも雨森はこの師を徳として、キリスト教を離れた後も、終生座右に師夫妻の写真を飾っていた、と伝えられる（一九〇四年十二月グリフィス宛手紙）からである。ちなみにブラウンは来日する前、香港近辺ですでに長年宣教に従事し、東洋人の子弟の心をつかむ術を心得ていた。中国人ではじめて米国で学士号を取った容閎《ようこう》をエール大学へ送ったのも彼である。容閎の自伝『西学東漸記』にも秀れた教育者ブラウンの面影は描かれている。

キリスト教に留る期間

雨森のキリスト教関係の仕事でいちはやく記録に残されているのはそのブラウン編の『聖書之抄書』（北部バプテスト讃美歌集）中の讃美歌の訳で明治七年十一月に出たものである。その第二十 Joy to the world!

the Lord is come. を雨森は先輩格の奥野昌綱とともに次のように訳した。もと片仮名で記されているが、いま漢字まじりの平仮名に書き写してみる。

世界よ　喜べな　主が来たるぞ
ああ天地《てんち》と　万物《ばんもつ》は　その主を見よ
世界よ　救ひ主の　恵みを受け
野も山も海も　祝ひて歌へ
罪も　悲しみも　生ひ育つるな
呪はれし地にも　恵みあれな
まことに正しき　裁きを受け
君のいつくしみに　まつたく従へ

同第二十四も二人の共訳とされている。

海にひびかせ　よろこび歌へ
エス君さばく　時は来たりぬ
万民《ばんみん》ようたへよ　救ひ手をほめな
エス世を重ね　裁きこそすれ
島々荒地《あれち》　みなもろともに
エスこそ君の　君ぞとうたふ

舌足らずで稚拙な訳と評する人がいるかもしれない。しかし新興の宗教的気分が横溢している。いやこの讃美歌の邦訳は新興宗教的な法悦境が示されている点こそが尊いのではあるまいか。『新体詩抄』に先立つこと八年、こんな西洋詩歌翻訳の試みがなされていたのである。

翌明治八年、雨森は怖ろしい目にあった。信仰心は篤いが日本語は解さぬ宣教師兼医師のパームがスコットランドからエディンバラ・メディカル・ミッションの一員として来日し、仏教が盛んなためキリスト教を受けつけぬことで知られた——そしてそのためにクリスチャンの間では鬼国と称された——新潟へ布教に赴いたのである。パームは運上所通りに居を定め、自らの住居の一部を説教所に当てると、たまたま新潟のワイコフの許にいた雨森を通弁として説教をした。雨森も進んで説教した。その雨森の言葉が聴衆の「心に染みいる」様は、日本語を解さぬパームにもよくわかった。しかし新潟の聴衆の大半はキリスト教に敵意を抱く坊さんで、説教中に弥次は飛ばす、罵言は浴びせる。本多庸一の手紙によれば「近日彼地の僧侶甚だ怒り、頻りに雨森を暗殺に及ばんとするの勢あり。地方官大いに憂ひ人を以て雨森に帰浜を勧むれども同氏肯ぜず、死を以て当らんとする覚悟にて処人も当惑の体なり」。実際、中には乱暴者も混っていて、一度は雨森を掻払って屋外へ連れ去ろうとした。パームは身長六尺余の大男で、力をふるって雨森を救い出してくれた……

雨森が後年、自己の思想遍歴を語った際、どこまでハーンに打明けたかはわからない。しかし雨森がキリスト教に留った時期のこの種の波瀾に富んだ事件も当然物語っていたと思われる。ところで、ハーンの文章作法がモザイクに似て部分部分を完成してそれを集めて一個の作品に化する技法であることはすでに述べた。ハーンは雨森の三ヵ月にわたる新潟時代の事件にも耳を傾け、この類の生彩に富む話を拾って必ずや一節に仕立てたことと思う。しかしこの種の話が米国読者に与える逆効果をおそれて、結局その節を削ってしまった。『ある保守主義者』で第五節の次に第六節がなく、いきなり第七節へ飛んでいるのはそのせいだと私は推測する。

そうした事件もあったが、雨森はともかく熱心に英学に励んだ。田村直臣は彼の勉強ぶりを回顧して「雨森君はウェブスターの大辞書を初めから残らず読んだと言ふ程英語には熱心であつた」と述べている。グリフィス・コレクションに保存されている一八七六年（明治九年）七月二十三日付の雨森のグリフィス宛の手紙は、当時の彼が全身全霊英語漬けというかキリスト教漬けになっていた様を示している。いま参考までにその数節を英語原文のまま引用する。

We were very glad to see Mr. Amerman here, for we had been expecting him very much, having been told by some missionaries here that he was coming to educate the young men who are studying with a view to become ministers of Gospel.

We are indeed thankful to the Father that our American brothers are so much interested in the good work done among the brothers who are on the other side of the great waters. May God of grace bless Mr Amerman and all the others who are engaged in "the work of love", so as to make them good instrumentalities in awakening the benighted nation into the glorious freedom of the sons of God.

当時帰米していたグリフィスは新たに日本へ派遣されたアンメルマンに五月二十一日付の手紙を託した。それに対する雨森の返事だが、「キリスト教宣教の使徒となるべく勉強中の日本の若者」が、自分たちによき教育を授けてくれるであろうアンメルマンの到着を非常に心待ちしていたことが察せられる。

……大洋の反対側に住む兄弟たちの間でなされる良き仕事に対して我々の米国の兄弟たちがかくも関心

を抱いてくださるかと思うと我々は実際主なる父に感謝せずにはいられません。どうかこの「愛の仕事」に従事するアンメルマン氏他に恵みの神の祝福がありますように。その方たちが蒙昧なる日本国民を神の息子たちの栄光ある自由の中に覚醒するための良き方便となりますように。

明治九年、満十八歳当時の雨森の手紙は、熱烈な信仰を吐露しているようでいて、その実、全面的にキリスト教的見地と語彙と慣用句で綴られており、彼の個性が出ていない点に注目したい。後年の雨森であるなら「蒙昧なる国民」the benighted nation などというキリスト教優越思想と裏腹の賤視の思想に耐えられなかったであろうが、当時の彼はキリスト教に埋没したというかいわば洗脳された人として、さながら戦況報告を思わせるような書き振りで、横浜、東京、神戸、大阪、長崎、青森、そして新潟の宣教成果を報じていた。とくに静岡の布教状況については次のように報じた。

静岡ではおよそ五百名の人が日曜夕方に集り、天から贈られた「命の糧」を受領しています。これほど多数の人が集る理由は実に印象的なので、それについて言わせてください。神道家や仏僧たちはキリスト教徒の静岡での布教進歩にたいへん苛立ち、あらゆる手段を構じてキリスト教化の進展の妨害を試みています。……しかしその阻止の試みはまったく空しかった。というのは人々はキリスト教について悪口をさんざん聞かされた挙句、本当にそれほど悪いものかどうか自分自身で判断しようとするようになったからです。それからというものキリスト教を説く集会には大勢人が集り、神道や仏教の集りにはほんの少数の人しか出ていません。実際、我等の神は闇黒《あんこく》の暗闇《くらやみ》の中から輝く光を取り出すことが出来るのだ。神に感謝あれ！

"Indeed our God is able to bring out shining lights from blackest darkness! Thanks to God for this!"

この種の言廻しに接すると、入信して二年、雨森の党派的興奮が英文にも溢れんばかりに出ていることが感じられる。

グリフィスはおそらく異教徒である日本人の改宗のケース・スタディの材料に、とも考えたのだろう。武士出身の雨森にキリスト教入信に至るまでの半生を英文で綴るように、と推めた。雨森は師グリフィスの需めに答えて、父が自分の幼時の記録を書き留めておいてくれたから、それを福井から取寄せるべく父にもう手紙を書いた、とも返事している。しかし明治九年、ブラウン塾での雨森は自分について語るより先に学び吸収することに追われていた。それだから「もし時間があれば書きます」と約束した英文の生い立ちの記は、完成が結局十数年先まで延びることとなる。そして明治九年グリフィスに提出したのであったならば *How I Became a Christian*『余は如何にして基督教徒になりしか』に類した題をいただいたであろう雨森の自伝は、明治二十四、五年にハーンに差出され、*A Conservative*『ある保守主義者』の題を冠するにいたったのである。その間の彼の変貌を「転向」と見るべきか、それとも「知的成熟《ソフィスティケーション》」と見るべきか、それは読む人や論ずる人の立場によって異るに相違ない。だがいずれにせよ、私たちは雨森信成の足跡をいますこし詳しく、具体例に即して、辿らなければならない。

雨森は明治七年から十年までは横浜のブラウン塾で、明治十年キリスト教各派が合同して東京築地に一致神学校を作ると同窓の植村や井深とともに上京してそこで学んだ。もっともその合同に先立ち雨森や植村は一致神学校の校長となるはずの宣教師アンメルマンに向ってカルヴァンの予定説や原罪説について次々と難しい質問を発しては相手を困らせた。当時の雨森は満十九歳、圭角のある青年だった。明石町七番館の東京一致神学校の前で二十三名の一期生がインブリー教師を中央に記念撮影しているが、第一列、向って右端に斜めに構えて坐っている雨森の身辺に漂う雰囲気はただ一人別様である。険のある眼付といい、鋭い気性といい、これは西洋人宣教師に可愛がられるタイプではない。その同じ一枚の写真には後に日本のキリスト教界を代表する人々、井深梶之助、植村正久、奥野昌綱、山本秀煌なども一緒に写っているので、ひとしお興味深いが、いってみれば、この人の将来がただ平穏無事で済むはずはない、という拗ね者の面構えなのである。

横浜のブラウン塾から来た雨森等は英学の素養があるので、東京一致神学校の授業に非常な不満を覚えた。宣教師の中には日本人神学生には英語を学ばしむべからずと唱えて半可通な日本語で教える者もいた。それは英書を読み得る学生の間に限って一番不平の徒が多かったからである。植村は滅多に学校へ来なくなった。ブラウン塾では大いに勉強した者も、いまでは自然遊ぶようになった。しかしそれでも半年は経ち、明治十一年四月三日には教師試補の試験が行われ、雨森、井深、植村等第一期生十三名に伝道を行う資格を証する准允《じゅんいん》書が与えられた。事実、雨森はその後一時期、植村とともに上州方面に伝道している。

だがその雨森信成の名前は東京一致神学校の後身、明治学院神学部卒業生名簿から消されてしまう。昭和四十二年に出た『明治学院九十年史』には横浜ブラウン塾から転校した者の一人としてその名が一度だけ記されているきりである。昭和五十二年に出た『明治学院百年史』には九三頁「その他の神学生——背教・離教——」の項に次のように総括されている。

伝道者を志して神学校に学びながら、やがてその進路を変え、信仰そのものから遠ざかっていった神学生もないわけではなかった。……明治十一年四月に教師試補の准允を受けた十三名の信徒のなかで、何人かは、さまざまな理由から、その准允書を剥奪されている。また、雨森信成のように、すぐれた語学力や学識を嘱望されながら、かえってその多才、多能のゆえに各種事業を計画して失敗し、キリスト教徒から不評をかって信仰そのものから離れていったものもあった。

井深梶之助はかつての同窓を「誠意の乏しい、才気のかった人」と評した。山本秀煌は「英語がよく出来たが、指導者がなかったことは惜しい」と述べた。ただひとり植村正久は「如何なる理由であるか知らぬが、明治学院神学部卒業生名簿に雨森信成氏の名が何時も脱落て居る」のは不可解だと暗に明治学院関係者に対する批判を明治四十二年一月二十八日付『福音新報』で述べた。

その種の総括に接すると、転向者に対するイデオロギー政党の態度が想起される。井深梶之助は明治学院の建設の父として立派な胸像も建ち、三巻本の分厚い『井深梶之助とその時代』も編まれた。それに反し、ブラウン塾では英語であれ漢文であれいつも井深を凌駕していた雨森信成は、転向者として烙印を捺され、正史から抹殺されてしまったのである。いやそれどころか『植村正久と其の時代』第一巻五八四頁以下には、吉田亀太郎なる人の言葉を引いて誹謗も加えてあるが、これもやはり転向者に対する党の扱い振りを想起させる。吉田にいわせると、雨森は明治八年新潟へパームの通弁としてついて行った際襲われた。それで非常に恐怖して遂に新潟ではそれきり説教壇に立たなかった。雨森には伝道心はなく、ただ才気があり、英語を解し通弁に適しただけの人で、迫害に遭っていちはやく横浜へ帰るにいたったのも無理からぬことであった、というのである。

本来、井深梶之助と雨森信成とは互いに忘れることのできないきわめて近い間柄にあった。しかし雨森は一旦キリスト教に入りながら、また去った。ちょうど横浜海岸教会人名簿に洗礼を受けた人として雨森信成の名前が明治七年十月、一旦記入されながら、後年「除名」と下欄（放逐欄）に記入された。それと同じように、明治学院関係者の間ではその人のことを記憶からも除いてしまいたい、という気持が働いたのであろう。

井深梶之助は昭和初年その『回顧録』（『井深梶之助とその時代』第一巻、一〇七頁に再録）で、雨森を回顧して、彼を横浜のブラウン塾へ寄越したのはワイコフであったこと、ブラウン塾から東京一致神学校へ転学した者は総計十名足らずで、そのうち井深と同級は植村正久と雨森信成の二人だけであったこと、雨森が非常な才子で頭脳も明晰であり、(ハーンの『ある保守主義者』中の「十九世紀という時代の西洋の偉大な思想家たちの思想を、自分の宗教上の師よりもはるかに深く研究し理解した」という記述を裏打ちしていて興味深いが)横浜にいた頃からジョン・スチュワート・ミル『帰納法論理学』、ハミルトン『形而上学』、スペンサー『原理論』等を愛読し、往くとして可ならざるはなしという風であったことを認めている。しかし、

彼も暫時は我等と共に上京して神学校に入学したが、恐らく彼は最初から伝道界に身を投ずる覚悟は無かつたと見え半途にして退学した。……その多才多能が反つて身の敵と成つたか、種々の事業を計画し、例へば岡山県児嶋の埋立てやら、鹿児島県の山林採伐やら、その他種々の事業に関係したやうであるが、孰れも成功を見ずに比較的若死した。

という記述は必ずしも正確でなく、また好意的でもない。井深には雨森をことさらに卑小に描きたい気持があったのではあるまいか。井深は『回顧録』執筆後二年の昭和五年二月にも談話で雨森にふれているが、それは『植村正久と其の時代』第二巻一〇五頁に次のように拾われている。

当時雨森と言ふ人がゐて、この人は仲々問題のあつた人で、鹿児島県の埋立や、鹿児島の本願寺の問題や、山林払下の運動などをした。琉球にも渡り、途中で死んだことにして、戒名を円転法離観自在居士とつけたりもしたもんだ。

ここで戒名というのは東京に残ったクリスチャンたちが雨森信成につけた綽名という程度の意味であったろう。

己れが条理と認むる処

右の談話中「鹿児島県」は「児島湾」の埋立の誤記で、明治十三年七月二十九日『東京日日新聞』に次の記事が見える。

現に岡山県に寄留する雨ノ森信成氏の発起にて、二千余人の無産士族を結合して微力社と云ふを設立し、其内に開墾課を設け、同県下児島湾及び奥浦の干潟を開拓せんとの目的を以て既に県庁へも出願したりと。奇特の挙と云ふべし。

雨森信成が、宣教事業に従事することを止め、士族の商法ともいうべき開墾事業に乗り出したについては、いかなる訳があったのだろうか。英才雨森が宣教師たちの言うことを聞かず、キリスト教伝道を離れて実務に身を投じたことは、同窓の人々の間に非常なる波紋をまきおこした。植村正久の明治十七年の手紙にも、

雨森ノ事ヲ思フニ、実ニ此聖役ニ従事スル者ノ寥々タル、実ニ方今ノ大欠典ニ候。指ヲ屈シテ数ヘ見ルニ、神学ノ生徒中、吾党ノ人々幾人カアル。

と書いている。これは当時としては大事件であったからこそ関係者の間で多く語られ、またスキャンダルであったからこそ正史から抹殺されたのである。井深梶之助ももちろんこの件を承知していた。それだけに井深はこの件で雨森から受取った手紙を大切に筐底に秘めて保存していた。昭和四十六年、明治学院が『井深梶之助とその時代』第三巻を刊行した際、その雨森の手紙は第十篇の冒頭に、なんら説明のないまま、写

真版で複製された。その岡山発、明治十三年七月二十五日付の手紙の始りで雨森はまず、井深等が東京で会堂を建設することの財政的困難を訴えたのに対して、

是（財政的困難）も神の思召抔と有難き論理主張せずして、偏に自己の費用を節倹して金を募り、前よりも一層美観なる堂を設け等気込みにいたし度しと存じ候。

と答えている。その「有難き」という言葉には皮肉があるが、自力主義の雨森は一人で別個の道を歩み出したのである。いま雨森が井深に書き送った手紙の中で彼の開拓事業に関する部分を抜萃し、句読点などを加えて掲げる。

拙者事業の有様は本多氏よりも御承知に相成候はん歟、此頃に至り候て、当地五六名の開墾有志者と相謀り、微力社と申す一社を設け、無産之士族を募り候て、之れに恒産を得せしめ帰農いたさせ、実力を養成して自由皇張之基を立て度き存念に候。当県児嶋湾……凡そ五千町歩と又奥浦と申す処の干潟凡そ四百拾町歩を開墾すべき見込にて、既に社員も二千五百人余にも相成……　されども此儘に候ては色々……筋にても故障これ有り、随分の難事に御座候。拙者共は飽迠も志を遂る気込に御座候。爾来入社志願の者続々これ有り候に付、……組分けにいたし、追々土地を見立て候て、開拓に着手いたし候心組に御座候。

児島湾の開拓に向った雨森は、新大陸の開拓に向ったニュー・イングランドのピルグリム・ファーザーたちの事業なども脳裏に思い浮べていたのではあるまいか。「何分一万人位は募り得べく候、是等の人間をして恒産を得さしめ、これを結合せしめ候節は随分」目覚ましい活動も出来るだろう、と抱負を述べている。

明治十三年は五月に内務省が士族授産および一般殖産を目的として勧業資金貸与を決定した年である。雨森が同志を糾合して激励するやり口は一面ではいかにも神学校仕込みで、キリスト者風であり、また一面では武家の商法を思わせるものをもっている。すなわち、

毎日曜日には精神を養ひ、一致心を強めしめ、朝七時より社員共へ演説いたし候はば、其他当地商法会議所も職員共が該会議所の勢力を挽回し度き心込みにて、拙者の助力を乞ひ候……

それに対して雨森は「近々何歟いたし遣《つかは》さずばならぬと存じ候」と言っている。だがそんな高飛車な口の利き様では実業人としての成功は覚束なかったであろう。

雨森は民衆の福祉を心にかけていたが、裏面では不平士族を糾合して自由民権に類する政治運動をも意図していたのではあるまいか。次の「面白き活劇」の内容が具体的に何であったか判然としないが、西南戦争で一敗地に塗れた直後の鹿児島に目をつけるなど、彼が政治面でも野心を抱いていたことは間違いない。

また鹿児島の商法筋にて手蔓もこれ有り候ば、其中には彼地に至るか又は到らずとも連合をつけ、かの地士族輩の結合を謀る心込みに御座候。実は昨今に至り候て、種々の事業に誠に多忙、いづれ其中には面白き活劇をば興行仕る可しと存じ候。

ところでこれ等の事業計画以上に興味深い点は、東京のキリスト教徒、いいかえると一致神学校の同窓生たちが次々に発した言いがかりや非難に対する雨森の応酬ぶりである。雨森は公開を希望したこの手紙の中で次のように述べた。

基督者中には拙者が事には色々と申す者もこれ有り候へども、拙者は斯の如き働《はたらき》ならずば良心の平和を有難くて、実に今度横浜を出立候は、良心の責めを受けてやむを得ずいたしたる事にて、人が彼是申し候にはかまひ難く、縦ひ此身は如何様に相成候とも、人民の幸福を進め度き存意に御座候。

雨森には、早く確実に実利を上げなければ社員も人民も自分について来ない、という事態がまだよく見えていなかった。そうした世間的実益よりも、伝道に従事せずにこの種の事業に身を投じた行為の正当化、いってみれば問題の神学的側面の方が、より重大な関心事だった。かつての同志は雨森を「高慢なる者」「悪魔の支配」を受けた「地獄に堕落」した者と大袈裟な非難を次々に浴びせた。雨森は反論した。

元より拙者に於ては、悪魔などが在るなどとは信ぜず候。心次第にて恐れず、よしや地獄に堕落いたし候とも、己れの条理と認るもののためには、甘じていかな痛苦を受くべく、拙者が事を為すは決して地獄などの懼れを以ていたすに非ず、唯々理の有る処を行ふ事に御座候。夫れ懼を以て制せらるゝは鳥獣なり、人間は道理を窮めてこれを実践すべきものと存じ奉り候。

雨森は「己れが条理と認むる処」を行うところに「良心と平和」があるとし、さらに「是れ即ち天国なり」と説いた。それだから、

又よしなき事に道を誤りて条理に違ひ候は、良心の責め如何ぞや、是れ即ち地獄なり。魂は霊なるものなれば黄金の城又は絶えざる炎火などには関係これなきものと存じ奉り候。故に条理を守る人の良心に平

和のあるを以て此世より天道に生じ候事にて、地獄などの心配は無益の事と存じ奉り候。是を以て拙者に於ては、飽迠も己れが条理と認むる処を実行いたす気込に御座候。世の無智者がそれを色々と申し候は笑止の至りに御座候。拙者天堂地獄之説は如何と御勘考被〻遊候哉、特段之御高論御洩可〻被〻下候。

雨森は先に本多庸一が雨森に帰京方を説得しに来た際、すでにこの自分の考え方を先輩に披瀝していた。それだから二伸にもこう書いている。

御閑暇の節は、御面倒ながら貴地の景況（則ち信者）承り度。本多氏が帰来の節、拙者が **Theological opinion** も、定めて御話候共相成候事と存じ奉り候。それに就ては信者中の評判は如何、嘸々驚愕の事あらんと存じ候。実に見解のせまく卑き人には困る、呵々。

右の文中「黄金の城」「絶えざる炎火」などの語に接すると、明治初期のキリスト者が思い浮べたであろうインフェルノのイメージが目に浮ぶ。だが雨森という鞏固な頭脳の持主は、「夫《そ》れ懼《おそれ》を以て制せらるゝは鳥獣なり」の一句によってその脅しを斥けたのである。その発想はいかにも漢籍によって鍛えられた侍の子らしい言葉と思う。孟子に想を得た信念と思うが、人間の尊厳を言い得て見事ではないか。（将来、明治学院の校史が改訂出版される折には、この雨森の手紙も全文文章化して掲載していただきたいと願う）。

しかし雨森は結局、児島湾の開墾事業にも、鹿児島の山林払下にも失敗した。その失敗の報が届くや東京一致神学校では喜びにも似た噂が流れた。中央の指示に従わぬ「転向者」はどこの国でも昔から笑い物にされ、嘲笑されるのが常である。

だがハーンの解釈はそれとは異っていた。

転向

ハーンは『ある保守主義者』の第七節で主人公のキリスト教からの「転向」を次のように叙した。それは関係者の多くがその経緯を知りながら公表を憚った一件であった。ハーンのユニークな偉大さは、彼が日本の風俗習慣や人の心をよく観察しただけでなく、日本人の生活や思想を公平に学ぼうとする者は、西洋人の生活や宗教を日本人の観点からも学びなおさなければならない、とした点にある。それだからハーンは、日本の知的俊秀が西洋の信仰をどのように見ていたのか、その日本的観点をも臆するところなく提示してみせたのである。ハーンはその観点をいわばわがものとして感得し、熱をこめてこう語った。

近代科学から借りてきた知識の助けで破壊した日本古来の信仰のあとへ、自分たちの西洋の信仰を植えつけようとする人々は、旧信仰に対して向けられた論証の刃《やいば》が、それと等しい力をもって新信仰に対しても向けられ得ることに、想像が及ばない人々というべきであろう。近代思想の高水準に自分自身到達できないでいる普通一般のごく平均的な宣教師は、自分よりも天性強力な知力に恵まれた東洋人の頭脳に僅かばかりであれ自然科学の知識を授けた時その結果がどのようなことになるのか予知できないでいたのである。それだけに西洋人宣教師は自分の教え子が優秀であればあるほどキリスト教に留る期間が短いことを発見して、驚きかつ衝撃を受けたのである。以前は近代科学を知らなかったために仏教的宇宙観で満足していた優秀な知性の旧来の個人的な信仰を打破るのはさして難事ではない。しかしその同じ頭脳に東洋的宗教感動の代りに西洋的宗教感動を、中国倫理や仏教倫理の代りに長老教会《プレスビテアリアン》の教義や浸礼教会《バプティスト》の教義を入れ換えるのはおよそ出来得ることではない。その過程で日本人が遭遇するような心理的抵抗は西洋近代の伝道者たちによってけっして十分に理解されたためしがなかった。かつて安土桃山時代にイエズス会士やその他の修道士たちが、相手側の迷信じみた信仰を打破し、相手をそれに劣らぬ迷信じみた信仰に改宗させようとして努力した時期においても、今日と同じように根深い障害はやはり存在していた。そしてスペインから来た宣教師は、その火のような熱情と限りない誠実さによって奇蹟に近い成果を次々にあげたけれども、自分の夢を完全に実現するためには、スペインの兵士の剣を必要とする、と感じたことであったろう。

今日、改宗事業のための条件は十六世紀に比べてもはるかに悪くなっている。教育は世俗化してしまい自然科学的基礎の上に再編された。西洋においても宗教は人間には倫理が必要であるということを社会が単に認めたという程度のものに変化してしまった。西洋の聖職者の役割は社会の道徳警察のような役割に次第に変ってきている。そして教会の尖塔の数は多いけれども、それは別に西洋人の信仰の増進を示したわけではなく、西洋人が社会的慣行をますます重んじるようになったことをただ単に示すだけのものとなった。しかし西洋の習俗や慣行はいかなることがあろうともそのまま極東の習俗や慣行とはなり得ない。また外国人宣教師が日本で道徳警察の役割を演ずることが許されようはずもない。西洋の教会の中でももっともリベラルな、もっとも幅広い文化的教養をもつ諸派は、宣教事業《ミッション》の空しさを認めはじめている。

……

横浜の日本の若い改宗者はやがて西洋人宣教師たちの宣教努力の失敗の著名な一例となった。キリスト教徒となるために——というか、より正確には外国の一宗派の一員となるために、自己の立身出世を犠牲に供してから数年も経たぬうちに、この青年はこうした高価な代価を支払ってまで受入れた信仰を公然と棄て去ったのである。……この彼の「転向」は当時の非常なスキャンダルとなった。

はじめ、『ある保守主義者』のモデルがわからなかったころ、私はこの「転向」の話はハーンの創作ではなかろうか、と漠然と考えていた。文中のキリスト教を相対化する立場はハーンのそれであるし、宣教師の知的水準の低さはハーンが他の著書でも繰返し言及するところである。そのことをあからさまに書いたハーンは宣教師たちから忌み嫌われた。ハーンを愛読する日本人からは想像もかたいことだが、ハーンの著書は宣教師やその家族の間では禁書にさえなった。しかし考えてみれば、それも無理はなかった。この「転向」を必然とする記述にこめられたハーンの主人公に対する共感の強さ――それは宣教師ならずとも西洋人信者の多くに無気味な印象を与えたに相違ない。実は私は北アメリカの大学に招かれていた時、右の条りこそ日本思想史上の重要な一点であると思い、博士論文提出資格の有無を問う口述試験にこの節を学生に課したことがあった。すると問題を見て、審査員の一教授が見る見る苦虫を嚙みつぶしたような顔をした。その時はっと私はその教授が北米日本学界に多い miskid――父君がかつて東洋で宣教師をしていた人の子――であることを想い出した。するとその気配を察しておだやかな皮肉な微笑を浮べたのはインド人教授であった。ハーンはこんな風に書いていたのだが、その文章が真実を伝えるものとしても、なおなにがしかの悪意《マリース》なしとはいえなかったであろう。He とは宣教師を指している。

He is therefore astonished and shocked to discover that the more intelligent his pupil, the briefer the term of that pupil's Christianity.

宣教努力失敗の著名な一例

雨森信成が岡山県児島湾の開拓地から井深梶之助へ送った手紙は、キリスト教伝道事業に従事するよりも開拓事業を指導することに意義を認めた人の「神学上の意見」であって、キリスト教そのものを棄てたとは言いがたい。他方、ハーンが『ある保守主義者』第七節の前半で述べた日本知識青年の転向の論理もきわめて一般的であって、それが雨森信成の転向の真実を正確に伝えているかどうか必ずしも定かでない。しかし次に引く一節中には、質問を発しては外人宣教師を苦しめたという雨森の面影がそのまま伝わっているように思える。そしてハーンも書くように、雨森の真実の転向はもっとずっと後になって起るのである。

青年はこの十九世紀という時代の西洋の偉大な思想家たちの思想を研究し、自分の宗教上の師よりもはるかに深くその思想を理解した。宣教師たちは彼が提出する質問にもはや答えることができず、自分たちが読むように推めた書物はその部分部分は結構だけれども全体としては信仰にとり危険なものだ、と繰返し断言するのみだった。しかし宣教師たちはこうした書物中にあると主張する誤謬を自分で説き明かすことができなかったから、そうした人の警告はどうしても説得力を持ち得なかった。青年がキリスト教の教義に改宗したのは不完全な論法によってであった。より幅広く、より深く掘りさげて考えるうちに彼は教義を越える自分自身の道を見出した。そしてキリスト教教会の教義の主張内容は真の事実や理屈に基いていない、自分は自分の師がキリスト教の敵と呼んだ人人の見解に従うべきだと感じる、という宣言を公けにした後、教会から離れたのであった。この彼の「転向」は当時の非常なスキャンダルとなった。

しかし真実の「転向」はまだずっと先になって起るのである。このような体験を経た数多くのほかの日本人と違って、この青年には宗教問題のみが自分の視界から消え去ったのであって、自分がいままで習ったことなどこれからまだ習うべきことに比べればほんの端緒に過ぎない、という自覚があった。彼は信仰がもつ相対的な価値——保守的な抑制的な力としての宗教の価値——を信ずる心は失っていなかった。彼が当初間違ってキリスト教改宗へいたる道に迷いこんだのは、彼がある真理——文明と宗教の間に存在する関係について誤った認識を抱いたためであった。中国哲学は、近代社会学が法則として認めている、司祭者層のない社会はかつて発展したことがない、という考え方をすでに青年に授けていた。またかつて学んだ仏教は、彼に仏教では、無学な庶民に対して比喩や形式や象徴などをいわば実際のこととして提示するが、そのような幻想や幻惑にも、人間の善性をのばす方便たり得るという正当な理由と価値がある、ということをすでに納得させていた。そしてこの方便という観点に立てばキリスト教は彼にとって依然として関心をそそるものだった。そして自分の師が説いたキリスト教諸国民の道徳的優越性なるものが、開港地の実生活では全然実証されていないのを見、それに疑問を抱きながらも、それでも青年は自分自身の目で西洋において宗教が国民の道徳に及ぼす影響がいかなるものであるかを見てこよう、ヨーロッパ諸国を歴訪し、これらの国の発展の原因とその力のよって来たる理由を調べてこよう、と決心するにいたった。

そして思っていたよりも早く彼はこの外国旅行に出ることとなった。というのは宗教問題において懐疑派となったこの活潑な知性の持主は、政治問題においても自由思想家となり、時の政府の政策に反対する見解を公然と表明した。そしてそのために、政府当局者の怒りを買い、新思想の刺戟を受けて同じように不謹慎な言動に出た他の人と同様、国を去ることを余儀なくされた。こうして世界一周をするにいたる彼の一連の外国放浪が始ったのである。……そして念願のマルセーユ行の欧亜航路の客船中の人となった。持ちあわせた金はすくなかったが、しかし彼は自分がどうやってヨーロッパで暮すかについてくよくよ考えはしなかった。若く、体は大きく、骨格はたくましく、質実剛健で、艱難辛苦に慣れている彼には、自信があった。それに彼は便宜をはかってくれるであろう外地の人々への紹介状も持っていたのである。

だが彼が自分の生れ故郷をふたたび見るまでには出発当時は予期しなかったほどの長い歳月が流れることとなるのであった。

「弱肉強食」の世界

雨森については明治十四年、ワイコフが横浜で開いた先志学校で学監を勤め、寄宿生と寝食を共にし生徒に深く敬愛された、という村井知至の回想が彼の自伝『蛙の一生』(昭和二年、警醒社)に散見する。しかし村井の回想は前後に矛盾があって必ずしも確実でない。また雨森が事業に失敗後本当に琉球に渡ったのか――当時の琉球であればたとい国事犯であろうとも官憲の追及を免れ得たであろう――ハーンが伝えるように教師として朝鮮や中国へ渡ったのか、それも定かでない。もっとも後年ルジャンドルやグレートハウスと組んで朝鮮王の相談役を勤めているところを見ると、明治十四、五年当時いちはやく半島に渡っていた、と見るべきかもしれない。李朝に有利な通訳をして馘になったともいう。ただし桑門に縁がある、という説は小泉一雄の単なる推測だったのではあるまいか。明治十四年から二十一年にいたる間の雨森の所在は判然としないが、その七年間の多くを西洋で過したと見るべきであろう。そして出国理由は、自由民権運動の先輩馬場辰猪の場合などと同様、なんらかの反政府行動容疑で逮捕され、外国へ去るならば無罪放免という司法取引《ディール》があったから、と察するべきであろう。その間の真相は皆目不明であるが、いずれにせよ雨森は、明治十七年に洋行する森鷗外や内村鑑三に数年先立って洋行し、彼等とほぼ時期を同じうして明治二十一年ごろ帰国する。

ではその間、雨森は西洋をどのように見たのであろうか。森鷗外の印象は『独逸日記』によって広く知られている。内村鑑三の「キリスト教国の第一印象」は *How I Became a Christian* に鮮やかだが、雨森の印象と並置すると興味深い。いま内村のサンフランシスコ到着の条りを訳すと次のようになる。

一八八四年十一月二十四日の夜明けがた、ぼくの狂喜した眼はまず最初にキリスト教国のほのかな景色をとらえた。その時ぼくはもう一度ぼくの下等船室へとって返すと床にひざまずいて祈った。その瞬間はほかの連中と一緒になってわいわい騒ぐには、ぼくにとってあまりにも意味深い瞬間であったからだ。低い海岸山脈の山なみが次第にはっきり見えだすにつれ、ぼくはぼくの夢がいまやついに実現したのだという感慨に圧倒され、感謝の念に涙が両の頬をつたってしきりとしたたり落ちた。じきに金門湾の大橋を過ぎた。ぼくの眼に映った煙突やマストはみなすべて天を指す教会の尖塔であるかのように思われた。……いままでぼくがつきあっていた白人種といえばたいてい宣教師だったから、その観念が抜け切れず、それで上陸して街で出会った人々はぼくにはみな高邁なキリスト教の志に燃える聖職者たちのような気さえしたのだ。

しかしそのような「地上の楽園」的な土地は西洋にもあるはずはなかった。内村のそのような幻想はたちまち破れた。そして憧れの国へ着いて熱い涙を流した当初の興奮は、生活の不如意や習慣の相違、そしてなによりも期待感の齟齬のために徐々に冷却していった。内村は自分の「アメリカの夢」が破れていくことに苛立って、そのような米国の冷い現実を、自分自身の苦々しい気持をやや誇大化しながら、次のように描写した。

アメリカでは金銭《かね》が全能だという噂はかねがね耳にしていたが、それがたちまちぼくら自身の体験で裏打ちされてしまった。サンフランシスコへ着いた直後、ぼくらが「キリスト教文明」へ寄せていた信頼は、一行の一人に降りかかった災難のために、きびしく試されることとなった。かれは五ドル金貨を一枚入れてあった財布を掏られてしまったのである。「キリスト教国にも掏摸がいる、異教国と同じだ」とぼくらはたがいに戒めあった。

内村の場合、興味深いのは、内村がキリスト教という建前にこだわって、その幻滅の体験を道義的に批判した点にある。渡米一年後、マサチューセッツで船に乗って買いたての絹の傘を盗まれた時は、なにしろ苦学生であっただけに、人一倍腹を立てて叫んだ。

ヘンデルやメンデルスゾーンの音楽が恍惚と鳴りわたる、水上に浮ぶ宮殿ともいうべきこの船の上が、泥棒どもの巣窟のように、物騒千万であろうとは！

被害にあうたびに内村は、キリスト教国アメリカの悪口をいいたい衝動に駆られた。すると反射的に自分がその出身である東洋を良くいいたい、という気持に駆られた。内村は「行人《ゆくひと》路ヲ譲リテ、商賈《しやうこ》ハ市《いち》ニ歌ヒ、百姓《ひやくせい》ハ業ヲ楽ンデ路ニ捨テタルヲ拾ハズ、夜戸ヲ鎖サズ」などという理想郷としての中国古代を思い出しもしたのである。

雨森信成の西洋文明批判にも、内村ほどではないが、最初の理想化が過ぎたために生ずる手厳しい批判と、その反動としての日本讃美がやはりかいま見られる。しかし内村ほどナイーヴで大袈裟な反応を示さなかったのは、西洋へ行く以前からキリスト教に対して距離を置くようになっていたからだろう。それにしても実学専攻の他の官費留学生の多くと違って、宗教と社会の関係に格別の注意を払ったのは、やはり雨森がブラウン塾での数年を熱心なキリスト教徒として過し、その関係が根本問題として念頭を去らなかったからに相違ない。ハーンが伝える「ある保守主義者」の西洋観察の物語は要約すればほぼ次のようなものだった。

―――

我等の主人公ははじめフランスに滞在し、ついでイギリスに渡る。明治維新以来英国は日本が暗黙裡に模範と仰いできた国である。彼はその国に暮して、この世界最強国で富が絶え間なく増加し、蓄積される様に感嘆したが、しかしその繁栄の蔭で悲惨もまた絶え間なく増加して行く様を見逃しはしなかった。世界第一の都会で夜を恐ろしいものとしている淫売と泥酔。そうした悪の華を見て見ぬ振りをする因襲的偽善。また現存の状態にもっぱら感謝の意を捧げる教会。青年はかつて横浜で老宣教師から、キリスト教こそが文明の進歩の源泉なのだと信ずるよう教えられた。しかしこの国では——そして英国の姉妹国であるアメリカにおいてはなお一層その度合を強めて——「適者生存」「弱肉強食」の淘汰が公然と認められている。その競争社会の街頭風景は、仏教がしみわたった国々の貧しい田舎ではおよそ見られぬような酷薄な光景であった。青年は思った、これはならぬ。近代西洋文明が意味するものは、素朴な者と狡猾な者、弱者と強者の永久の邪悪な闘争以外の何物でもないではないか。悪智恵が力と組んで弱者を大きく口を開けた地獄の中へ突き落そうとしている。西洋は善において偉大であるかもしれないが、悪においても日本をはるかに凌いでいる。相手のこの暗黒面を見落して、どうしてその光明面のみを一面的に讃えることが出来ようか。

しかし雨森は、弱者の強がりから、相手の欠点のみを拾い出して、それを並べ立てて満足するような性格の人ではなかった。彼は英国に短所も認めたが、また長所も数々見出した。その中でも英国の紳士階級を雨森はおおらかな言葉をつらねて称揚したが、その彼の態度は、それより十余年後、官費留学生として渡英した夏目漱石が、帰国後英国紳士を目して偽善者と罵った態度と恰好の対照をなしている。経済的にいえば、雨森は漱石よりもさらに辛い生活に耐えた人に相違ないが、それでも漱石と違って英国紳士と親身の交際があり、貧窮の中でその義侠に助けられたこともまた何度かあったからだろう。ハーンは雨森の言葉を次のようにまとめた。

イギリス紳士の表面上の冷たさの下に友情を受けいれる非常な包容力と永続する親切心があることを彼は知った。その親切を一再ならず身にしみて感じた。また深く感動する力が涸れるようなことはイギリス人の間に絶えてなかった。また世界の半ばを制した凜々たる勇気も衰えていなかった。

雨森は英国紳士に敬意を表するとともに、このように自分が親近感を覚えるのは彼等が日本の武士に似ているからだ、とも思った。すると彼等の躾に比べつつ、自分がかつて侍の子として受けた徳目の意味をあらためて吟味せずにはいられなかった。

七年近い欧米生活の挙句、雨森が達した結論はおよそ次のようなものだった。西洋文明は日本人の予期にもまして巨大であり、知力とその応用の成果である諸達成には真に驚嘆すべきものがある。だが彼は、後年森鷗外が『妄想』で述べたような、自然科学の発達に未来への希望を託すという式の楽天的な望みは抱くことができなかった。それは雨森が日本人の知力を信じなかったからではない。彼には抑えがたい次のような疑念が生じたからである。西洋は巨大である――だがそれは知力の面と同じように道徳面においても進歩したといえる世界であろうか。彼には三田の大先輩がかつて言った次の言葉が思い出されてならなかった。

「文明とは結局、人の智徳の進歩。徳義の事は古より定まりて動かず」

西洋は疑いなく知性に由来する科学・技術・物質文明において偉大である。だが感情面の理想についてはどうであろうか。智徳の進歩と徳義のこととがもし別次元に属することであるなら、日本の在来の倫理についても別様の評価は可能ではないのか。雨森はこう考えた。

仁慈と義務に重きを置く日本古来の文明は、その固有の幸福理解や、その徳義を実現しようとする意志、そのより大いなる信念や、その歓喜に似た勇気、その素朴さ、その足るを知る心、その生真面目さ、その己れを空しうする心などにおいて、けっして西洋に劣けを取るものではない。西洋の優越性は論理的なものではない。西洋の優越性は算えきれないほどの難関を突破して発達した知性の力に存する。だがその知性の力は、強者が弱者を破壊するためにも用いられている。……明治の日本は必要に迫られて西洋の科学を学び、自国の敵の物質文明から多くを採用せねばならぬ境遇に立たされている。しかしいかに必要に迫られているからとはいえ従来からの正邪の観念、義務や名誉の観念を丸ごと投げ捨てねばならぬ道理はない……

雨森には、プロテスタンティズムこそが近代化の人間的・倫理的基礎だという宣教師好みの主張には根拠が薄弱なことがだんだんはっきりしてきた。それとともに徐々にある目標が脳裏に形を取って現れた。古来の日本の中で最良のものは極力これを保守保存し、何物でも国民の自衛や自己発展に益なきもの、不必要なものの輸入に対しては断乎反対する、という目標であった。そしてこの「採長補短」「国粋保存」の国民運動を展開するために、かつての国事犯の彼はついに祖国に帰って来る。太平洋を渡って相模湾に入り、富士山を仰いだ時には、外国文明に接したことにより、それ以外にはけっしてわかりようのなかった自国の価値や美点がはっきり見えたと思った。彼は依然として反政府の人ではあったが、その意味では祖国と和解した人として帰って来たのであった……

だがその頃の日本は想像を絶した欧化熱が風靡していた。伊藤博文、井上馨等政府首脳が先頭に立って、文明開化運動を推進していた。それは鹿鳴館の仮装舞踏会に象徴される西洋一辺倒の新日本帝国である。その仮装を見てフランス士官ピエール・ロティは「猿芝居」と嗤った。その有様を見て我等の新帰朝者は唇を噛みしめつつ、後に雑誌に発表する感想をこう心底に書きとめた。

　此社会を処理すること如何。
　唯自己の信ずる所を確守して動かず、国体と社会に害ある者は果断以て之を処分し、勇進直行して動くこと無くんば、夫《そ》の狂奔仮粧の踏舞者は、自ら疲労して斃れんのみ。要は国是を確守して動かざるに在り。

佐々木高行の明治会

「条約改正」時の伊藤博文の置かれた境遇を、古くは「憲法十七条」制定当時の聖徳太子や、近くは「憲法改正」当時の吉田茂の位置になぞらえて、同情的に取りあげた人は『鹿鳴館の系譜』の著者磯田光一氏である。氏はその際、狭義の鹿鳴館の時代は終っても、外来文化との接触が生むドラマは終らないことを言い、キリスト教もまた外来宗教であることに変りはない、と述べている。雨森信成の場合は、キリスト教を一旦受入れ、それを棄てた後に、日本の古来の神々がよみがえって来たところに今日的意味を有するドラマが潜んでいた、ともいえよう。ここでは彼の帰国後の日本主義者としての活動を語るに先立ち、一般に日本人の西洋文明摂取の諸態度について、ある具体的先例に即して語りたい。その事例が後年の雨森の場合とどのようにつながるかはじきに示される。

明治四年から六年にかけて米国・欧州を回覧した岩倉使節団の一行が、旅行の途中示したさまざまな反応は、その後の日本が西洋文明受容に際して示すさまざまな態度を予兆している点でも興味深い。一行を載せたアメリカ号が横浜を解纜して間もなく、使節団の首脳が二派に分れる事件がはやばやと持ちあがった。それはそれ自体としてはおよそ取るに足らぬ件で、若年の一随員が一行中の女子留学生にたわむれた、その男を模擬裁判にかけよう、というい ってみれば船中の手持無沙汰から提案された一件である。国内でなら通るべくもないその一件が通ったのは、西洋知識を売物にする福地源一郎がここぞとばかり、

「欧米ではこうしたことはよくやるのだ」

と言い張り、同調した伊藤博文が模擬裁判の判事役を買って出、それに釣られて大久保利通もつい承知してしまったからだった。アメリカ号の船上はすでに西洋である。西洋ではこういう風にやるのだから、という欧米的規範を持出されると人々はたちまち同調してしまったのである。福地等にとってはそうした事は船

中での食事が洋式マナーに則るべきと同然のことだったにちがいない。
その時、そんなことで十八歳の長野文炳を裁判にかけるのは、暇つぶしの模擬裁判であるにせよ、本人の面目にもかかわる、疵もつく、よろしくない、と反対した人が理事官で司法大輔の佐々木高行であった。土佐出身の佐々木は当時すでに四十二歳、伊藤博文より十一歳年長であった。彼は外国語こそ出来なかったが、幕末以来外国人と折衝した経験があり、当時としては新知識だった。漢学の根柢もあり国学の素養もある人なので、おのずから滔々たる欧米崇拝家とは選を異にしたのである。佐々木は反対したが、模擬裁判は結局行われることとなった。彼は日記『保古飛呂比《ほごひろひ》』にこう書いている。

日本ノ人情ハ人真似ヲナシ、生意気ナルコトヲ好ム癖アレバ、使節中ニ軽忽《けいこつ》ナル所行アル時ハ、大ニ諸生ノ毒ヲ流スト、例ノ愚眼ニハ見ユルコト也。後世君子ノ論ヲ待ツ而已《のみ》。

後世の論はいまどのような評価を下しているのだろうか。伊藤博文を先頭とする開化論者にとかく高い点が与えられてきたかに見える。磯田光一氏もまた伊藤に理解を示しているかに見える。しかし「欧米ではこうしたことはよくやるのだ」という、権威を欧米の習慣に求める流儀は、自己の主体的判断を放棄しているのではないか。
佐々木高行は開化に賛成の人であったからこそ米欧回覧使節の一行に選ばれもしたのである。ただ佐々木は西洋文明受容に際して日本の風俗習慣宗教を考慮に入れることに留意した。佐々木はアメリカではキリスト教が社会結合の一大元素である道義的感情を生み出していることに注目し、日本でそれに相応するものを祖先崇拝の神道的感情に求めた。私はこの種の着眼を非常に秀れたものと考えるのだが、岩倉使節団の一行は欧米文化を取りいれることに急で、佐々木の提言に耳を傾ける俊秀は少かった。西洋で暮すことの長い森有礼は米国で使節団一行に合流したが、全面欧化こそが日本の採るべき道と信じて疑わなかったから、天保元年生れの佐々木がワシントンまで来て神道を説くのを聞いて、この神がかりの時代遅れめが、と嘲笑った。久米邦武のような若い随員で西洋的教養のない人すらも、佐々木の旧弊を心中で小馬鹿にしていたのだと思う。一方、佐々木は佐々木で、伊藤博文や森有礼等を目して、このアラビア馬めが、と憤った。進み過ぎるだけが能という謂である。しかし日記を読むと、佐々木が米国で政治の要諦を意想外に正確に把握していたことが知られる。

（米国にては）宗教にて風俗を維持し、日曜日には大統領はじめ高官みな教会に参りて説教を謹聴する所に妙味あり。我が日本の今日（明治五年）の如く、孔孟も馬鹿、教とするに足らず、釈迦も同断、甚しきは（伊勢）太神宮を何とも思はず、耶蘇は勿論異端と見、宗教を重ぜずしては風俗は維持されぬなり。米国にては耶蘇新教を信仰し、能く人情に適せり。日本にては神道を基礎とし、之を助くるに孔孟の道を以てし、孰れも人々が真面目になるやうにせぬ時は、随意我儘となり人間の務はなくなるべし。日本の今日の勢ひは、才子ほど宗教道徳の事を軽んじ、斯る論をなすものを因循とか愚物とか唱へ、休日などには飛び廻りて遊蕩に耽り、芸妓や酌婦に戯れるを当代の人物と心得るの風あり。非凡の豪傑は此の弊ありても執るべき所もあるべけれど、愚人も何も彼も斯る行為を善き事と思ひ、悪風俗に陥るは恐るべし。此の辺の事より考ふるに米国の政治と風俗とは頗る妙味長所ありと感じたり。

佐々木高行には長男に高美がいた。文久二年（一八六二年）の生れで、明治十六年外務省御用掛となり、同十七年ロンドンの日本公使館書記生となって同地の大学で法学を修め、二十二年帰朝した。この佐々木高美は父の高行と同様、採長補短の説であった。以下は推測に過ぎないが、佐々木高美が雨森信成と親しくなったのはこの英国留学中だったと思われる。官費で学ぶ佐々木と、私費で苦労する雨森とでは身分も、出身も違ったが、しかし洋行中の日本人はそうした差を越えて親しくなるものである。とくに思想的に共鳴した二人であってみれば、生涯にわたる親交を外地で結んだことも合点されるところではあるまいか。

佐々木はまず四歳年上の雨森の知力に感嘆した。雨森は英国紳士と英語で堂々と議論を交わしてひけを取らぬだけではない。フランス語もドイツ語もよくした。スペイン語も読んだ。佐々木高美は感心して、履歴に疵のある雨森が一足先に帰国するに際して、父伯爵に紹介した。はたしてこの両人は主義的にも深く共鳴するところがあった。雨森が東京の英文ガイドブックを明治二十五年に出す際、東京府麻布区六本木町一番地佐々木高行邸寄留と書いたのは両人の親密な関係を裏打ちするものだろう。

ところで佐々木伯爵は、明治二十一年五月、西村茂樹等と謀って明治会を設立し、推されてその会長となった。それは鹿鳴館に象徴される過熱化した欧化主義に対抗する運動で、次に引く「明治会綱領」のごとき、今日の史家の多くからは反動的と呼ばれそうな内容である。しかし米欧回覧当時の佐々木高行の米国におけるプロテスタンティズムの社会統合に果す役割についての正鵠を射た観察を知る者には、成程と首肯される三ヵ条ではあるまいか。

敬神

吾人は……社会結合の一大元素たる道義的感情を有せり。此感情は天理の自然に発して、現在の父母に敬事し、遠く祖先の霊に及ぶ。此霊を神と云ふなり。故に本会の敬神とは吾人歴代の祖先が奉戴したる皇祖皇宗の神霊を恭敬し、併せて吾人と一気同体なる祖先の霊を愛敬するを云ふなり。其精誠の至りに、感あり応あるは、祖宗の性と子孫の心は本と一貫なるが故なり。而して身を立て家を興し国を護るを以て敬神の実行とす。

尊王
国異なれば其成立したる所以も亦異なり。本邦成立の淵源は、帝室にあり。故に本邦の臣民たる吾人は万世一系に在します　天皇を尊び忠を尽し身を致さんことを期す。

愛国
人々相関の交際は、先づ人々自立自愛して後に始まる。家々村々の交際は、一家一村の独立自衛によりて起る。国と国との交際は、先づ自国を愛護して後に行はるべきなり。故に平和の時には学術技芸殖産を以て国利を増進し、戦乱の際には、智略武勇忠烈を以て本邦を守護するに於ては吾人は身命をも惜まざるなり。……

そこに盛られた主張は二年後に出る『教育勅語』の内容をすでに先取りした感がある。明治会は各地に支部を置き、毎月、三綱領に基く定例の講演会を開き、『明治会叢誌』を発行した。それは国粋保存を唱える三宅雪嶺等の『日本人』と並んだ雑誌で、そこに筆を執った人々には佐々木高行・高美父子、西村茂樹、杉浦重剛、佐々醒雪、大町桂月、武島羽衣などがいた。そしてその明治会の幹事で『明治会叢誌』の編輯者となった人が雨森信成だったのである。

ハーンが描く「ある保守主義者」は、長年の流浪の末、西洋から日本へ一代の知的指導者、一世の師表として帰国する風に描かれている。それは事実に合わぬと従来指摘されてきた。しかし明治会において雨森が占める位置からいえば必ずしもハーンの曲筆ではなかったといえよう。それにハーンはすでにこんな留保も添えていたのである。

そのような企ては失敗に帰するやもしれなかった。だが失敗は恥ではなかった。

祖先崇拝とキリスト教

雨森信成は二十代の後半を西洋で過し、齢三十で帰国するや、明治会の理論的指導者として、あるいは講演し、あるいは次々に文章を『明治会叢誌』に発表した。明治二十一年十二月発行の第一号には一人で二つの論説を掲げたが、『愛国心ト四海同胞主義ノ関係』は同年十月七日第一高等中学校の講堂で講演したものである。それは両者の関係の中で「先ヅ第一ニ為スベキハ自存自愛ノ動作ナリ、国ニ取リテハ之ヲ愛国心ト云フ。之ナクンバ国亡ブ、国亡ベバ如何シテカ、同胞ノ親交ヲ結ブヲ得ンヤ。四海同胞ノ主義ヲ拡充セント欲セバ先ヅ愛国ヨリ始メヨ。如何ニ同胞ナレバトテ常ニ其助力ヲ仰グハ人タル者ノ耻ナリ。同胞ノ愛ヲ全ウセント欲セバ先ヅ自立ヲ計レ」という国際平和主義の前提としての自立自存を説いたものだった。

当り前の事を言う、と読者は思うかもしれない。しかし今も昔も国際平和主義には目が向くが、その前提からは目をそむける、というのが青年子女の理想主義の特色ではなかったろうか。雨森はまた忠君を説き、敬神を明かし、その博識でもって学理的にも明治会の綱領を裏付けた。明治二十二年一月の『明治会叢誌』第二号に掲げた『孝道を説きて先祖崇拝に及ぶ』の論など、東西比較論としてもすこぶる手堅くて興味ふかい。雨森は孝道は社会成立の原理に照して大切であり、「父母を尊敬して之に奉事すべきは」儒教に孝経、釈門に父母孝養経、耶蘇教に十戒、回教にコーラン奉事父母篇などがあるとした。そしてその論を一歩すすめて、

されば父母死したる後も之を尊敬すべきなり、死したる父母を尊敬す、之を先祖崇拝といふなり、蓋し

先祖とは死したる歴代の父母なればなり、既に父母を尊敬すといへば先祖崇拝は怠るべからずといふなり。

雨森がこのように主張したのは、来日西洋人宣教師の多くが日本人を目して祖先崇拝の徒であると非難してやまなかったからである。雨森は日本人の立場を擁護し、宣教師の非難にこう応じた。

十戒の中で「爾が父母を尊敬せよ」というのは、まさかただ父母のみを尊敬して祖父母、曾祖父母は敬うに足らず、という意味ではあるまい。宣教師の中には「死せる後は崇拝すべからず」という人もいるかもしれないが、しかし父母と称するのは父母の肉体を指すのではあるまい、肉体中に宿る霊魂を指すのであろう。そうであるなら霊魂が肉体を去ったからといってこれを敬遇しないでいられようか。

論者の中には先祖を崇拝するのは宜しいが、位牌を作って拝するのは良くないという者がいる。しかし敬祖の念が存する限り先祖の名を記して永く記憶に留めようとするのは当然ではないか。先祖の霊に形はないが、敬祖の情が盛んであるからには、これを動作にあらわして位牌に敬礼するのは自然である。「父母を尊敬すべきことは既に十戒中に其命令あり、之を尊敬すべき標的を造るはその教意に合ふものなり」

また論者の中には先祖を崇拝するのは十戒の第一条「汝ぢ我れの外に神ありとすべからず」という戒に背く、だからキリスト教信者はこれを行うことが出来ない、と説く者がいる。そしてそのために日本のキリスト教改宗者の中には宣教師に言われるままに位牌を棄て過去帳を焼き棄てる者が往々にして出る。だがそれは一体何事だろうか。カトリック諸国では万聖節の夜には先祖のお墓に提灯を点し、プロテスタント諸国でもその日には先祖親族の墓にお花を手向けるではないか。家族バイブルと名付けた書物には旧約全書と新約全書との間に家族記録という若干葉の白紙が綴込んであって一家の誕生婚姻死去の年月日を記し、過去帳の精細なるものを製しているではないか。米国人宣教師は日本人の祖先崇拝を難じるが、米国人も国祖ワシントンの誕生日には全国で祝賀の宴を開くではないか。キリスト教もその奥義を探れば決して祖先崇拝に反するものではない。

余が所謂る先祖崇拝とは先祖の霊を尊敬することなり、エホバに非ず。されば十戒の第一条に背かず、反て其第五条に従ふものなり。先祖の霊を尊敬するも猶ほ第一条に背くといはば、十戒の第五条は第一条に抵触するなり。智徳円満のエホバにして、豈に斯く前後矛盾せる戒法を設くべけんや。先祖崇拝は第一条に悖れりとは畢竟解釈の誤謬なるのみ。

興味深いことはカトリック教会側のこの点についての解釈の変遷である。カトリック側がアジアでも攻勢に立っていた十九世紀後半――というのは植民地支配が着々と成功を収めていた時期だが――は、もちろん祖先崇拝を頭ごなしに否定していた。それが二十世紀が進むにつれてだんだんと東洋的慣行に妥協し始めたのである。一九三八年ローマ法王庁の布教聖省は、死者の前あるいはその肖像の位牌の前で「頭をさげるとかその他の世俗的な敬意を示すしぐさ」は「正当かつ適当」と見做さるべきである、と述べるにいたった。ハーンは各国の習俗の多様性を重んずる立場にあったから、日本人の祖先崇拝や日本国民全体の祖先崇拝ともいうべき皇祖皇宗をふくむ皇室崇拝について、宣教師やクリスチャンが異を立て摩擦を起すたびに「手前勝手な反対をする」と苦々しく思った。ハーンはまた、母の国ギリシャが十九世紀、帝国主義列強の間にはさまれて半植民地と化したことの悲哀を身にしみて感じていたから――母の気の毒な運命もギリシャが弱小国であったこととけっして無関係とはいえなかっただろう――極東の島国がナショナリズムを奉ずることをむしろ可としていた。明治二十三年十月三十日、ハーンは松江中学校に勤めていたが、知事が教育勅語を奉読するのを聴いて、その情景を『英語教師の日記から』に好意をこめて記した。それだけに東京の第一高等中学校で勅語奉読式に際して拝礼を拒否したクリスチャンの日本人教師がいたと聞いてその非常識に驚いた。またイギリスから来た宣教師の中で天皇の御真影の前で敬礼することを偶像崇拝と言い立てる者がいると聞いて、なんたる思いあがりか、という気持であった。ハーンは松江中学校の生徒に向って言った、英国でヴィクトリア女王の御真影の前で敬礼しないイギリス国民はいない。

ハーンは日本人のこの祖先崇拝の問題について後年、雨森とも種々議論を重ねたことであろう。その問題を長く心中に温めていたが、十年後、『お大《だい》の場合』を発表して、宣教師批判としたのであった。

『お大の場合』

一九八四年、ハーンの一冊本選集 ***Writings from Japan*** がペンギン文庫から刊行された。解説を付したのは国際ペンクラブの会長で英国の作家フランシス・キングである。海外でもハーン再評価の気運が新たにきざした一証左といえよう。キングは過去百年を振返り、日本解釈者として第一の座を占めるべき外国人は、ロティでもベネディクトでもライシャワーでもなく、やはりハーンであるようだ、いかに学識があろうともほかの人は結局ハーンに及ばなかった、すくなくとも日本人がそのように見ていることは間違いない、と説いている。その一巻本には『ある保守主義者』はもちろんはいっているが、一昔前なら敬遠されたに相違ない『お大の場合』も選ばれている。そこに時代の推移を私は感じた。その話の筋はおよそこうである。

お大《だい》という女は位牌を川へ捨てた。御先祖様の位牌である。私たちに亡くなった父や母、祖父や祖母を思い出させてくれる位牌、先祖との大切なつながりを意味する位牌をお大は捨てた。イギリスの宣教師の女が、親切そうに寄辺のないお大をキリスト教に改宗するようすすめ、改宗したら助手に雇ってやるから、と言ったからである。お大は自分が宗旨を変えたからといって世間は別になんともいわないだろう、と思った。事実、世間は別に構わなかった。なんだい、あのお大は異人さんにくっついてばかりいるじゃないか、と笑われた程度だった。しかしお大が位牌を川へ捨てた、ということがひとたび世間に知れると途端に世間のお大を見る眼ががらりと変った。

「あの女は人でなしだ」

その感じがたちまち、本能的に人々の間を走ったのである。世間はお大に対して口を利かなくなった。

お大は自分としては位牌は捨てたくなかった。小さい時一緒に遊んだ兄さんの小さな位牌を捨てるのは、お大にとってわずかに幸せだった幼い時の思い出を捨てるようなものだったからである。それだけに宣教師のイギリス女に「キリスト教の神様以外を礼拝してはいけない。位牌はお捨てなさい。仏壇はいけません。それは偶像崇拝です」と言われた時悲しかった。自分にも位牌を捨てるのは悪いことという自覚があった。それでこっそり捨てた。それを世間に見咎められた時、お大は村八分にされるのはしょうがない、自分が世間の掟にそむいたからだと思った。

その世間の掟というか、日本人の間にしみわたっている祖先崇拝の感覚についてハーンはこう書いている。

東アジアで、社会が社会として維持されているのは、いま生きている人が御先祖様を有難いと思っているからである。子供が親に孝行をする、という感覚は、親が亡くなった後でもお墓参りをする、という故人を偲ぶの情にあらわれる。たといほかの誰が見ていなくとも、こうしたことをしては御先祖様にたいして相済まない、お天道様に申訳けない、そういう気持があればこそ日本社会は他の社会に比べてはるかに安定しているのである。

宣教師は信者を一人ふやしたと得意だったが、お大を見るはたの目がどうなっていたか皆目わかっていなかった。お大は助手として働いているうちは暮しが立ったが、宣教師の女に「自分は近々帰国するからお前にもう用はない」といわれた時、真青になった。まわりの日本人が位牌を捨てたお大を人でなしとみなして相手にしてくれない。その事情が自己中心的なキリスト教宣教師には全然つかめなかったからである。宣教師が帰った後、暮して行けなくなったお大はしまいに女郎屋に身を売る破目となる。だが女郎屋の主人までが言った。

私は自分のやってる商売がたいへん恥しい商売だということはよくわきまえている。しかしお前さんみたいなことをした女にはお客だってよりつかない。だからお前さんを身許の知れないよその町へやるがそれでもいいいか。

ハーンのこの結びの言葉は、祖先崇拝を偶像崇拝と呼んで小馬鹿にする人々の無理解が、いかなる悲惨をもたらすか、それを印象づけるための工夫であったかに思われるが、すでに一八九三年二月四日の彼のチェンバレン宛の手紙にこの事件のあらすじは報ぜられており、実話であったことが知られるのである。ちなみに『お大の場合』を含む『日本雑録』がはじめて世に出たのは一九〇一年（明治三十四年）で、ハーンはその五年前に世に問うた『心』でもそれとなく先祖の位牌を問題としていた。読者はすでに気づかれたかもしれない。『ある保守主義者』の末尾で、主人公は西洋＝近代へ長年流浪した挙句、結局故郷の家に帰って「先祖の位牌の前」に立つ、という風に話が結ばれていたからである。

猿真似を拒んだ人

明治二十年代初期は、いままで物質面での文明開化をもっぱら唱導してきた福沢諭吉に代って、徳富蘇峰が論壇の寵児となった時期である。蘇峰は精神面での文明開化をしきりに説いて青年読者にアッピールしていた。『国民之友』第四十四号はいう。

彼の所謂鎖国的の精神をして、擲却せざるべからず。何をか鎖国的の精神と謂ふ、曰く、他人を敵とするの精神なり、自ら株守せんとするの精神なり。
我が国民は宜しく其全力を尽し、汲々として其の野蛮の陋習を去りて文明の化に向ひ、以て其の進歩と多福とを求めざるべからず。復《ま》た何の遑《いとま》ありてか鎖国的の精神を容れんや。

キリスト教の洗礼を受けた直後の十七歳の島崎藤村もこの種の精神的高揚の中に生きていた。それだから右の蘇峰の論調に同調しただろう。それだけにその論を目して、「未だ自ら守らずして進歩する者あるを見ざるなり」などと批判する人の言辞は一顧だにしなかっただろう。鎖国攘夷をした「あの頑固な可畏《おそろ》しい阿爺」がいたからこそ、自分たちの世代は多少なりとも近代の精神に触れ得たのだ、という「鎖国は開国の精神」という自覚に達するにはなお四半世紀の歳月と藤村自身の洋行体験とを必要としたのである。だとすれば、雨森が明治二十二年四月『明治会叢誌』第五号で民友記者の説を排した次の論など、当時の若者にはほとんど訴えなかったのではあるまいか。

国を開きて欧米と交通し、其学術技芸を輸入採用するを軽躁に見れば、昔時の鎖国攘夷主義を棄てたるが如くなれども、素《も》と之を輸入し之を採用するは、彼れが富強を致せし要素を以て我国体を発養し、彼に対し彼に当りて我れを守らんが為めのみ。其精神に於ては鎖国攘夷に異ならず。……鎖国は開国の精神、開国は鎖国の作用なり、開鎖元来同体にして一なり。
然るに世の軽忽者は此精神、此理由を解せずして、学術技芸を輸入するの事相のみを見て、鎖国論は廃れたりと覚悟し、単に西洋流を学ぶを以て進歩と心得、自国を以て野蛮と為し、外国を尊崇す。是れ真の開進に非ず、自国の本領を忘れたるなり。

雨森はまだ三十を越したばかりの青年であったが、「洋行帰りの保守主義者」として、後年の藤村の心境をいちはやく我物とし、西洋化即近代化と安直に考える明治知識人の多数を相手に次々と論争を挑んだのである。明治二十二年七月の『明治会叢誌』の論説『学理とは何ぞ』も欧化主義の時代の日本の学界の弊をついてすこぶる面白い。それというのもこの種の指摘は第二次大戦後の日本の学界にあてはまるものをなお多々持っているからである。

近来欧米の学問我邦に輸入せられてより、甲乙争ふて之を研究するは智識を広むるの一端として宜しき事なれども、彼の学者が言ひたる学説を其儘に丸呑みにして……西哲某曰くとか言ひさへすれば一も二も無く議論定まれるが如く思ふは歎かはし。

甚だしきは欧米の歴史中には斯の事実ありたるが故に日本に於ける某の事実も斯の如きものなりといひ、又は日本の法律を定むるに悉く之を欧米の法典より取り来りて之を日本に布《し》かんとし、人ありて「日本には斯の習慣古例あるが故に其の条目は削りて改むべし」といふ時は、之に答へて「然れども欧米の法典中に左様の先例なければ用ゐ難し」抔といふ、是れまた何の心ぞや。思ひ見よ、彼の欧米の学者が註釈したるは欧米歴史の事実なることを、彼等が定めし法律は欧米社会の状況に適せしめんと欲したる者なることを。一般の学理すら猶ほ仕入衣服の如くにして、之を仕立直さずば用ること能はず。況んや故《ことさ》らに彼に合せて造れる者をや。之を其儘にて我邦に応用せんとするは、恰も人の古靴を購ひ来りて之に合せんとて自己の足を削るが如し。

日本歴史の事実は史実について講究するがよく、日本の法律は日本の事実に合せて制するがよい。世間の人は自己の身体に合せて新しい衣服を拵え、自己の足に合せて新靴を造る。しかるに、

学説の衣服、法律の靴に於ては自己の体格を基本とせずして故らに彼の他人の着古しを用んとす。何んぞ其惑へるの甚しきや。……請ふ削らるゝ足の災害不幸を顧みよ。

興味深いのは、雨森とほぼ同じ時期の明治二十一年に帰国した森鷗外が衛生学の分野で、西洋の学者が言った学説をそのまま丸呑みにすることの不可を説いていたことである。「学理とは何ぞ」という点について、鷗外は帰朝後の処女講演『非日本食論は将に其根拠を失はんとす』で次のように主張した。

……古の学校にて教育せられたる人は物を知るを要せず、物を信ずれば足れりと心得たり。物を信ずるには依拠する所なかる可からず。其依拠する所は則ち権柄《けんぺい》ある人なり。権柄ある人とは独り官職などに就きて言ふのみならず、学問世界にも亦た権柄家あり。孔子は斯くこそ言ひたれ、釈迦は斯くこそ教へ置きたれと云へば、言葉を反す人もなかりしは、是れ孔子と釈迦の権柄家たるを以てなり。若し諸君をして此の如き聴衆ならしめば、人の演説を聴くにも、彼は大学の教授なり、……其説く所よも間違はあるまじと信ぜらるゝならん。果して然らば、……余も唯だ彼は云々、是は云々と事実を列挙し、折々古今の諸名家を後楯《うしろだて》に取て話しなば、諸君は一も二も無く信服せらるゝならん。

鷗外は西洋という外来の権威にすがろうとする人の心理を、一時代前の人の権威に盲従する心性を語ることによって、明らかにした。そして日本陸軍の兵士の体格にあわせて、実験上のデータを基に兵食をなにに

すべきかを決めたのである。いいかえると、カロリー計算の結果に従って、洋食やパン食でなく、米食をもって陸軍の兵食と定めたのである。鷗外は『妄想』で当時の論争を振返ってこんな風に言っている。

食物改良の議論もあつた。米を食ふことを廃めて、沢山牛肉を食はせたいと云ふのであつた。その時自分は「米も魚もひどく消化の好いものだから、日本人の食物は昔の儘が好からう、尤も牧畜を盛んにして、牛肉を食べるやうにするのは勝手だ」と云つた。

そのような自分の立場を鷗外は「洋行帰りの保守主義者」と呼んだ。片や法学歴史学、片や医学衛生学という学科上の違いこそあれ、雨森信成と森林太郎と、その批判的姿勢がいかにも似通っているではないか。西洋帰りが行李の中からなにか新しい手品を取り立てて御覧に入れるのが常となっていたこの時代、二人は無類の西洋通でありながら——いや無類の西洋通であったが故に——西洋の猿真似を演ずることを断乎として拒んだのであった。

淡泊な浜の商紳

佐々木高行の長男高美は明治会、皇典講究所、国学院日本中学校などの経営に努めたが、明治三十五年四十歳で父伯爵に先んじて亡くなった。その佐々木高美の追悼録が大正八年になって出たが、国文学者池辺義象は当時を回顧してこう書いている。

明治会が段々盛になり、その〔明治会叢誌〕編輯も忙がしくなつてからは、横浜の雨森信成と云ふ人が、いつも来て同じく執筆したのである。この人は至つて淡泊な商紳で、〔佐々木高美〕大人との間は君僕の詞つかひで通して居つた。基督教義にも深く通じ、且つ浜の商人であるから西洋の事情はなか〳〵精しかつた。その主義はいつまでも明治会主義であつたから非常な益友であつたが、今は大人と同じく故人となつた。

これがいままでのところ私の目に触れた編輯者としての雨森信成についての唯一のスケッチである。帰国後の彼が横浜に住んで、東京と横浜の英文案内書を執筆し、西洋洗濯屋を開いた話はすでに述べた。ハーンの手紙によれば株にも手を出し、生糸取引もしていたという。生糸の産地福井の出であってみれば横浜に住んでこの種の取引の上でなにかと人に先んじて情報を得、財もなしたことであろう。

私は明治二十三年当時の雨森はすでに資産を築いた「浜の商紳」であったと推測する。その年の八月の『明治会叢誌』には明らかに雨森と思われる「横浜居士」なる人が『大黒とマムモン』なる漫録を寄せ、従来の儒教的金銭観や一部キリスト教徒の金銭観を否定して、

元来福利を以て悪とするは社会発達の理に通暁せざるの説なり。世界実際の事情に迂《う》とき論なり。

と人生の目的としての福利を説いていたからである。そしてそう説いた上で大黒様の教えを引いて貪慾を戒めた。そうした教訓の垂れ方は雨森自身が実業人としてすでに成功していたなればこそと思うのである。

それでは知的職業に未練がなかったのだろうか。ハーンが雨森に宛てた手紙に、日本当局が雨森のような偉才を教授として雇わぬことの愚を嘆く一節があった。明治二十六、七年の手紙だが、それは雨森が高等学校の教授の地位を望んで断られたことを示唆しているようである。なぜ職に就けなかったのだろうか。おそらく雨森に正規の高等教育を受けたという肩書が不足していたからであろう。すでに明治二十三年八月の随

筆『所謂文明智即是器械智』は、帝国大学出の学士なる者を、

目録に掲げたる諸教科書の変化して人といふ形体を具へたるに他ならず。

とこきおろしていた。その明治二十三年は夏目金之助が第一高等学校を卒業して帝国大学へ進学した年に当るが、そのように学制が整備されるにつれ、雨森のように肩書のない人は、いかに知的に傑出した頭脳であろうとも、当時の限られた数の教授職に就くことはいよいよ難しくなっていたに相違ない。右のユーモラスな学士攻撃には、そうした雨森の口惜しさもこめられていたのだろう。

しかし商人としてさまざまの事業に手を出すと、『明治会叢誌』の編輯に全力を傾注することはだんだんと難しくなった。もっとも本人は意気軒昂として、あるいは歴史哲学を講じ、あるいは論争を挑んだ。明治二十年代の初期、帝国大学系の史学者の間には、素朴な実証主義を奉じて、過去に史実といわれたものの多くを次々に抹殺する重野安繹や久米邦武等が現れて世間の注目を惹いたが、雨森はその種の「抹殺博士」に嚙みついて、『歴史哲学梗概』の第一回にこう述べている。

例へば先頃或る博士が義仲が戦場の祭文は実に達文なり、迚も戦場にて即席に僧が作り得べき者に非ず、故に此祭文は偽物なりと論じたることあり、笑ふべき論といふべし。

この批判はそれ自体としても一興だが、その次に雨森の日常がふと覗けて見えるので一層面白い。すなわち博士連はこの種の祭文に一週間も費し、草稿を三、四度も書き直すのだろう、しかし、

世には其様の閑暇の無き人あり。余の如きも名文らしきもの一も作りたること無《なけ》れども、本誌に掲載する所の文章、及び其他米国新聞の寄書《きしょ》抔も概ね、商店の机上に於て、算盤と帳面を片手に記すことなり。然るに他人若し余が文を見て、雨森は横浜の商人なり、毎日店頭に在りて射利に暇なき男なるが故に、国家学とか歴史哲学抔いふ講義を記し得べき筈なし。因て『明治会叢誌』に雨森が名義にて掲げたるものは皆他人の作なり、偽名なり、抔と云はば笑止なる事ならずや。某博士が論も是に均し。博士自らは戦場に於て名文を記す能はざる可けれども、夫れ故に木曾が祭文は戦場の作に非ずと論ずるは、抱腹の外なし。

雨森はこのように官学の有力者を敵にまわして椽大《てんだい》の筆を揮った。その論争の文章はそれなりに舌鋒鋭く刺戟的だが、ハーンを論じた際の英文に見られる丹念さに欠けている。やはりあくまで時文であって、後世に伝えるに足るだけの磨きはかかっていない。

雨森は文筆活動を開始してほぼ一年後の明治二十二年九月、やや生彩に欠ける『政治界の動力と反動力』を掲げた。生彩に欠けたのは翻訳だったからである。商売に忙しい雨森はついに種が尽きて、『明治会叢誌』に、もと自分の英文とはいえ、前に草した論を和訳して埋草としたのだった。

一体、翻訳という仕事には、雨森が先に唱えた、日本の学者は日本の体格にあわせて学説の衣服や法律の靴を作らねばならぬ、という立場と矛盾するところがあった。自己の英文を和訳している限りはまだよい。だが西洋の学者が西洋の読者を想定して著した論文を訳して、それでもって『明治会叢誌』の紙面を次々と埋めるにいたったのは、編輯者として拙なる策ではなかったか。雨森が明治二十三年四月からスイスの法学者ブルンチリの『欧州国家学』をほぼ満二年間、毎月のように連載したのは、国家学の見地からすれば一大功績でもあったろうが、国民運動を展開すべき綜合雑誌としてはただ読者を失うだけの結果ともなったろう。

佐々木伯爵家は『明治会叢誌』のために多くの資金を提供したが、明治三十二年ついに廃刊を決意するにいたった。雨森の執筆は日清戦争前後までなお盛んだったが、その後は編輯からも遠のいたらしい。それでも文筆活動そのものを止めたわけではなく、ガイドブックの執筆のほか、内外の英字新聞に寄稿していたものと察せられる。興味深いのはハーンその人の批評で、明治二十八年三月、ハーンは英字紙『神戸クロニクル』に出た激越な文部省批判の執筆者は雨森と推定した。そしてその感想をチェンバレンにこう書き送った。

日本人の諷刺文は、どんなに見事な英文であろうと、どこか不快ななにかがあります。どうも感受性の知覚能力の程度がまだわれわれ西洋人の程度に達していないようだ。もちろん私が問題にしているのは日本人の中でも最良の英語の達人ともいうべき人々のことです。相手に対する同情といった筆致がいつも欠けている。……

当時のハーンは眼の具合も精神の具合も著しく悪く、日本の知識人とはものの一時間も同席するといたたまれなくなる、という風であった。それだから右の推定や批評は多少割引いて考えるべきことかもしれない。ただ雨森の文章に同情や共感が欠けているという指摘は、日本語で綴られたある種の時文の場合にも確かに言えることとは思う。だがそれにもかかわらず、私はハーンが述べた論はやはり間違いだったと思うのである。ハーンは知るべくもなかったが、その死後にあらわれた内外のハーン論中、もっとも豊かな人間的共感に溢れ、いちばん深い理解を示した一文は、先にも見た通り、雨森の英文 Lafcadio Hearn, the Man だったからである。

大和魂(一)

なお最後に雨森のいま一つの代表的英文、『大和魂』*The Japanese Spirit* に触れなければならない。

学生時代の夏目金之助の願いは将来、日本の「洋文隊の隊長」となることだった。漱石も明治青年の一人としてナショナリストだったから、英語のもの書きとなり、世界に向って日本の為に弁じたいと願ったのだろう。二十八歳の時、横浜の英字新聞『ジャパン・メイル』の英文記者を志望したが、不採用に終った。その不首尾の直後、漱石は都落ちして四国松山中学校の英語教師となるのだが、結果的にはまことに幸いした。第一にそのお蔭で漱石は英文でなく日本文で日本の読者に向けて書く作家となったからである。第二に日本が経済大国となった今日ですらも日本人の手になる英文記事が英米のジャーナリズムを騒がせたためしをおよそ聞かない。だとするとかりに漱石が当時横浜のローカルな英字新聞の英文記者となったとして、英米の論壇中央にペンの力で進出できた可能性は、漱石の文才をもってしても、まずゼロだったからである。そういうと、明治の日本には内村鑑三のような英文で自己主張した人がいたではないか、という反問が出るやもしれない。だが内村の英文は、影響力という点では取るにも足らぬ宣教関係の小冊子に出たものも、いまではことごとく全集に拾われている。そのお蔭で一見英文作家のような印象も与えているが、刊行当時はその主著さえが肝腎の米国でまったく無視されたことは前にも触れた通りである。

有体にいえば、よりポピュラーな新渡戸も岡倉も、明治三十七年以前は海外でさほど知られていたわけではなかった。ところが日露戦争が勃発し、日本軍の勇戦奮闘が伝えられるや『武士道』も爆発的に売れ始めた。岡倉天心は『茶の本』で、

西洋は、日本が泰平な鎖国下で文事に耽っていた間は野蛮国と見做したが、満洲の戦場で大々的に殺戮を行うやいなや文明国と呼ぶにいたった。

と皮肉を述べた。その岡倉の英文著述も、いやハーンの著書すらも、日本軍の善戦が世界に報ぜられるや、

それに乗ずるごとく西洋各国でも「大々的に」売れ始めたのである。

横浜在の雨森に外国から執筆依頼が届いたのも正しくそうした時勢の故であった。なぜ日本兵はかくも勇敢であるのか。戦争と日本婦人の関係はどうであるのか。雨森は『大西洋評論《アトランテイツク・マンスリー》』の依頼に喜んで応じ、大和魂についてまず論じた。米国では二十世紀にはいるとともに月刊誌として『センチュリー』が伸びてきたが、それでもボストンの『大西洋評論』が依然として一番重きをなす雑誌であることに変りはなかった。雨森は銃に代えるにペンで戦うつもりで書いた。その文が、祖国の良きイメージを西洋に拡めようとするプロパガンダ的色彩を帯びたことは避けがたかったが、著者その人の独自の見解もまたはっきり示されていた。いま雨森が語る日本人の死生観と倫理についての論を紹介したい。

雨森は、公人としても私人としても、武士的な旧来の倫理感情に忠実な人だった。それは食うか食われるかの帝国主義の時代が日本人全体に忠君愛国の倫理を要求したからでもあったが、雨森においては少年時に習った「君ニ忠ニ、親ニ孝ニ」の徳目が、日本人としてのアイデンティティーを求める大人の心に蘇ったからでもあったろう。洋行帰りの保守主義者が進んで教育勅語を支持したことはすでに述べたが、しかし雨森の『大和魂』論には、日本人の霊魂の中に入りこんだ、さらに奥行のある説明が次のようにつけ加えられていた。その主張は、福井という祖先崇拝の念の篤い、仏教的風土で育てられた人の声でもあった。

日本兵士はなぜ勇敢であるのか。それは日本人が御先祖様の顔に泥を塗ってはならぬ、と感じているからである。

「御先祖様の御位牌に対して申訳が立たない」

「御先祖様の霊に対してなんとお詫び申しあげればよいのか」

雨森は日本人の敬神の情と、それに由来する慣習を以下のようにも説明した。日本において死んだ者は、霊の姿において、生者とともにある。先祖の霊は生者の暮しを草葉の蔭から見守っている。それだからこそ善い立派な働きをして御先祖様の名をあげ世に知らせることは名誉なのである。死者は生者と栄誉を共にする。儲けがあれば商人は神棚や仏壇にお供えをする。昇進すれば会社員はお灯明をあげて報告をする。旅に出る前も、無事帰った後も、まず神棚に向って柏手を打つ。戦地で仆れた者も、英霊となって招魂社へ戻って来る。その霊もまた我々を見守っている。生者はその霊に見守られている視線をどこかに感じている以上、かりそめにも卑怯未練な真似は出来ない。

この敬神の情はまた忠君の情にもつながる。一軒一軒の家に神棚があるが、そこには天照大御神が祀られている。皇祖皇宗は日本国民すべての祖先といえる。祖先も皇室に忠義を尽したのであろう。自分もまた尽す。そのような感情は当然愛国心に転化する。産業的・商業的に劣る日本がいま大国ロシヤを破りつつあるのはこの愛国心と皇室への忠義の心が一つと化しているからである。そして雨森は皇室を説明する際にはこんなたとえも持出した。「アブラハムがパレスチナに帝国を建設し、その子孫が万世一系、十二の部族を支配して今日に及んだと仮定せよ……」

学術的に吟味するなら、雨森の『大和魂』論は、いろいろ欠点もあるだろう。シニカルな観察者なら、これこそ忠君愛国教という「新宗教の発明」だと批判するやもしれない。しかし私は、雨森の日本精神論とその四十年後に出たルース・ベネディクトの『菊と刀』とを引き比べて、雨森の方がいかにも正鵠を射ている、と感じた。すくなくともそうした問題の核心にふれた節があった。第二次大戦後、ベネディクトはプロテスタント系文化を「罪の文化」と呼び、「恥の文化」と呼ぶ日本文化と区別した。罪の文化では人は内面的な罪の自覚に基いて行動する。それに対して恥の文化では人は世間という外面的強制力を意識して行動する。恥とは他人の批判に対する反応である。

ところがベネディクトのその区分とは異って、雨森に従えば、日本人は敬神と祖先崇拝に基いて行動する。すると人はそこでもやはり内面的道徳律に基いて行動していることに気づかれる。他人が見ていようがいまいが、恥ずべきことをしては御先祖様やお天道様に相済まぬ。そのように感じて身を処する人は、世間の義理を欠くことを惧れて、外的強制力の下に行動する人ではない。――私はベネディクトが『菊と刀』で試みた二分法はいかにも恣意的かつ安直と感じていただけに、雨森の右の指摘にむしろ共感を覚えたのである。

しかし私が雨森の『大和魂』論中、祖先崇拝が生者の徳性に及ぼす影響を強調する論を読んで一番驚いたのは、その見方がハーンその人の日本観の基調ともなっていたことである。周知のようにハーンの遺著『日本――一つの解明』は著者がはじめて助手の援けをいっさい借りず、独力で書きあげた著書である。ハーンが雨森の助言を乞わぬ様を見て、家人はハーンがついに雨森と不仲になったかと懸念した。そしてそのようにして書かれただけに、『日本――一つの解明』の根幹的主張は従来ハーンその人が独力で到達した神道観であると見做されてきた。それは日本は祖先の霊（カミ）によって支配されている国とする観方である。（ハーンはそれだから日本を「神国」と呼び、自著の日本語の題として漢字で「神国」と原稿用紙にも書き添えたのである。それは大東亜戦争当時に呼号された「神国日本」とはニュアンスを異にする「神国」であった）。

ハーンは来日当初、松江に住んだ時から神道に心惹かれた。祖先の霊が持つ意味に気づいていたからこそ『お大の場合』にも位牌をとくに問題とした。フュステル・ド・クーランジュの『古代都市』も、本居宣長や平田篤胤におとらず、死者の霊が持つ意味について教えてくれるところがあった。しかしハーンが、チェンバレンもサトウもアストンも見逃した日本における神道の重要性を認識する最初の西洋人となり得たのは、やはり雨森との十余年に及ぶ長い交友があったからではあるまいか。もっともハーンとしては、雨森も自分との交際裡に神道解釈についてやはり多くを学んだ、と感じたに相違ない。いずれにせよ最晩年のハーンは、かつて『ある保守主義者』を最後に仕上げた時と同様、『日本――一つの解明』を仕上げるに際して、余人の力はいっさい借りず、独力で総合を試みたのである。ハーンはそれを自分自身の作品として完成しようとしたのだ。その著者の苦心惨憺を節子夫人ははたではらはらしながら見護っていた。明治三十七年ハーンはその原稿をついに脱稿しマクミラン社へ送った。

その同じ年、一九〇四年十月、雨森は『大和魂』の論を掲げてボストン論壇にデビューした。だが雨森がこの論を是非読んでもらいたいと願っていたハーンは、雑誌が出る直前の九月二十六日に亡くなった。ハーンがその数日前に最後の校正を終え、その校正を是認した電報を打った『日本——一つの解明』はこうしてハーンの遺著となった。

雨森は翌一九〇五年十月、引続き同じ『大西洋評論』に故人を追悼して『人間ラフカディオ・ハーン』を寄せた。今回の文章はプロパガンダでないだけに、前作と違うしみじみとした出来映えとなってボストン文壇の人々の胸を打った。ハーンにおける仏教や神道の意味も過大視することなく適切に評価されていた。

そのころかつての福井藩のお雇い外人であったグリフィスは、年齢も六十を越し、牧師をやめてイサカの町で文筆生活にはいっていたが、『大西洋評論』に載った雨森の堂々たる英文に感嘆した。日露戦争が始ると日本は日本キリスト教界の有力者を次々と米国に送りこんで、戦争の義戦である所以を訴え、米国世論が親日的になるよう宣伝活動を策した。グリフィスもそれら日本人キリスト者が各地で日本のために弁ずる英語講演のお膳立を手伝った。だがその人たちの凡百のスピーチよりも、『大西洋評論』に載った雨森の『大和魂』一篇の方が、米国人に日本を理解させる上で、はるかに効果を奏している。“A tribute to the spirit of the Japanese people.”そう叫ぶや、グリフィスはすぐ『大西洋評論』社気付で雨森に手紙を書いた。雨森も返事とともに写真を一葉送ってよこした。彼が続いて『人間ラフカディオ・ハーン』を掲載した時、グリフィスはただもう驚嘆した。そしてハーンと雨森との友情を真に羨しいものに思った。

だがこのようにして三十年ぶりに再開したグリフィスと雨森との文通はまたじきに途絶えた。雨森は折角、世界の論壇中央に登場する機会と資格とを得た類稀な日本人となりながら、一九〇六年（明治三十九年）三月一日、数え年四十九歳の若さで腫瘤を病んでにわかに亡くなってしまったからである。

大和魂 (二)

大和魂！　と叫んで日本人が肺病やみの様な咳をした。……大和魂！　と新聞屋が云ふ。大和魂！　と掏摸《すり》が云ふ。大和魂が一躍して海を渡つた。……東郷大将が大和魂を有つて居る。肴屋の銀さんも大和魂を有つて居る。……大和魂はどんなものかと聞いたら、大和魂さと答へて行き過ぎた。五六間行つてからエヘンと云ふ声が聞こえた。

これは夏目漱石の『吾輩は猫である』第六章の末尾の一節である。漱石は日本人が無暗に大和魂とか武士魂を強調するのは、自信のなさの裏返し、と観察した。劣等感の裏返しとしてのナショナリズムの空疎な強がりを漱石は右のようにカリカチュアに描いてみせたのである。

雨森の *The Japanese Spirit* も「日本精神」と訳すより「大和魂」と訳す方がふさわしい内容であるだけに、強がりがないとは到底言えなかった。内容に招魂社の思想を説いて示唆に富む節があるとはいえ、あくまで戦時下の宣伝評論であった。その際、雨森は私人でありながら、明治の「体制の思想家」として活動したのである。そして大和魂を一躍太平洋の向うへ渡らせたのである。ちょうど新渡戸稲造が生涯「日本の常習的弁護人」として英語を駆使したように、また岡倉由三郎がロンドン大学で一九〇四年やはり「大和魂」について英語で講演してメレディスの序文を得てその講演を公刊したように、雨森も英文で日本の美点をことさら強調したのだった。いまその雨森の態度を彼より九歳年下の夏目漱石と比べてみよう。

日露開戦直後は『従軍行』の詩を書いて興奮した漱石が、『猫』で大和魂を冷やかすことが出来たのは、日本が戦争に勝利を収めたからである。漱石とても、もしかりに日露戦争の最中、東京帝国大学で英文学を講ずるその知力と英語力とを買われて、欧米の有力雑誌に The Japanese Spirit について寄稿するよう求められたとしたなら、『猫』第六章のような戯文はけっして書き送りはしなかっただろう。漱石は「洋文隊の隊長」となることをとっくに辞めて、明治三十八年の秋にはもっぱら国内読者向けに書くようになっていたからこそ、あの『猫』にあるような皮肉な批判も書けたのだ。

同じことは富士山についてもいえる。雨森が生涯の喜びとしたのは、前にも触れたが、ハーンの手で『ある保守主義者』のモデルとして描かれ、祖国への回帰の情景を不滅の名文に記されたことである。ハーンはその際、富士山の日本精神史上の意味を捉えることに成功した。それに対し明治四十一年、三四郎に向って、

「君、富士山を翻訳して見た事がありますか」

と意想外な質問を浴びせる人は、作中で作者の分身として口を利く広田先生である。漱石は富士山讃歌はうたわない。漱石は広田先生にこう言わせた。

御互は憐れだなあ。……こんな顔をして、こんなに弱つてゐては、いくら日露戦争に勝つて、一等国になつても駄目ですね。……あなたは東京が始めてなら、まだ富士山を見た事がないでせう。今に見えるから御覧なさい。あれが日本一の名物だ。あれより外《ほか》に自慢するものは何もない。所が其富士山は天然自然に昔からあつたものなんだから仕方がない。我々が拵へたものぢやない。

広田先生は讃歌を口にするどころではない。

「然し是からは日本も段々発展するでせう」

と反論する田舎出の三四郎をさえぎって、

「亡びるね」

と言う。それは肥大化した国民的エゴに冷水を浴びせる、冷静な知識人漱石の反語であった。もちろん漱石がそんな事を書けたのも、日本がロシヤに負けずに済んだからである。明治四十一年の日本が、広田先生にこのような批判を許すほど寛容な雰囲気にあったのはまことに結構なことに思えるが、しかしその広田先生とても西洋人に面と向ってそう言えたかどうかは別問題であろう。また永井荷風や芥川竜之介など漱石の次の世代となると、今度は日本を嗤うことがインテリや文士の特権となる。その祖国を嗤うことに喜びを感じる傾向は第二次大戦に敗れた後は一時期いっそう顕著となった。そのような趨勢を大観する時、明治の時代に洋文隊の義勇兵的存在として、あるいは米国の『大西洋評論《アトランティック・マンスリー》』に、あるいは英国の『タイムズ』紙に寄稿して日本のために弁じた雨森の生き方は、その後の大正・昭和の日本にはおよそ見いだしがたい型《タイプ》であった。今日の国際大国日本にも、外国の一流紙に次々と投稿するような外向きの知識人はいないのである。私たちも、そんな活躍をする日本人などいるはずもなく、またいたはずもない、と頭から決めてかかっていたからこそ、長い間、雨森信成の活動の全貌を摑めずにいたのではなかろうか。

この「保守主義者」は、その実際生活においても、時代に先がける異色の面を持っていた。夏目漱石は『猫』の中で金田富子を笑い物にしたことからわかるように、実業家や商人を俗物扱いにして快とする士族意識の持主であった。苦沙弥が第四章で言う「僕は実業家は学校時代から大嫌だ。金さへ取れゝば何でもする、昔で云へば素町人だからな」は漱石自身の声だろう。それに対して雨森はまぎれもない士族階級の出身者だが、士農工商の身分秩序によって商人を卑しめる人々とは別個の感覚を持っていた。すでに少年時代、福井で横井小楠の感化を浴びた彼は実学の尊ぶべきことを知っていた。横井小楠は漢学者ではあったが、江戸後期の漢詩人たちを嫌ったような、もっぱら社会的責任を重視した実学派の知識人であった。信成もその点は同様で、趣味の世界などに韜晦することのできない性質の人であった。横井小楠は「吾輩従来文士ニ非ズ」と言ったが、雨森信成も、あれだけ外国語がよく出来た人でありながら、近代フランス文学の価値をつ

いに解さなかった。ハーンは『ある保守主義者』の中でその点にふれて、

　そしてもし彼が仮にヨーロッパ人と同じようにその価値を解するにいたったとしても、なぜ天分あるものがこのような小説を書く行為にこれほど熱中するのか、それは社会的堕落であると確信し続けたに相違ない。

と雨森のことを評している。実をいえば近代フランス文学に対するこの種の道徳主義的判断はヴィクトリア朝のイギリスでも根強く行われていたものである。その点では儒学者の小説観とプロテスタントの小説観とには共通する道徳臭があった。

　雨森は横浜で学び、英国で長く暮した人として、貿易立国を国是とする英国がいかに商業を重んずるかを理解した。そしてイギリス人が merchant と発音する時、その言葉には日本人や大陸の士人が「商人」と呼ぶ時とは違う、誇らかな響きと品位とがこめられていることもまた知っていた。明治十三年夏、二十二歳の雨森は伝道の道へ進むのを断って、児島湾開拓という実業に身を投じて失敗した。だが後年、横浜で「商紳」として財を成した時、雨森はそれなりに初志を貫徹したのだ、といえはしないだろうか。その横浜で彼は「士族」を名乗らず「神奈川県平民」として暮した。尊王で知られる福井藩の出身でありながら、生涯官職に就かなかった。その後半生を雨森自身はグリフィス宛の一九〇四年十二月二十一日付の手紙で a very chequered life「波瀾に富んだ人生」と呼び、次のように要約している。

Well, since that period I was a teacher in a school; promoter of some business companies; worked with 3,000 *samurai* to reclaim a large piece of land; managed the business of three mercantile companies; edited a monthly and a newspaper; owned a printing house; associated, as an adviser to the Korean King, with Legendre and Greathouse; and have organized a society for keeping up the Japanese spirit while assimilating the Western ideas; that is to say, strengthening Japanese civilisation with Western civilisation.

この履歴のうち三つの船会社の事業に手を出したこととルジャンドルやグレートハウスと組んで朝鮮王の顧問を勤めたという件の詳細はまだわからない。明治会の事業をかいつまんで「西洋思想を吸収同化する反面、日本精神を維持する」「西洋文明によって日本文明を補強する」と述べているが、雨森信成が良かれ悪しかれ「和魂洋才」派で「採長補短」の考えの持主だったことがあらためて知られるのである。

雨森芳との婚約が解消され、弟元成が代って婿入りした件は前に述べたが、その際、義母（実母の姉）をはじめ周囲を配慮したためだろうか、信成は若い身ながら依願退隠して雨森姓のままに留った。その際、財産は養子とした弟に渡った。その弟の元成は明治大正期を通じて長く松平家に仕えた。東京高田馬場にお住いの雨森元成・芳夫妻の末子常夫の未亡人雨森慶子氏によると、雨森信成は帰国後、長年にわたる洋行の間その帰りを辛抱強く待っていた錦《きん》という女性と結婚した。その夫婦仲は他人にも羨まれるほどであったという。ただ二人の間には子供がなく、信成と錦は一人の男児と二人の女児の捨子を拾って育てた。そして後にその女児の一人に元成・芳の長男理之を迎えて家を継がせたとのことである。またグリフィス宛一九〇四年十二月付の手紙によると、雨森信成は日露戦争中、出征した五人の友人の家族に経済上の援助をしていた模様である。また新潟地方の鉱山開発事業に関係していたこともその手紙から察せられる。なお依願退隠の際、信成は実家の松原家からは勘当されたが、晩年、松原家の当主で信成より四つ年上の長兄松原秀成から勘当を解かれ、その印として殿中差しを渡された。大変喜んだ信成が感謝の印に仕舞を舞ったことが松原秀成の御子孫の間に伝えられている。

私人としての雨森信成については、彼が弟子を持たず、派閥を作らぬ人であっただけに、もうこれ以上多くはわからないであろう。しかしこのように市井に商人として生きながら、同時に一箇の日本の思想家として活躍した人がいたこと、その人がハーンのいわば影の人として彼を助けたこと、その実相の一端を明らかにしたことは、ハーン評価にけっして負《ふ》に働くことではないと信ずる。

ハーンは生前、日本語の読み書きがほとんど出来ぬということが世間に知れることを極端に惧れた。助手たちに固く口留めを命じたのもそのためだった。長年貧窮に喘ぎ生活者として苦労したハーンは、自分の日本研究者としての信用がそれでもって傷つき、文章が売れなくなることを懸念したのである。――そして死後そのことが知れわたって、ハーンの評価が一旦は落ちたのもまた歴史的事実であった。

しかし昨今では、そうしたハンディキャップがあったにもかかわらず、ハーンの日本解釈は依然としてユニークで意味深い、という見方がまた出はじめている。そのように実体が知られた上でハーンの復権が試みられつつある昨今、ハーンの眼となり耳となって彼に欠けた能力を補った周辺の人々――小泉節子、西田千太郎、そして雨森信成――の役割はあらためて再認識され、正当に評価されねばならない。考えようはいろいろあろうが、そのような協力・協同の仕事はけっしてハーンの名誉を損ねるものではない。そのような真実の協力を引き出し得たところにも、ハーンの人としての魅力や作家としての能力があったのだと私は考える。

終りに「日本への回帰」の昭和時代への余波に触れて、この問題の日本精神史上の意味を巨視的に大観して結びとしたい。

第四部　日本回帰の系譜

萩原朔太郎の場合

昭和十三年三月、萩原朔太郎は白水社から『日本への回帰』という評論集を出した。その本の表紙には RETOUR AU JAPON というフランス語も添えられていた。朔太郎における外国への憧憬と母国への回帰はそれ自体きわめて興味深い主題であって、

一、朔太郎個人における先祖返りの問題
二、当時の詩壇、文壇、思想界との関係
三、日本における国家主義、軍国主義との関係

などからも論じることが出来るであろうが、ここではハーンによって触発された母国への回帰という心理状態について考えてみたい。朔太郎は右の著書の冒頭に掲げられた『日本への回帰』と題された一文の中で次のように書いている。

明治以来の日本は、殆んど超人的な努力を以て、死物狂ひに西欧文明を勉強した。だがその勉強も努力も、おそらく自発的動機から出たものではない。それはペルリの黒船に脅かされ、西洋の武器と科学によつて、危ふく白人から侵害されようとした日本人が、東洋の一孤島を守る為に、止むなく自衛上からしたことだつた。聡明にも日本人は、敵の武器を以て敵と戦ふ術を学んだ。（支那人や印度人は、その東洋的自尊心に禍され、夷狄を学ばなかつたことで侵略された。）それ故に日本人は、未来もし西洋文明を自家に所得し、軍備や産業のすべてに亘つて、白人の諸強国と対抗し得るやうになつた時には、忽然としてその西洋崇拝の迷夢から醒め、自家の民族的自覚にかへるであらうと、ヘルンの小泉八雲が今から三十年も前に予言してゐる。そしてこの詩人の予言が、昭和の日本に於て、漸く現実されて来たのである。

日本人が西洋文明を学んだ動機には必要に迫られた、という他発的動機とともに、西洋への憧憬という自発的欲求も後には加わったのであろう。それだからこそ朔太郎は大正末年には「ふらんすはあまりに遠し」と歌ったのだし、この『日本への回帰』の冒頭でも、「少し以前まで、西洋は僕等にとつての故郷であつた。昔浦島の子がその魂の故郷を求めようとして、海の向うに竜宮をイメーヂしたやうに、僕等もまた海の向うに、西洋といふ蜃気楼をイメーヂした」と言ったのに相違ない。日本はその後進性を自覚していた間は、欧米の良き生徒 **pays bon élève** であった。ところが朔太郎は千九百三十年代末期の日本は、ついに白人の諸強国と対抗し得るようになった、と感じた。そしてそう感じた時、あるいはそう自己認定した時、日本への回帰は始ったのである。

文明と文明の関係は水面の高さが違う二つの湖の関係に似ている。鎖国という閉鎖状態が解除され、西洋文明と日本文明との間に水路が通じると、水面の高い湖から水がほとばしりつつ流れこむ。そのようにして明治初年以来、西洋文明は日本へ向けて注ぎこんだ。その際、昭和十年代の日本という湖の水面が、西洋の水準にまで達したわけではないのだろうが、思想統制などの閘門の調整もあって、そしてまたなにより日本国家を防衛せねばならぬという自覚もあって、日本人は祖国への回帰をしたのだった。(もっともその際、朔太郎にあっては「日本的なものへの回帰」は、「よるべなき魂の悲しい漂泊者の歌を意味」した。西洋にも故郷はなかった、という謂である。だから「誰か軍隊の凱歌と共に、勇ましい進軍喇叭で歌はれようか」と朔太郎は言っている)。

普遍的な現象としての「外国への憧憬と祖国への回帰」を考えてみると、日本には西洋への憧憬と日本への回帰のほかに、それ以前には中国への憧憬と日本への回帰があった。本居宣長の漢意《からごころ》批判は敷島の大和心への回帰を主張したものだった。ロシヤにも西欧への憧憬と母なるロシヤの大地への回帰はあった。祖国への回帰は、人間年を取ればおふくろの味がまた恋しくなるように、生理的とでも呼べる現象であろう。だが感受性が硬化し、精神が老化すると、自分のおふくろの味だけが唯一無二のようなことを言い出す人もいる。しかし日本人にとって味噌汁や炊きたての御飯の味が懐しいのなら、イギリス人にとってはベーコン・エッグに焼きたてのトーストが懐しいのである。その際、味噌汁の味だけをうまいと言い立てるのは——困ったことにそうした日本人は多いのだが——我儘に甘やかされて育った人の自己集団至上主義《エスノセントリズム》である。

この日本への回帰が、日本ナショナリズムと結びつきやすいことを自覚していたからこそ、萩原朔太郎は「日本的なるもの」への回帰と、ファッショ的国粋主義者が言うところの「日本主義的なるもの」を区別したのであった（『無からの抗争』中の『彼等は何故に日本的なものを嫌ふか』）。また森鷗外は自分を区別するために「洋行帰りの保守主義者は、後には別な動機で流行し出した」と書いた（『妄想』）。同じ時期（明治四十四年）に書かれた思想劇『なのりそ』などから察すると、鷗外は「洋魂洋才」論に反対するという意味での「洋行帰りの保守主義者」の自分と、反動の思想としての「和魂洋才」論に迎合するという意味での「洋行帰りの保守主義者」とを区別していたのだろう。

ここでは萩原朔太郎の日本への回帰についてこれ以上は深く立入らないが、一点だけ特に強調しておきたい。それは朔太郎における「日本への回帰」に際して、島崎藤村とともにハーンがその発想の刺戟ないしは触媒として非常な効果を及ぼした、という事実である。先ほどの引用にも「ヘルンの小泉八雲が」という一節があったが、『日本への回帰』に収められた諸評論の中でのハーンへの言及は、恣意的な解釈や引用をも含めて、まことに数多い。『日本の女性』の中にはハーンの『或る女の日記』がほとんど全文引かれて論評されている。これは一種のハーン論としても読める文章である。『日本の使命』という軍人会館の講演の中でもハーンの日本に対する文明観なるものが引かれている。晩年の朔太郎がハーンに傾倒したことは彼の心熱のこもった一文『小泉八雲の家庭生活』（昭和十六年）からもうかがわれる。それらすべてはハーンの著作が日本人に日本への愛情を呼び醒ます強力な磁力を持っていることの例証といえよう。日本人の自己愛、そのナルシシズムという磁場で、ハーンの霊筆は読者の心を魅了したのである。島崎藤村の日本への回帰も、ハーンの一連の著作とともに、萩原朔太郎の日本への回帰の引金となったものでもあった。

今日の欧羅巴《ヨーロッパ》化のこの風潮に対して、過ぐる昔の時代の支那化といふことを考へて見るのも興味深いことだ。私達の先祖の中には、今日の欧羅巴崇拝家にも劣らないやうな支那崇拝家があつたやうだ。さういふ人達は支那人のやうに書き、支那人のやうに歌ふほど大陸の方にあるものに心酔した。しかしさういふ人達の骨を折つて書き遺した漢文漢詩よりも、反つて婦人の手に成つた日常の言葉の日記、おのづから読み出でた和歌、もしくは当時にあつて戯文戯作《ぎぶんげさく》とせられ滑稽文字とせられたものの方に今日でも猶私達の心を動かすものが多く残つて居る。

同一趣旨が次の文章では一段と激昂した口調で語られる。

すべて西洋から直訳輸入した進歩思想は、日本に於て逆効果の文学となつて実現されてる。……有りもしない外国文化の空観念で、幽霊のやうな詩や小説を作り、進歩思想を気取つてインテリぶつたところで何になる。昔の日本の漢詩人は、支那文化の直訳観念で漢詩を作り、自らそれをインテリの自誇として居た。だが今日文学史上に残つてるものはなく、そんな生活実体のない漢詩ではなく、却つて彼等が軽蔑し、卑俗低級視してゐたところの和歌俳句であつた。
「汝自身の現実を知れ！」「汝自身の生活を表現せよ！」これが今日、我等の文学者にあたへる真の「進歩主義的な警告」である。

前者は藤村の『春を待ちつゝ』(大正十四年)の一節(『二三の事実』)であり、後者は朔太郎の『無からの抗争』(昭和十二年)の一節(『進歩思潮の反動性』)である。朔太郎は、彼自身フランスへ憧れたけれども、ついに旅することなくて終った人だった。しかし一旦は外国へさまよい出た魂として、いまは藤村の拝外心理の分析と文学史的判断に共鳴しつつ、一段と激越に、一段と声高に呼ばわりつつ、日本へ回帰して来たのである。

しかし島崎藤村は、日本へ回帰したといっても、バランスの感覚を失することはなかった。藤村は、自分の父の世代によく異質の文化を認め、それを進んで取り入れた人がいたことを喜び、その人達を肯定することによって日本へ回帰した人だったからである。だから藤村は、大東亜戦争酣の昭和十八年にも、「自国の発展に資する見地から真に他の長所を採り用ふべきものは進んでそれを受け入れる」ことの意義を説き、そのような「理解と同情とに富んだ天性」として栗本鋤雲を例にあげたのだった。

この藤村が自分より十四歳年長の、自分の兄の世代に属する雨森信成の存在にもし気づいていたら何と言ったことであろう。思えば雨森信成と島崎藤村の間には実に多くの共通点があった。二人は共に地方の出身者として新文明に憧れ、文字通りキリスト教の洗礼を受けた人である。二人は共に同じワイコフに学び、一人は明治学院前身の一致神学校に、一人は揺籃期の明治学院に学んだ。二人はともに新しきを開かんと思い、自分の古き家を捨ててキリスト教に帰依した。——だが共にキリスト教を離れ、やがて攘夷を唱えた父の世代と和解し、西洋へ洋行したことで逆に日本へ回帰して来た……

それほど相似た軌跡を描きながら、二人が文名の違いという要素があるにせよ、あまりにも異なる評価を受けてきたことについては、これ以上もう語るまい。ただこの相似た軌跡ということは、日本人の精神の発展史の上で一つの型《パターン》を示している点で、興味深く思われる。以下その型についてなお一、二の例を示して、ハーンの余響を伝えることとしたい。

竹山道雄の文化遍歴

昭和五年、満二十七歳の竹山道雄は三年間のドイツとフランスの滞在を了えると、ギリシャに寄り、そこからアレクサンドリアに渡って、フランス郵船の二等に乗って帰国の途についた。フランスで知りあった穏やかで人のいいフランス人たちと違って、東洋へ出稼ぎに行くフランス人は不良性が目について厭な気がした。パリで下宿していた時、自分は家の一員のように扱われた。それがいまスエズ以東では自分も東洋人の一人として見られている……　竹山は船室に戻るとアレクサンドリアで偶然買ったハーンの『心』を読み出した。『ある保守主義者』の主人公が西欧の文明を見て帰国の途につく時の心境など、さながらいまの自分をそのまま描いてあるような気がして、心にしみた。

竹山道雄の三年に及ぶ留学はおよそ次のようなものであった。竹山は大正十五年東京大学独文科を卒業と同時に第一高等学校講師に抜擢され、二十三歳で教壇に立った。一高生の中には自分より年長な者もいた。初めのうちは動詞 sein の用法まで辞書を引いて確めたという竹山は非常な責任を感じ、ドイツ語を教える以上はまずドイツへ留学したいと願い出た。そして翌昭和二年、文部省留学生名儀（その実は私費）で洋行したのである。昭和二年（一九二七年）当時のベルリンはインフレーションの後で失業者は溢れ、社会は乱脈をきわめていた。ワイマル時代で、一方では知的活動がたいへん盛んだったが、他方では風俗的にいえば残忍なものさえあった。新参の留学生は非常なカルチャー・ショックを受けた。日本では目につかなかった、いろいろの社会問題が否応なしに目にはいった。竹山は『私の文化遍歴』にこう書いている。

ヨーロッパの現実からはじつに意外な印象をうけた。ことにドイツについては、これがあの崇拝していた高潔な国であり国民であるかとあやしんだ。一九二八、九年のベルリンは荒廃していた。いたるところにみまがうことのできない頽唐末期の症状を感じた。「人間のレベルというものは低いものだ」とつくづく思った。

帰国してホイヴェルス師にドイツの印象を聞かれた時、竹山は"Energisch, aber oberflächlich."「精力的だが、浅薄だ」と答えたそうである。するとこのカトリック神父は怒りもせず、ドイツ人が皮相的なエネルギスムスに走っていることを認め、"Hier ist man tiefer verwurzelt."「日本人の方がより深いところに根をおろしている」と呟いた。

竹山は留学中、ドイツを離れて何度もフランスへ遊びに行った。そしてそのたびに約三ヵ月ずつパリに滞在した。両大戦間の甘美なるフランスであったから、ドイツ国境を越えるたびに気持が良かった。竹山はフランス語は文学部時代、豊島与志雄講師から習ったが、当時の豊島氏は翻訳に追われていたためか欠講が多く、それでパリでベルリッツから始めてアリアンス・フランセーズへ通った。マドモワゼル・ブリュッゲという三十歳位の女の独身の先生が実に熱心であった。生涯に出会った先生の中で東京府立四中の数学の坂田先生と北フランス生れのブリュッゲ先生にいちばん敬服した。教わった『家なき児』に感銘したが、少年ルミがそれを弾きながら旅する竪琴が、本人も気がつかぬ間に二十年後、水島上等兵が弾きながら旅するビルマの竪琴に変っていた……

その竹山道雄が昭和二十四年『文芸往来』に発表した一文に前述の『私の文化遍歴』があり、『竹山道雄著作集』（福武書店）の第二巻に収められているが、昭和初年の留学時がこんな風に回想されている。

私はパリにいたことがあったが、よく歩くサン・ミシェルの大通りの河岸の角に、小さな古道具屋があった。パリの古道具屋らしく、きたないものが雑然とうず高く積んであった。燭台、木彫の聖者像、こわれた椅子、自転車のハンドル、片足が高い不具の女の靴、レージョン・ドノールの勲章。……そしてそのよごれた硝子窓の中に、一枚の北斎の版画がかかっていた。浪のあいだに富士山の遠景がみえる絵で、空高くうねっている激浪に舟がもちあげられていて、舟子が身を仆さんばかりにして肩に櫓をあてている。潮が渦をまいて水沫をあげている。そして、舟もろともに落ちかかろうとしている波頭の下に、遠くに富士山が小さく不動の姿を見せている……。

版は余り上等ではなく、色もあせていた。併し、私はこの町角を曲る度に、これを眺めて、名状し難い感にうたれた。この小さな画面には、周囲のパリとはまるで異質の世界が出現していた。そして、振り返ると、すぐ河岸の向うにノートル・ダムの寺院が聳えていた。

この絵は独創的でユニックで、私がヨーロッパに来てから慣れたのとはまったく別な視覚でとらえた世界の一角だった。その新鮮で奔放なのにもおどろかされた。日本の海の風が吹いてくるような気がした。私の学生時代は欧化全盛時代で、いまから思えば自分たちの生活感情には何の縁もゆかりもない築地小劇場の表現派劇などがもてはやされていた頃だし、日本の美術のいいものなどはたえて接する機会もなかったから私の目は貧弱ながらほぼヨーロッパ的に見ることに慣れていたといってよかった。北斎の名は知っていても、作品を見たことはなかったと思う。

竹山道雄はまたルーヴル美術館のカモンド・コレクションの中に陳列してある宗達の屛風に眼を惹かれた。中央に萩がしだれた枝をひろげて、そのまわりにいろいろの秋草が銀地の上に目もあやに咲いているところが描いてあった。その装飾的な威厳、品位、格調にはおどろいた。行き方はまるでちがっていても、クールべーみたいだと思った。そのころの竹山は俵屋宗達の名はきいたことがあっても、実物を見るのははじめてで、いつごろの人だか、どういう系統に属する画家であるかも分らなかった。あたりには金蒔絵の漆器そのほかのものもあったが、そうした立派な工芸品は日本ではほとんど見ることがなかった。竹山はよくそこに来て、燦然として目を射るものの前に佇立して、時をすごした。そして、自分の血の中に眠っている何物かがよび醒まされるのを感じた。そして、

ヨーロッパに滞在する日がたつにつれて、私の心の中で日本というものが浮びあがった。はじめは水平線の上のしみのような小さな島だったのが、だんだんに大きくなって、私の心をすっかり占めてしまった。そして、美術館に行っては日本の部をながめ、民俗博物館に行っては説明をきいた。……一ころはヨーロッパにいて日本の事を勉強しているといってよかった。

芳賀徹氏は右の一文を収めた『竹山道雄著作集』第二巻に解説して「これを読んでいささか驚いた」と書いている。それは芳賀氏も昭和三十年代の初めに留学し、パリでまったく同じ心境の推移を体験していたからである。芳賀氏はちょうどその時、戦後ふたたびヨーロッパへ旅した竹山氏とほかならぬサン・ミシェルの大通りでばったり出会い、親しく話を交えたが、そんな談話もいくらか作用していたのだろうか、日本への回心がいつか二十五歳の芳賀青年の心中にもきざしていた。

日本への回心は回心を呼ぶものである。ハーンに触発されて萩原朔太郎が日本への回帰を声高に唱え出したことはすでにふれたが、昭和五年、インド洋を東へ向うフランス郵船上で『ある保守主義者』を読んだ竹山道雄も、その物語に共感するにつれていっそう回心の度を強めたことであったろう。竹山は第一高等学校でハーンの『怪談』を独訳本で教えたこともあった。郁文堂から出たその教科書を使って習った生徒の中に

は後に評論家として名を成すいいだもも氏などもいた。竹山は『柔術』などの文章に示されるハーンの日本文化論は卓見だと思った。「対処――それが外力に対する日本人の態度である」という竹山の共感は『手帖』など随所に語られている。竹山はまた明治日本を観察したもっとも秀れた外国人として地方の庶民の生活の中にはいりこんだハーンと、中央の上層階級に交ったベルツの二人をあげた。「この二人は、明治人についての感謝すべき肖像を書き残してくれた。ハーンもベルツも、明治の日本人の道徳的性格からつよい印象をうけている。弱小国民に対する義俠心からあるいは寛大すぎる判定もあったかもしれないが、その記録はわれわれにとって感慨がふかい」（『明治精神の変化』）。そしてその同じ論文ではまたこうも書いた。

ハーンは、日本の将来がいかになりゆくかを、ほとんど手に冷汗をにぎって見つめていた。そして、あの意味ふかい『保守主義者』という小説を書き、浅薄な欧化を憎んで、居留地のある神戸が雑然混沌として様式的統一を失った都会になっているのにおぞ気をふるった。しかし、ハーンの死後二三十年もたつと、日本中の主な都会はすべてそれを拡大したようなものになった。

「あの意味ふかい」という言葉は竹山も、ホーフマンスタールと同じく、『ある保守主義者』の一文にこめられた洞察のただならぬものに心打たれた証左だろう。

竹山はまた、朔太郎と同様、ハーンが描いた日本の庶民の女の姿に感動した。「ハーンは明治の女を不滅化し、それが世界に紹介された。それは柔和で貞節で、しかも底にはつよいものを蔵していた」。そして竹山自身も思い出すところがあって『最後の儒者』（『竹山道雄著作集』第四巻）に、関東大震災の最中、埃がもうもうと舞い立つ書斎で、夫の漢籍の中に端座して、夫の書物と運命を共にしようとした伯母の姿を描いたのである。竹山はまた神道に惹かれた人だった。松江の神魂《かもす》神社の描写や分析などハーンを凌ぐ直観と洞察を示したものがある（『日本人と美』）。竹山の最後の文章の一つは『神道の意味について』であり、講談社学術文庫本『主役としての近代』に収められたが、そのエッセイはこんな風に結ばれている。

ハーンがはじめて出雲で目醒めた朝に、米をつく臼のひびきや橋をゆく下駄の音を聞いて、これが世界のリズムだと感動したのは、西洋のすべてにゆきわたった人為的統制の金縛りを出て、自然の懐《ふところ》に浸ったことを自覚したからだった。

最晩年の竹山道雄も小泉八雲の生涯を扱ったNHKのテレビ『日本の面影』の松江の朝明けの場面で、あの大きな杵がゆっくりと臼に落ちる音を聞いてなつかしさに打たれたにちがいない。ハーンと竹山道雄の関係については仙北谷晃一氏が近く論評されると聞くので、これ以上はふれない。しかし私は雨森信成や『日本人』同人などがオピニオン・リーダーとして活躍した明治二十年代と昭和とを比べて、ある奇妙な感慨を覚えずにはいられない。それは明治の知識人はなにはともあれ日本文化の担い手であったが、昭和の知識人は戦前も戦後もおおむね外国文化の担い手であった、という差違である。竹山道雄が和辻哲郎を尊敬することが深かったのは、和辻が一面では西洋の学問を修めた人でありながら、他面では日本文化の解釈者、日本思想の表現者、いいかえると日本文化の担い手としても立派な業績を残した学者だったからではあるまいか。そういえば竹山も一面では実によくヨーロッパに学び旅した人でありながら、他面では日本美を鮮やかに探り当てた人でもあった。私は竹山道雄の『私の文化遍歴』がロダンの「花子の像」にふれて終っていることを意味深く思う。

かつて女優花子が話題になった時、「恥しい」という自己卑下の感情に捉われたのが、志賀直哉や小山内薫等のインテリ青年であった。だが森鷗外と同じく竹山道雄は「花子の像」を見て呟いた。

ここには「おのれの心に問い」ながら「四方八方を眺めわたす事のできる」眼差が、最も日本的なものを真正面からとらえて立派な芸術につくりあげている。われわれが目ざすべきは、何とかしてこの主体精神を獲得する事である。

埋もれた宝

外来文化を摂取しようとする知識人の努力は、絶えずゼンマイを巻いてゆくような精進を必要とする。ところが祖国への回帰はいわばそのゼンマイが元へ逆戻りするようにすなおで自然であり、そのために「さわやかな心軽さ」が感じられる場合もある。かつて外来文化を摂取しようとした際には、自己の意志的努力の下で、民族的感情は圧し殺されていた。いまその自己の内なる感情がのびのびと自由になった時、芸術創造の力もまた豊かなエネルギーを美しく横溢させることが出来る。それだからこそ森鷗外や島崎藤村に限らず、一般に多くの芸術家は祖国へ回帰することによって豊かな作品を生み出したのである。谷崎潤一郎のような大作家も関東大震災後、関西に移り住んだことによってその後はっきりと日本回帰と目される一連の傑作を書いた。それはなにも日本人だけに限らない。パリで生活していたピカソにはカタロニアの血への回帰があった。私自身も芸術家の先祖返りの意味を自覚したのはパリ留学当時、今井俊満の絵を見、彼と話していた三十年前のことであった。カルチエ・ラタンには各国から画家や彫刻家が集って来る。彼等は前衛画家となることを夢み、アトリエで苦闘する。しかし命の通った作品はパリで祖国の伝統に回帰する時に生れる。今井の絵はアンフォルメルという点では千九百五十年代のアヴァン・ギャルドだが、そのキャンヴァスに刻印された個性は間違いなく日本の武士の鎧兜や緋縅《ひおどし》を手にした時のような力と色彩感覚である。私は思わず、

“Imaï, samouraï...”

と韻を踏んだほどであった。

ヨーロッパの田舎、ルーマニアからパリへ上京した無骨な彫刻家ブランクーシにも同じような血の回帰があった。その文明の都パリへの憧憬とカルパチアの大地への回帰の逆説について、エリアーデは次のような寓話を引いて説明している。


敬虔な律法教師《ラビ》、クラコウ市のイサクは「プラハの都へ行け」と強く命ずる夢を見た。プラハの都の王宮に通ずる大きな橋のたもとで隠された宝が見つかると、夢のお告げはいうのだ。イサクはこの夢を三度繰返して見たので、プラハの都を目指して旅立った。都に着くとその橋はみつかったが、日夜、見張番が立っているので橋のたもとを掘るわけにいかない。だがうろついていたために番兵の隊長の注意を引いてしまった。隊長は親切に、

「何か落し物でもしたのか」

と尋ねた。イサクは正直に夢の話を打明けた。隊長は吹き出して、

「それは本気かね、あわれな御仁よ。君はそんな夢のために、わざわざ靴をすりへらして遠い道をはるばる都まで上って来たのかね。分別のある人間なら、誰が夢などを信じるものか」

そして実は隊長自身も夢でお告げを聞いた、と言った。

「それはクラコウのことを言ってたな。クラコウへ行って、イサク、セケルの息子のイサクという名の律法教師《ラビ》の家の中の莫大な宝を探せ、と命じておった。宝は煖炉のうしろに埋っている。その埃だらけの隅に見つかるだろう、と言ってたよ」

しかし隊長は夢のお告げなど全然本気にしていなかった。隊長は分別のある人間だったのである。イサクは深々と頭を下げ、隊長にお礼を言って、急いでクラコウへ戻った。そして自分の家のほったらかして

あった煖炉のうしろの隅を掘り、宝を見つけ、貧乏に別れを告げたのである。

これは柳田国男が『日本の昔話』に収めた『味噌買橋』とそっくりの話である。乗鞍岳の西の麓の沢上という村にいた長吉が夢でお告げを聞いて、高山の味噌買橋へ行き、そこの豆腐屋に笑われる。「私もそれとよく似た夢を見た。なんでも乗鞍岳の麓の沢上という村に長吉という男がいるが、その男の家のそばにある杉の木の根に、宝物が埋まっている……」そういわれて、長吉は大いそぎで引返し、宝を掘りあてて福徳長者になった、というのである。

エリアーデはハインリッヒ・ツインマーがこのイサクの寓話につけた次の註釈も引いているが、『味噌買橋』にも同様の意味づけを行うことが出来るだろう。山奥の民にとって町人はやはり一種の異邦人だからである。

このように真の宝、私たちの貧困と種々の試煉に終りをもたらす真の宝は、けっして遠くにあるものではなく、遠い国にそれを探しに行く必要はないのである。宝は自分の家の、すなわち自分自身の一番奥深くに埋め隠されているのだ。……それは掘るすべを心得ていさえすれば見つかるものなのだ。しかし奇妙ではあるが変ることのない次のような事実がある。それは、遠い土地や、外国や、未知の国へ敬虔な旅をしたのちに初めて、私たちを導いてくれる行手を示す内なる声の意味が私たちにも明らかになるということだ。そして、この奇妙ではあるが永久に変ることのない事実には、もう一つの事実がつけ加わる。すなわち、私たちの不思議な内なる旅の意味を示してくれるその人自身も、信仰や人種を異にする異邦人でなければならない、という事実である。

日本人には、萩原朔太郎のように、ラフカディオ・ハーンの著作に心打たれて、日本へ回帰する人が少くない。だとすればハーンは、私たちにとって、まさに右に述べられたと同様の意味での「異邦人」なのである。その人の「影響」は私たちに一種の記憶回復を起させ、私たちを不可避的に自己発見へと導いてくれる。「影響」は共感となり共鳴となって、私たちの中にある動きを作り出す。その回帰の動きは、幼年時代の世界であると同時に想像の世界であり、それゆえに秘密のものとなっている世界へ向けて、堰を切った流れのように迸り出す。私たちにとって真に意味深い「影響」とは、そのような魂の源泉の感情をゆさぶる心の動きなのではあるまいか。

イサクの寓話や『味噌買橋』の類話が世界いたるところにあるという事実は、こうした心の真実を人々が世界のいたるところで体験した、ということの名残りなのである。母国への回帰はひとり日本にのみ起った現象ではない。

もちろんこの種の回帰に対して否定的な見方がないわけではない。例えば移民とその子孫とから成り立つアメリカ合衆国は、アメリカへの忠誠を求める圧力が強烈に作用する土地柄であるから、新天地の未来を謳うことは許されても、旧大陸への回帰は表立っていうことはできない。そのアメリカ人はややもすれば日本人の「日本への回帰」を反動視するであろうが、それは彼等自身が回帰すべき祖先の土地を持たぬがゆえに生じた焦立ちでもあるのである。私はこの「日本への回帰」は、欧州の日本学者と米国の日本学者との間に大きな評価のずれの出る問題ではないか、と考えている。

日本近代史の興味深い一章

昭和二十一年一月二十五日、極東委員会のイギリス代表として来日したジョージ・サンソム卿は、うらぶれた東洋経済新報社に招かれて、主筆の石橋湛山から粗飯を馳走になって、一夕意見を交わした。その席にはかつて長年ジュネーヴの国際労働機構の事務局で働いた鮎沢巖も同席した。二人ともシナ事変以来日本が多くのへまをやり罪を犯したこと、敗戦の結果生じたもろもろの事態が自分たち日本国民の責任であることを認めたが、それでも二人は連合軍の占領政策に対していろいろ批判的な言辞を洩した。

サンソムはその時意外の感に打たれた。石橋湛山はいってみれば日本の自由主義的知識人の代表的な人物である。それが敗戦後のいまもなお、彼等が想定するところの西洋側の白人優越思想に対して怨みを抱いている……そう感じたサンソムはアメリカ軍が占領政策を遂行する上で日本の知識人の支持はあまり期待できまい、と判定した。米国は日本民主化という政治的再教育に乗出したが、石橋湛山等自由主義知識人は米国側の楽観主義的な安請合に対して内心、不快と侮蔑の念を抱いている。どうやら米国が主導して日本国民の政治的再教育を行うということは、日本知識人の自尊心を傷つけ、彼等の愛国心を逆撫でするらしい……

その当時のサンソムは、英国外交官としての公務のかたわら日本研究者として畢生の名著『西欧世界と日本』を執筆中で、たまたま明治初期の西洋の影響を論じ、馬場辰猪等の経歴にふれていた。自由民権を主張し、『天賦人権論』を著わした馬場は、外国にいた間は強烈な開明派だが、一旦帰国すると熱烈なナショナリストになるという西洋仕込みの日本知識人の典型だ、とサンソムは考えていた。しかし馬場は官職にありつくために自己の節を変えるような真似はしなかった、その点は馬場のために弁じておかねばならない、とも考えた。サンソムは結局馬場辰猪を「明治初期における才気煥発だが、不安定で、失敗に終った者の一人」という風に分類した。

その馬場等の生涯を辿るうちに、歴史家サンソムの思いはどうしても昭和期に戻らずにはいられなかった。それは明治の自由主義者と昭和の自由主義者との間に見られる共通性についてである。彼等は当初、理論的には自由思想を奉じながら、日本国内での実践過程を通じてナショナリストへと変貌して行く。先日、石橋湛山はこんな趣旨を述べた。日本の自由主義者たちはいってみれば西洋風教育の所産である。ところが長年の間に彼等の多くは、英米など民主主義諸国が唱える自由主義なるものはまがいものと感じて、昭和十年代、結局は民主主義諸国に敵対する立場にまわったのだ、と。

石橋湛山その人はアンチ・ミリタリストとして昭和十年代を終始した人であっただけに、彼とのその会話は印象に強く残った。サンソムは『西欧世界と日本』の第十四章に、やや大摑みだが、次のような将来への課題を書き添えた。

馬場辰猪に限らず、かれの後継者の多くも後年、理論上の信奉と実践上の変節という似たような経験をへてゆく。

日本の優秀な青年たちには、イギリスやアメリカの開明的な環境で教育を受けたのち、民主主義への情熱に燃えて帰国するが、時の経過とともに猛烈なナショナリズムに陥り、その青春の熱をはぐくんだ西洋に対して強い嫌悪感を抱くにいたった、という者が多いが、そのような人たちの経歴をたどってみるならば、必ずや日本近代史のきわめて興味ふかい一章が書けるにちがいない。

サンソムが第二次世界大戦が終って後あらためて気づいたこの「日本への回帰」の問題の深刻性に、ハーンはそれより五十年も前に注目していたのである。それも日本人西洋人ともに西洋化即近代化と信じ、その欧化熱からいまだ醒めやらぬ明治二十年代、内外人の誰よりも早くに、その心理の変遷を適確に把え、文章に再現していたのである。

雨森信成は、振幅の激しいその半生をハーンに物語った時、自己の身の上がそのような普遍性を持つ心の動きであるとは自覚していなかったことであろう。雨森は日本回帰をした後、敬神の神道的感情に日本人のよって立つべき道をすなおに見出したナショナリストだった。しかし十九世紀末年の西洋人日本研究者は

——いや西洋人に限らず日本知識人の多くも——自分自身は信仰を持たぬ人でさえ、西洋キリスト教の他宗教への優越を当然自明のこととしていた。それだからハーンを唯一の例外として、来日西洋人は誰一人神道の価値を認めようとしなかった。内外の実証史学者によって「祭天の古俗」と貶められていた神道が、良かれ悪しかれ内に秘めている潜勢力に気づきはしなかった。アストンは神道は近く死滅すると予言した。サトウもチェンバレンもその点では日本民族の魂への洞察をひとしく欠いていた。ところがそれから半世紀後の昭和十年代、国民の胸底に潜む神道的感情は、偏狭な国家主義と結びつき、「米英撃滅」を呼号するまでにいたったのである。

もっともそのような成行は時勢がしからしめた異常な逸脱で、早逝した雨森には思いも及ばなかったところだろう。佐々木高行等が「敬神」「尊王」「愛国」の三綱領を唱え、日本の国体に想いをいたしたのは、帝国主義列強に取囲まれた一八九〇年前後の国際環境下において、自己保全の危機意識に促されて議論した挙句のことだった。その際、日本の領土であるとか国益であるとかの物質的な自己保全とともに、日本及び日本人の自己同一性確保という意味での精神的な自己保全をもおのずと考えたのである。明治のイデオローグたちはその際「自己同一性《アイデンティティー》」などという語は使わず、日本の「お国柄」といった。その結果生れた三綱領は、すくなくともその端緒においては、自己防禦的な性格のものだった。雨森の態度も、西洋優位の下に苦闘する非西洋の人の心理を示したものであって、とくに攻撃的・支配的なものはなかった。実際、同じく国家主義者といっても、ハーン描くところの「ある保守主義者」の半生には、満洲事変以後にわかに多くなる膨脹主義者たちに特有な誇大性や夜郎自大の狂信性は見られない。従来から内外の多くの読者がハーンの文章を読んで主人公の心事にすなおに共感した、ということは、とりもなおさずそこに本物を感じた証左だろう。壮士風の肩肘を張った強がりがないからこそ、私たちも読みながら雨森の心の動きを辿って、幾度も自然にうなずいたのではあるまいか。私自身は初めて読んだ十六年前、なにかといえば日本を持ち上げるハーンの性癖には苦笑しつつも、『ある保守主義者』を大いなる肯定のうちに読み了えたことを記憶している。そして自分自身がその昔、マルセーユから横浜に帰り着いた日、フランス郵船が入港に際して掲げた日章旗と三色旗の下で写真を撮り、その二旒の旗が象徴するものへのある決意を固めたことを懐しく思い出しもしたのである。

ハーンの作中に描かれた日本回帰の心の軌跡は、その後の他の誰の遍歴にもまして、明確かつ典型的である。母国への回帰は遠い明治時代だけのことではない。雨森はまた鷗外や藤村や朔太郎や道雄等に先駆ける例としてのみ意味を持つ存在でもない。私たちの周辺を見まわすと、第二次世界大戦後も、欧米へ留学し、心身ともに西洋にさらされた世代の中から、世界の中の日本的個性の意味をあらためて確認しようとする俊秀が現れはじめたではないか。またなかには審美的にも宗教的にも神道に魂の安らぎを見出す人も出ているではないか。そのような寄せては返す人の心の動きには、サンソムならずとも、関心をそそられずにいられぬなにかがある。そしてそのような心理に接すると、雨森信成の生涯は、その種の精神の葛藤をもっとも鮮やかに描いた第一の例であるだけに、日本近代精神史上、いまなおアクチュアルな意味を秘めていることにあらためて気づかされるのである。

開化の舞踏会

そらたかく花火ぞみゆる貴人《あてびと》のよるのうたげにまひあそぶらむ

美子皇后御歌、明治二十年

第一部　野蛮から文明へ

専制君主

日本史の上で、専制君主の野蛮暴虐を描いて見事な一文に新井白石の『藩翰譜』がある。白石は徳川忠長の神を畏れぬ所業を次のように描いた。

此殿は如何に思召すとも見えず、(寛永八年)十一月五日の日、当(駿河)国浅間《せんげん》の山に入て猿ども狩らせて御覧あるべき由をふれらる。

富士山麓の浅間の山は、桓武天皇の延暦年間に愛鷹《はしたか》、飼犬《いぬかい》の二柱の神が浅間大明神としてあらわれ、神社が建立されてから八百年、「永く殺生禁断の結界」であった。ところがそこで狩をする、と徳川忠長がいい出したのである。人々は「神冥の恐れ少なかるべからず」とおとめ申しあげたが、この駿河、遠江、甲斐の国をあわせて所領する殿様は言うことを聞かない。

「我すでに此国のあるじたり。縦令《たとひ》いかなる神なりとも、我地に宮居しめ給はんには、いかで我命《めい》に従ひ給はざらんや」

と言い張って同十一日、数万の勢子を山々谷々に追い入れて、狩り出し、猿などおよそ一千二百四十余頭を狩り取って帰った。そしてその帰り、駕籠の中から短剣を抜いて、いきなりかごかきの臂のあたりをぐすと刺し貫いた。かごかきは大いに驚いて駕籠を捨てて逃げ走ったが、忠長は供の侍に命じて、たちどころに斬り殺させた。

そうした事件があってからというもの、忠長の振舞には異常が目立ちはじめた。同年十二月二十一日には鷹狩に出た。空がにわかにかき曇り、寒風がおびただしく吹き出したので、忠長はとある庵室にはいって暫時休息したが、侍の小浜七之助は殿がそこにいるとも知らないで、馬に乗ったまま走って来た。忠長はそれをきっと見て、顔の色を変えた。小浜は主君がその庵室にいると聞いて、馬から飛び降りると、いそいで御前に伺候した。

殿、小浜めして、

「此炉の中に木きりくべて火焼《たき》て参らせよ」

と仰せければ、住持の僧薪《たきぎ》参らす。此程降りつゞきたる雪気に、柴みな潤《うるほ》ひふすぼりて火燃えず。小浜、炉のうちに差し俯《うつむ》きて火吹かんとする所を、御佩刀《みはかし》を以て只一打《ひとうち》に首うち落し給ひ、

「これ取捨てよ」

と仰せければ、清水八郎右衛門といふ侍、参りて死骸とり収む。

この清水八郎右衛門は御歩行目付《おかちめつけ》という下役で、いつもはおそば近くへ参上したこともない男である。この清水に向っても殿は、

「汝この火たけ」

と命じた。白石はその情景を続けてこう叙している。

終《つひ》に近く参らぬ男、おそる〳〵這ひ寄て、又薪くべて焚く。手ふるひ息切れて柴かき乱し、火吹くに息出でず、猶ふすぼりて火もえず、其身は中々に活《い》きたる心地もなし。御前祗候《しこう》の人々、今や斬られ参らす、

今や切られ参らすかと、肝魂《きもだましひ》も身に添はず。されども、此度は何の御咎めもなくて立ち出で給ひぬ。

新井白石の情景描写には迫真の力があり、読者は思わず固唾を呑む。しかし白石は寛永八年（一六三一年）に起ったこの出来事を目撃したわけではない。白石は伝承を基にして駿河殿と呼ばれた徳川忠長の行状を記したのである。考えようによれば、それはまことに思いきった描写であった。忠長は、二代将軍徳川秀忠の三男であって、三代将軍徳川家光の弟に当る高貴の血筋だったのである。

白石は後に六代将軍家宣となる甲府侯徳川綱豊と七代将軍家継とに仕えた儒者であった。白石は前者の需めに応じ元禄年間、徳川初期を振り返って、大名三百三十七家の行蹟を『藩翰譜』に記した。その時忠長のような封建領主の暴虐をまざまざと描き出すことを得たのは、白石執筆時の一七〇一年には、もはや前世紀前半と違って、その種の非理は領主といえどもまったく許されなくなっていたからである。徳川の天下も太平が続く元禄時代となると、赤穂浪士に死罪を賜うべきか否かが世間最大の論点となるほど、世の中は平和となっていたのである。

文明の進歩とはなにか、という定義は難しい。しかし独裁者や王侯貴族が自分の手で人を誅する、という力を剝き出しにした直接支配から、なんらかの形での間接支配への移行に、やはり一つの進歩とはいわずとも一つの時代の推移は認められるようである。とくに支配者の暴虐を批判的に記述することの自由と文明化との間には深いかかわりがあることに気づかれてくる。

いま白石に従って目を同時代の西洋に向けてみよう。白石は東洋のみか西洋にまで関心をひろげた学者政治家だが、その世界知識は『西洋紀聞』（一七一五年）に記された。ヨーロッパの主要大国はもとより、モスコービヤと呼ばれたロシヤも、ヱウロパ東北の地にあり。其地極めて寒し。冬時、氷厚きこと、丈におよぶ。人馬共に、其上を往来すといふ。

と記された。そしてイタリア語では Svezia と呼ぶスウェーデンについては、シドッティから得た知識に相違ないが、

スウェイチヤ。ヱウロパ北地にありて、ノールウェギヤの地に相聯《あひつらな》る。ノールウェギヤは、ヱウロパの極北、氷海にのぞめる地也。……○西人の説に、「スウェイチヤの王妃、ローマンに来て、天主を拝せしを見たりき。その輿従最盛なりし」といふ。さらば、此国も彼教《かのをしへ》を尊信する所と見ゆ。

と記されていた。二十七歳で王位を退き、余生をローマで過すためにルター派からカトリック教に改宗したスウェーデンの王妃（正確には女王）はクリスチナ（一六二六―一六八九）である。デカルトを庇護し学芸の良き理解者として著名だが、ヴォルテールは『ルイ十四世の世紀』の第六章で、この稀有な人物を一面では讃えつつも、他面ではクリスチナがフランスで罪を犯したことを次のように非難している。

識者から見ると、クリスチナが（一六五八年）二度目にフォンテヌブローを訪ねた際、モナルデスキなるイタリア人の侍臣を殺させたのは、正しく玉に疵だった。彼が彼女にどんな悪事を働いたにせよ、もはや女王ではない以上、裁判で黒白を決めるべきで、勝手に裁く資格はない。あれは女王が臣下を処罰したのではなく、一女性が殺人でもって情事にけりをつけたのだ。あれはスウェーデンの女に唆された一イタリア人がフランス王の城館内で同胞を殺させたのだ。法律に拠らぬ限り、何人といえども命を奪われてよ

い道理はない。

ヴォルテールが『ルイ十四世の世紀』を書いたのは千七百五十年代だが、その啓蒙の世紀から前世紀を振返ると、クリスチナのような高貴の人といえども、法に外れた行為に対しては、やはり厳しい指弾を受けたのである。それは他の西洋諸国に先がけてまずフランスに人権思想が発達していたからだろう。

いまここで新井白石（一六五七−一七二五）が生きていた時代を広く世界史の中に位置づけてみよう。中国は清朝の康熙帝（一六五四年生、在位一六六一−一七二二）の盛代である。朝鮮は李朝の粛宗（在位一六七四−一七二〇）の時代で、白石はこの朝廷を相手に外交交渉を行ったのである。ヨーロッパでは太陽王と呼ばれたフランスのルイ十四世（一六三八年生、在位一六四三−一七一五）が君臨する時代である。スウェーデンのクリスチナ女王がフォンテヌブローへ立寄ったのもルイ大王の治政下のことだった。そしてスウェーデンよりも弱小国と見做されていながら、後にはそのスウェーデンを破って軍事強国として出現してくるのがロシヤ——『西洋紀聞』の片仮名表記に従えばモスコービヤ——である。ロシヤのピョートル大帝（一六七二年生、在位一六八二−一七二五）は白石と同時代人だった。大帝は白石より十五歳年少だが、同じ年に没している。

いま王侯君主の暴虐の比較を行うと、西欧や極東に比べてロシヤがひときわ陰惨なことに気づかれてくる。アンリ・トロワイヤの『大帝ピョートル』に詳述してあるが、ピョートルは拷問、処刑、死体の解剖が好きで、成人したただ一人の息子を、やはり拷問にかけた挙句、みずからの手で殺害したといわれる。トロワイヤの一連の史伝が陰鬱であるのは、ロシヤの歴史で血に塗れたピョートルは病的な例外ではなかった、という点だろう。新井白石が徳川忠長の病的な悪逆非道を批判的に記述していた十八世紀初頭の日本では、領主といえども「させる科《とが》なき者を自ら斬らせ給ふ事」はもはや許されなくなっていた。「殿様御乱心」の場合はしかるべき処分が行われた。（忠長も安藤右京亮重長のもとへ預けられ、結局本人が自刃している）。有徳君主観が日本では君主の恣意に対しても歯止めとして機能するようになっていたのである。ところがその同じ時期のロシヤでは、父親であるピョートル大帝臨席の下に、皇太子に対する拷問が連日行われ、一七一八年六月二十六日、皇太子アレクセイはついに死亡したのであった。

ところでそのピョートル大帝はロシヤの西欧化運動の父として知られ、その事業は普通、文明開化運動として理解されている。ピョートルは一面では文明化の父でありながら、他面では比類なき独裁者であり暴君であった。この二つの顔を持つピョートルのロシヤは、日本より一世紀半も早く西欧化運動を開始した帝国だったが、その民度においては元禄年間の日本にはるかに劣り、根深い野蛮の伝統を存した国であった、という裏面を見落してはならないだろう。

それにまた近代化に伴って、組織化された暴虐 organized atrocity が二十世紀、強制収容所や下放運動や洗脳の形を取ってあらわれた、という新局面もまた見落してはならないだろう。人類の歴史は、一時期楽天的に考えられていたほど、単純に野蛮から文明へ向上するものではない。それでも徳川忠長ごとき人物を私たちはもはや主君として戴くことはなくなった。その点に限っていえばやはり進歩はあった、といえるのである。

それでは野蛮・半開から文明へ、ロシヤと日本の平行する歴史とそれに随伴した平行する心理をたどってみよう。

平行する歴史

小国オランダは、自分でも知らぬ間に、ロシヤと日本の文明開化運動に特異な先駆的役割を果していた。

西洋で人体解剖の研究が進んだのは、ミケランジェロやレオナルドの作品からも窺える通り、ルネサンス期イタリアのことで、それに基く外科医術の進歩は十六世紀以降の現象である。その術は安土桃山時代の日本に南蛮流の外科として伝えられた。浅野内匠頭が殿中で刃傷事件を起した元禄十四年は西暦一七〇一年だが、その時傷ついた吉良上野介を介抱したのは南蛮流の医師であり、西洋流外科の優位は当時すでに幕府内部においても認められていたのである。新井白石も幼時、疱瘡を病んだ際にウニカウルと呼ぶ西洋医薬のおかげで助かった。人間こと命に関する面（医学、軍事学など）では外来の知識にいちはやくすがるものだが、それはロシヤの場合も同じだった。西欧文明の所産へのその種の相似た関心の寄せ方が、ロシヤの歴史と日本の歴史とに、暗合とでも呼べるような、いくつかの平行例を生んだのである。

十七世紀中葉、オランダは北方ルネサンスの盛代を迎えていた。レンブラントは大作『解剖教授』を描いたが、その画題はきわめて象徴的である。というのは若き日のピョートル大帝はおしのびでオランダへ留学し（一六九七-九八）、当時ハーグでこの先端科学を講義していたライス教授に解剖術を学んだからである。ピョートルはまたブールハーヴェの解剖教室「テアトルム・アナトミクム」まで足をのばしたとも伝えられる。もっともその術を習得して以来、この暴君は病的嗜好の解剖執刀者となってしまうのだが。

日本も偶然、そのオランダを介して、四分の三世紀の遅れで、人体解剖を始めとする西洋諸科学の摂取に立ち向う。前野良沢、杉田玄白等の学者は、小塚原の刑場で刑死人の屍体内部との照合の上で、西洋医学書の中国医学書に対する優越を確認するや、オランダ語を学んで西洋医学書の翻訳に取りかかる。一七七四年、『解体新書』の訳業が成った時、日本は百年後にいうところの文明開化運動への第一歩をすでに踏み出したのである。

オランダを共通の場として露日両国はなおいろいろの比較をなし得る。例えば造船技術についていえば、ピョートルはザーンダムで船大工の徒弟として学び、帰国後ロシヤの西方の門ともいうべき港町ペテルブルクの建設や造船所の建設にとりかかる。鎖国政策を堅持した日本は遅れを取ったが、幕府は一八六二年、第一回の留学生をオランダへ送る。その一人赤松大三郎則良はアムステルダムで六年にわたり造船を学び、帰国後明治政府に仕え、横須賀の造船所長となり、清輝、天城、海門、天竜の四艦を建造した。海軍中将退役後も二十年間にわたって日本造船協会会長として活躍する。この赤松は森鷗外の岳父となる人である。

ロシヤがオランダはじめ西欧回覧に派遣した第一回使節団としては、ピョートルに同行した総勢二百五十名の大使節団のことがあげられる。それに対して日本は一八七一年（明治四年）、総勢百名を上まわる米欧回覧使節団（他に派遣された若い留学生は百五十四名）を送るが、百七十余年の時差があったとはいえ、両者は共通する文明開化の文化史的意味を担ったミッションであった。

ところでこの種の使節団が外国へ赴くとなれば、当然社交が生ずる。その際、敬意を表するにせよ学びに行くにせよ、相手側の礼にならわねばならない。価値の基準は先方の先進国の側にあるのだから、西欧本位に振舞わねばならないのである。そしてその種の接触はまず上層階級から始まるから、後進国の啓蒙運動はどうしても上からの文明開化という形を取らざるを得なかった。

ピョートルはオランダへ赴く途中、ハノーファー選帝侯妃の舞踏会に招かれて、躊躇した挙句に参加した。プロスペル・メリメは『ピョートル大帝統治史』にドイツの二人の公妃の手紙（原仏文）を次のように引いている。大帝は手づかみで食事した。

……しかし大帝はたいへん大柄で、顔立ちは美しく、物腰は高貴でした。生気潑剌、応答もすばやく適確です。これだけ天分に恵まれたお方なのですから、いますこし粗野でなくていらしてもいいのではないかと思われました。

「狩りはお好きですか」

と私がおたずねしますと、

「父は好きでしたが、自分は若いころから航海や花火の方が大好きで、自分でも船を造ります」

という御返事で、私たちに両手をお見せになり、造船のお仕事で掌《てのひら》にできた胼胝《たこ》にさわらせたりなさいました……

……率直に実際を申しあげますと、ギャラントリーのお心得はないようでございます。女の方のことは眼中にもない御様子でございました。ダンスをしながらロシヤの殿方は私どものコルセットの張鋼《はりがね》を私どもの体の骨と勘違い遊ばされて、皇帝は、

「ドイツの女の人はおっそろしく硬い骨をしているんだねえ」

とびっくりして口に出しておっしゃいました。

いかにも生地《きじ》のままのピョートルが写されている。大帝ははじめ「うまくお話が出来ません」と食卓ですっかり固くなっていたというが、一旦くつろいだ後のこの屈託のなさには凄みさえある。

ロシヤより地理的にもはるかに東に位した日本は、文化的にもそれだけ西洋と伝統を異にする社会であった。西暦一八六〇年、徳川幕府はその最初の遣外使節を西洋に送ったが、使節が受けた文化的ショックはまたそれだけ強いものがあった。幕府の役人はそれなりに洗練されているのだが、感覚的なずれは大きい。遣米使節の副使、村垣淡路守範正はワシントンで米国国務長官カス招待の夜会の様を次のように『航海日記』に記している。

さすが宰相の招《まねき》なれば、いかなる礼かとおもひけるに、堂の入口より、廊下も間毎に男女数百人たゞおし合《あひ》充満して、ガス・ランプは天井に夥しく掲げ、金銀もて餝《かざり》たる玻璃器はり鏡にかゞやきて白昼の如く、いとまばゆきばかりなり。こはいかなることかとあやしみけり。人をおしわけ〳〵一間に入れば、カ

ス出迎、殊更に懇志の挨拶あり。孫女・子供もとり〴〵出て手をとりたり。椅子にかゝりけれど、席中男女おし合、かはるがはる来りて手をとりて挨拶すれど、通弁も届かね、何か更にわからず、雑沓極《きはま》りたり。……やがてまた、あなたへ案内にて行ば、一席、板敷をいと清らにして、かたはらにミシュッキとて胡楽に胡弓よふのものを添へてはやしけるが、男はイボレット付け太刀を佩《はき》、女は両肩を顕し、多くは白き薄ものを纏ひ、腰には例の袴のひろがりたるものをまとひ、男女組合て足をそばだて、調子につれてめぐること、こま鼠の廻るが如く、何の風情手品もなく幾組もまはり、女のすそには風をふくみ、いよ〳〵ひろがりてめぐるさま、いとおかし。是をダンスとて踊の事なるよし。高官の人も老婦も若きも、皆此事を好てするよし。数百人の男女、彼の食盤に行て、酒肉を用ひてはこの席に来り、かはり〴〵踊る事とて、終夜かく興ずるよしなれど、をのれは実に夢か現《うつつ》か分ぬばかり、あきれたるまでなり。

これもまたそれなりに率直な、非西洋の側の感想である。このようにしてロシヤや日本の西洋との接触(=社交)は始まった。

平行する心理

西洋文明との接触の初期に生じた欧化熱を象徴するものは、帝政ロシヤにあってはペテルブルクやモスクワの舞踏会や宴会であった。そこではロシヤ語を圧するようにフランス語の会話も行われた。他方、国際社会に遅れて加わった日本にあっては鹿鳴館の舞踏会が、良かれ悪しかれ、文明開化のシンボルであった。明治十六年、時の外務卿井上馨はホストとしてこの鹿鳴館の落成式に臨み、

向後中外搢紳《シンシン》ノ共ニ相会シ相交リ、国境ノ為ニ限ラレザル交誼友情ヲ結バシムルノ場、

とすると宣した。かつて英国公使館焼打に参加した攘夷の志士井上聞多のまたなんという変貌であったろう。ここで優越した文明の脅威にさらされた国民が、当初は敵対し、反撥した外来文明の魅力に囚われてゆく心理の推移にふれておきたい。

幕末期の日本が、その当時の地球上で稀に見るほど識字率《リテラシー》の高い国民であったことは、日本の急速な近代化を説明する外国の学者たちの間で近年しきりに説かれてきた（ドーア『徳川期教育の遺産』ほか）。それはおそらく事実であろう。徳川時代の民度は、封建時代をもっぱら否定しさるべき過去としてしか把握しなかった明治の人や西洋の人が考える以上に高いものがあったのだ。だがそれにしても「西洋の衝撃」は激しかった。それは自分たちよりはるかに強大な欧米列強が軍事力でもって迫って来た、という民族の生存にかかわる危機感が働いたためである。幕末維新の日本人には、相手の威力の圧迫を蒙ることの口惜しさとともに、その力に対する驚嘆もあった。そしてそのような嘆美畏敬の念が広く国民各層の間にしみわたったからこそ、明治の新政府は欧米に範を取る文明開化の政策を大胆に採用することができたのだし、国民の多くもまた進んで日本の自己改革を支持したのである。その結果、日本はアジア諸国の中で国民全体としてはもっとも西洋化した国へと変身した。その変り身のはやさは、村垣淡路守が一八六〇年ワシントンで、

「夢か現《うつつ》か分ぬばかり」

といった舞踏会が、四半世紀後の一八八三年には日比谷の鹿鳴館でもう盛大に開かれた、という一事からも察せられよう。それが不平等条約改正を意図する為政者の苦肉の策であったとしても、この欧化運動は当然さまざまの反響を内外に呼ばずにはおかなかった。

ユーラシア大陸の大陸国家としてヨーロッパに地続きで境を接し、日本よりも長期にわたって西欧の影響を受けたロシヤでも、西欧文化の魅惑というミラージュは真にめくるめくものがあった。

ここでロシヤ革命後も、というかロシヤ革命のゆえに、ますます強まった歴史解釈上の誤謬の一つにふれておきたい。それはソ連邦の論者が、日本社会の階級差や天皇制を説く際に帝政ロシヤの階級差やツァーリとの類推で論ずる傾向のことである。その等式解釈のゆえにかえって見落されがちなポイントは、徳川時代の日本は教養の面では士農工商の区分が意外にぼやけていた、という事実である。一例をあげれば、芭蕉の弟子筋の誰が侍で誰が百姓であったのか、今日私たちはほとんど意識もしていない。それは十七世紀末当時すでに俳諧の座では階級差別をあまり言い立てなかったことの反映なのである。それに反してロシヤでは少数の貴族と多数の農奴との間の亀裂は、教養の面でも、はるかに深いものがあった。ロシヤ人全体としての識字率が著しく低かったのもそのためだが、またそれだけ西欧文化の受容についても著しい階級差が認められた。その点は日本との対比において注目に値いする。

というのも上流階級についてのみいうなら、ロシヤの貴族たちは——いやロシヤ貴族に限らずインドのブラフマンにせよアラブのパシャにせよ——明治日本の新貴族などとうてい及ぶべくもないほど、鮮やかな「脱亜入欧」ぶりを示していたからである。そしてそれはエリート層のひそかな自負ともなって実は今日にまで及んでいる。一九八六年ハーヴァード大学出版局から英文で刊行されたハル・マツカタ・ライシャワー夫人の『侍と絹』は、著者が血筋の上では松方正義の孫に当る純粋の日本女性でありながら、日本にいた幼時から住込みの英国人の女家庭教師《ガヴァネス》に育てられた生い立ちを語って、その特異性ゆえに話題を呼んだ。だが帝政ロシヤでは大貴族の館に英国人やフランス人の女家庭教師が雇われているのは日常茶飯の事だった。そしてそれは脱植民地化以後ですらもアラビア圏諸国の一部上流家庭では見られる光景なのである。

子弟の教育面でもそのような西欧化が進められた帝政ロシヤの支配階級であってみれば、パリやニース、ロンドンやカプリが憧憬の地となるのは当然であった。西欧起源の文物・制度・思想を取り入れようとする文化努力は西欧化 westernization として理解され、欧化熱は十八世紀から十九世紀にかけて一段と高まったのである。明治以後の日本人にとって西欧があこがれの地であるように、ロシヤの若者にとってその地へ留学することは夢となった。

だがそれと同時に西欧は軍事的な力であり、怖るべき敵でもあった。祖国をこの優越した敵対者の侵入から守らなければならない。一方における西欧思慕は、他方における土着のナショナリスティックな反撥を惹き起した。西欧に対するこの愛憎並存《アンビヴァレンス》が、十九世紀ロシヤ思想史の一大ドラマである「西欧主義かスラヴ主義か」の対立を生んだのである。そしてそれと軌を一にするように、幕末維新以降の日本にも「欧化主義か国粋主義か」の対立を惹き起したのである。

ところでスラヴ主義者という呼称は誤解を招きやすい。彼等はすべて祖法を守り外国へ行こうともせぬ依怙地な保守主義者であるかのような印象を与えかねないからである。だが仔細に調べると、母なるスラヴの大地への回帰を説いた詩人や思想家の中には、西欧文明にさらされたロシヤ人が意外に多く混っていた。その西に寄せては東に返す心理の波動はトルストイやドストエフスキーのような大家の閲歴をたどる際にも感じられることである。そしてそれは日本の場合も同じであった。森鷗外は日本に西洋文学を紹介してもっとも功績のある大知識人だった。だがその鷗外は自分自身を「洋行帰りの保守主義者」と呼んだ。そして日本へ回帰することにより晩年の大作である史伝を書いた。同じ事は晩年になり『夜明け前』を書いた島崎藤村の心の軌跡についても言えた。

西欧化は単一無二の至上善ではなかった。

私たちは文明開化の猿真似連中になればよいというものではなかった。

だとすると欧化熱のシンボルであるようなモスクワの夜会や鹿鳴館の舞踏会は、作家たちの目に一体どう映じたのか。一面における西欧化と他面における自己同一性《アイデンティティー》確保という相矛盾する課題に彼等はどう対していたのか。この文化史的背景のスケッチに引続き、第二部では過渡期の社交界を描いた両国の代表的短篇、プーシキンの『ロスラーヴレフ』（一八三一年）と芥川の『舞踏会』（一九一九年）と二つを並べて分析したい。ただしその比較はアレクサンドル・プーシキン（一七九九－一八三七）と芥川竜之介（一八九二－一九二七）との間に比較文学で呼ぶところの貸借関係――なんらかの意味での影響や模倣――があったというのではない。国籍や時代を異にする二人はその点では読書を介しても無関係だった。だが互いに相知らぬ仲でありながらこの両作家は、後進国意識にさいなまれたインテリゲンチャとして、ともに自国の西欧化（乃至は擬似西欧化）の奇妙に浪曼的といえる歴史の一齣を、すこぶる相似た眼差で凝視していた。その屈折した創作心理やその小説作法の共通性がいかにも興味深いのである。

それでは前置きはこの辺に留めて、文明開化の社交界の現場にはいろう。

第二部　西欧化の社交界

後進国の気恥しさ

十九世紀の初頭、ナポレオンのフランス帝国はロシヤ帝国の敵国であったが、それでもフランス文明の威信《プレステイージュ》は驚くほど高かった。プーシキンの『ロスラーヴレフ』の女主人公ポリーナは一八一一年の冬、モスクワの社交界へデビューした年のころ十六ほどの公爵令嬢だが、このロシヤ貴族の教養について作中には次のように記されている。神西清訳を引用する。

ポリーナは随分と多読の方だつた。父君の書斎の鍵を預つていらしたのである。父君の蔵書は、主に十八世紀の作家の書いたものだつた。フランス文学はモンテスキウからはじめてクレビヨンの小説に至るまで、あの方《かた》には馴染の深いものだつた。ルソオなどはすつかり諳《そら》んじておいでだつた。その書斎にはロシヤの本は一冊もなかつた。……ロシヤ語のものは恐らく何一つお読みにはならなかつたらしい。モスクワの詩人連中があの人に献げる詩にしても、やはり読まれた例しはないらしかつた。——

ポリーナは極度の西欧（フランス）志向の一典型として描かれている。そしてその西欧志向とうらはらに、モスクワの詩人たちはプーシキンの悪意《マリス》もなくはない筆でさげすまれている。この短篇はポリーナの親友の婦人の口を通して一人称で語られる形式をとっているが、その「私」も「私達」も、もっぱらフランス文明に価値判断の基を据えた見方でもって、ロシヤの文化や社会を律している。それだから「私」は余談でこう言った。

……わが国最初の二三の小説も数年前に現はれたとはいへ、一方フランスやイギリスやドイツではどうかと云ふと、踵を接して出版される小説が一篇ごとに愈々益々見事な出来栄えを示すといふ有様である。それらの小説の飜訳さへも私達には見あたらないのであるが、よしまた見あたるにしたところで、皆様はどうお考へかは知らないが、私はやつぱり原文の方を手にとりたいと思ふ。わが国の雑誌はこの国の文学者にとつては面白いものである。私達は知識や事物に対する観念といつたものは悉く、外国の書物から汲みとらなければならぬ羽目になつてゐるのだ。といつた次第で私たちは、思考をさへ外国語でするやうになつてゐる（少くも思考する人々、人類思想を追求する人々は、みんなさうである）。現に幾人かのわが国の著名な文人たちも、やはりさうしていらつしやる由を親しく私に告白されたことがあつた。私達がロシヤの書物を蔑視して一向に顧みないことを、わが国の作家たちが歎じてやまないのは、ちやうど私達がコストロマアの婦人帽子屋の製作品には満足しないでシフレルの店で買ふといつて愚痴をこぼす、ロシヤの女商人にそつくりである……

仏蘭西好き《フランコフィル》の一女性の口を通して語られているとはいえ、作者プーシキンその人の感情や意見（例えば『わが国の文学の発展を遅らせた原因』）も、作中のポリーナや「私」を通して、やや誇大化されて、語られているのだろう。プーシキンも、また後述する芥川も、フランスやイギリスやドイツなどの近代文学の洗礼を浴びて——それこそ「やっぱり原文の方を手にとつて」「知識や事物に対する観念といつたものは悉く、外国の書物から汲みとつて」——露都や東都の文壇へデビューした近代作家だったからである。パリ舶来の流行の帽子に憧れるのが女の心理であるなら、パリ舶来の思想のファッションに憧れるのが知識青年のスタイルでもあったのだ。

ところでそのような西欧志向の青年子女には、自分自身が西欧人と同じでないことを恥じる感情が心の一隅にひそむものである。文明の光を全身に浴びたかった者にとってはロシヤ的野蛮の影が尾を引くことはたまらなく気恥しい。とくに自分が憧れもし尊敬もするフランス人の前で、自国人が無様《ぶざま》な醜態を示すことは、いうならば穴があればはいりたいような心境に当人を追いこむものである。そしてそうした折も折、一八一二年の夏に当代フランスの第一の文人たるスタール夫人がモスクワに姿を現わしたのだった。プーシキンは作中に誤って一八一一年としているが、その情景を次のように叙している。

ポリーナの父君は、巴里にいらつしやつた頃からスタール夫人とはお知り合ひの仲だつたので、さつそく正餐に招待して、その席にモスクワの才士才媛をすぐつて呼び集めた。その席で私ははじめて、『コリンヌ』の作者を見たのである。夫人は正座について、卓上に軽く肘をつき、美しい指先で紙片を筒形に巻いたり拡げたりしていらした。どうやら御機嫌ななめらしく、何べんか話をしかけては、その都度興が乗らずに言ひさしてしまつた。才士連中は平生どほりの健啖ぶりと酒量を発揮し、うち見たところスタール夫人のお話より公爵の魚スウプの方がよつぽどお気に召した様子だつた。婦人連は澄まし返つてゐた。中の誰彼が時たま沈黙を破るのだつたが、それも自分の思想の貧弱さ加減を自覚してゐて、この欧羅巴の名士の前でひどく気後れの態なことは、他所目にも歴然としてゐた。その食事のあひだぢゆう、ポリーナは針の山に坐つてゐる思ひだつた。

それでもスタール夫人の口から洒落が飛び出すと、皆はどっと湧いた。ポリーナは眼に涙を浮べた。

やがて食卓を離れる頃には、客達はすつかりスタール夫人に好感を抱いてしまつてゐた。といふのも、彼女が地口を言つてのけたからで、客達はそれをモスクワ全市に弘めるため、急いで馬車を駆り去つた次第であつた。

スタール夫人のようなお偉いお客様をお迎えしたものの、宴会の席で会話は一向にはずまない。この気まずい沈黙の情景は、客観的な描写であるとともに、ポリーナの居たたまれない気持の投影でもあるのだ。プーシキンはポリーナがなぜ燃えるように顔を火照らせ、両眼に涙を浮べたのか、そのわけを直接本人の口を通して語らせる。

「どうなすつたの？　あなた《マ・シェール》」と私はポリーナに向かつて問ひかけた、「なるほどあの戯言《ぜうだん》はちよつとばかり猛烈だつたには違ひないけど、だといつてそんなに気にすることがあるでせうかしら？」

「いいえ、さういふ訳ぢやないのよ」とポリーナは答へた、「私はただ情ないの。あの非凡な女性の眼に、この国の上流社会がどんな貧弱なものに映つただらうかと思ふと、本当に堪らない気持ですわ！　あの方《かた》は、御自分の仰しやることを理解し、見事な警句だの烈しい感動だの、感興に充ち満ちた言葉だのを、決して聞き逃がすことのない人達にこれまでずつと取り巻かれていらしつたのですわ。あの方は最高の教養を身につけた人達のなさる、思はずうつとりするやうな話し振りを耳にしつけてらしたのですわ。それが此処ではどうでせう……情ない次第ですわ！　三時間のあひだ、たつた一つだつて思ひ附きな文句が出るぢやなし、たつた一つの名言だつて出ない始末ぢやありませんか！　気の利かない御面相、気の利かない尊大な構へ、それつきりですわ！　あの方はどんなに御退屈だつたでせう！　本当に飽々したつて御様子でしたわ！　あの方はつまりあの連中の歯に合ふもの、あの文明の猿真似連に分かるものを察して、例の地口を投げておやりになつたのよ。ところが案に違はず、われ勝に飛びついて来たぢやありませんか！　私もう恥かしくつて赤面してしまひましたわ。今にも泣きだしさうでしたのよ。……でも構はないわ」とポリーナは熱心な調子で言葉をつづけた、「あの方は、私達の国の高等賤民について、ちやうど適《ふさ》つた見解をお持ち帰りになるがいいのですわ。少くもあの方は、この国の気立てのいい醇朴な民衆を御覧になつた筈ですし、またよく理解もなすつた筈ですもの。あの厭らしい道化者の私の伯父が、よせばいいのに外国婦人の御機嫌をとり結ぶつもりか何かで、ロシヤ式の鬚のことを笑ひ草にした時、あの方はかうお答へでしたわ。『百年前に自分の鬚を失はずに守り通した国民は、現代では自分の頭だつて失くさずにをりませうよ』つて。本当に何といふ情緒の濃やかな方でせうね！　私、もう好きで好きで堪らないわ！　あの方を追放した男は、まあ何て憎むべき男なんでせう！」

ここでポリーナの口から飛び出した、同族嫌悪にも似た自国の上流階級への絶望と不信と、その裏返しともいうべき「醇朴な民衆」への期待と信頼、という心理の動きは、それがそのまま一面における西欧主義者の他面における土着主義への期待を示しているだけに、十九世紀ロシヤの「西欧主義とスラヴ主義」の心理的相剋をいちはやく示している点、興味深い徴候といわなければならない。ポリーナは片方ではスタール夫人に代表されるパリのサロンを実際以上に理想化して讃美している。それでいながらもう片方ではまた平気でロシヤの農民をも理想化し讃美している。それは貴族階級の勝気なお嬢さまのある意味では手前勝手なのである。だがそれをただ笑うわけにもいかない。私たちの周辺にも、いや私たち自身の内にも、西欧の市民社会を近代化の人間的基礎として理想化し、それによって同国人を自虐的に批判する傾きはあったからだ。そしてそのような悪口を洩らしつつももう片方で日本の民衆の草の根の民主主義に期待するという手前勝手はあったからだ。

ところで宴席でスタール夫人が言ったとされる洒落だか地口だかの意味はこうである。百年前、ピョートル大帝の時代に開明派は、「ロシヤ式の鬚をはやす習慣はロシヤ式野蛮の象徴であるから剃ってしまえ」と主張した。そしてピョートルが剃ることを強要し、時には死罪でもって脅したにもかかわらず、保守的な農

民はロシヤのナショナルな風俗であるこの鬚を守り通した。そのような、

「百年前に自分の鬚を失はずに守り通した国民は、現代では自分の頭だつて失くさずにをりませうよ」

スタール夫人は、ナポレオン戦争という国難に際会したロシヤ国民に向ってそう言ったのである。保守派が断髪令に抵抗する心理は、日本でも士族が髷を切ることを嫌った例からも察せられる。開明派が断髪で意志表示をすることは、清朝末期に滅満興漢の士が弁髪を切った例からも察せられる。そしてロシヤの守旧的な心情に酷似した場合としては、韓国の崔益鉉が、日本の影響下にはいってくる新風俗に抗して、

「此ノ首断ツ可シ、此ノ髪断ツ可カラズ」

と叫んだこと、そしてその叫びが衛正斥邪を唱える人々の喝采を浴びた例などもあげられる。

スタール夫人は訪露中、ロシヤの貴族が次々と農奴を兵隊として国に差出す現場を目撃した。その際、貴族たちはロシヤ語を直訳して donner des hommes「人をくれる」という言い方をする。その人間を物扱いにした、フランスではおよそ使われることのないフランス語表現を耳にするたびに、スタール夫人は違和感を覚えた。それでもその農奴は兵士として入営すると鬚を剃られ、その瞬間から解放された普通の人間となるのであった。プーシキンがスタール夫人のロシヤ旅行記である『亡命十年』をどのように活用したかについては後で述べるが、スタール夫人がそのような事情を承知の上で、しかもなおロシヤ貴族のエゴを甘やかすような鬚にまつわる地口を言い、貴族連中がわっと嬉しそうにそれに飛びついたものだから、プーシキンの気持を作中で代弁するポリーナは情なくなって思わず眼に涙を浮べる仕儀となったのだ。

フランス作家ロティの眼

ところでフランスに憧れる令嬢と俗物の父親というコントラストは、プーシキンの『ロスラーヴレフ』に限らず、芥川の『舞踏会』でも同然であった。この開化期日本の一齣を描いた短篇は次のように始る。

明治十九年十一月三日の夜であつた。当時十七歳だつた――家《け》の令嬢明子は頭の禿げた父親と一しよに、今夜の舞踏会が催さるべき鹿鳴館の階段を上つて行つた。

俗物はなにも頭の禿げた父親ばかりではなかった。当夜の日本側の主人役も――ルイ十五世式の装いを凝らしているけれど――やはりその同類なのである。胸間に幾つかの勲章を帯びた伯爵とその夫人に父親が娘を紹介する。「その暇にも（明子は）権高《けんだか》な伯爵夫人の顔だちに、一点下品な気《き》があるのを感づくだけの余裕があつた。」その外相夫人はなんでも元は芸妓であったとかいうことだ……

芥川やその同時代の白樺派などに代表される大正作家は、自分たちが新教育で受けた西欧的教養によって、先行する明治の世代を冷笑する風があった。そしてこの子の父への反抗で、芥川や志賀などにより繰返し嘲けられる明治の父性の代表者は乃木希典であった。芥川が『将軍』で乃木大将を揶揄する話の中にも、学習院の生徒らしい中学生が、那須野で、乃木夫人のために憚りの場所を競争で見つけて来たという他愛ない話が語られている。父の世代の人はもちろんその挿話を乃木将軍の仁徳が感化を及ぼせる一例として肯定的に語るのだが、子の世代を代表する聞き手の青年は、

「それは罪のない話ですね。だが西洋人には聞かされないな」

と呟く。「だが西洋人には聞かされないな」という言葉が示唆するように、芥川が日本人を（すくなくとも自分に先行する明治の世代を）批判する上位の視座は西洋人のそれなのである。いや、西洋人以上に西洋主義的なのである。芥川は後述するように、ロティの『江戸の舞踏会』を利用して『舞踏会』を書く。その時ロティは、芸者あがりと聞かされていた日本の外相夫人が「見世物犬のように装った異様な成上り者」でなく、「気品のある、洗練された婦人」であることにすなおに驚き、感嘆もしている。だがその時芥川はそ

う聞かされただけでもうその伯爵夫人の顔だちに「一点下品な気がある」ことに決めつけてしまった……がとにかく短篇『舞踏会』は西洋人の視点から書かれ、その視座の枠内にきちりとおさまっている。『舞踏会』には後書があって、

大正七年の秋であつた。当年の明子は鎌倉の別荘へ赴く途中、一面識のある青年の小説家と、偶然汽車の中で一しよになつた。青年はその時編棚の上に、鎌倉の知人へ贈るべき菊の花束を載せて置いた。すると当年の明子――今のH老夫人は、菊の花を見る度《たび》に思ひ出す話があると云つて、詳しく彼に鹿鳴館の舞踏会の思ひ出を話して聞かせた。

芥川の小説の枠となっている後書がもしここで終っていたなら、読者は芥川が本当にこの舞踏会の話を鹿鳴館でフランス海軍士官と「美しく青きダニウブ」のワルツを踊ったH老夫人から聞いたのだ、と思ったかもしれない。しかし芥川はそれだけではひねりが足りないと思った。そして老夫人のナイーヴさも出そうと思って後書にこう書き加えた。


その話が終つた時、青年は……何気なくかう云ふ質問をした。

「奥様はその仏蘭西の海軍将校の名を御存知ではございませんか。」

するとH老夫人は思ひがけない返事をした。

「存じて居りますとも。Julien Viaud と仰有《おつしや》る方でございました。」

「では Loti だつたのでございますね。あの『お菊夫人』を書いたピエル・ロティだつたのでございますね。」

青年は愉快な興奮を感じた。が、H老夫人は不思議さうに青年の顔を見ながら何度もかう呟くばかりで

あつた。
「いえ、ロティと仰有《おつしや》る方ではございませんよ。ジュリアン・ヴィオと仰有る方でございますよ。」
芥川はここで『お菊夫人』の著者の Pierre Loti は筆名で本名は Julien Viaud である、という知識を披露している。そしてそう書き足したことによってこの『舞踏会』そのものも実はピエール・ロティ（一八五〇―一九二三）の『秋の日本』*Japoneries d'Automne*（一八八九年）中の『江戸の舞踏会』に材を求めたことを洩らしてしまったのである。

『舞踏会』は周知のようにういういしい明子がフランスの海軍将校と踊った鹿鳴館での一夜を一幅のワットー風の絵に仕立てた小品である。その際芥川がロティを踏まえたことについては、大西忠雄、河盛好蔵氏等に指摘があるが、実際、『江戸の舞踏会』と読み比べてみると、芥川が鹿鳴館の菊の籬《まがき》から、路易《ルイ》十五世式の装いを凝らした主人役の伯爵夫人、独逸管弦楽の「美しきダニウブ」のヴァルス、アイスクリームの匙にいたるまでその道具立をロティに借りたことがわかる。芥川が、その夜会に出席した日本人の眼よりもこのフランス人作家の眼を借りて、明治十九年の鹿鳴館風俗を見直していたことは間違いない。

しかし明子はその間にも、相手の仏蘭西の海軍将校の眼が、彼女の一挙一動に注意してゐるのを知つてゐた。それは全くこの日本に慣れない外国人が、如何に彼女の快活な舞踏ぶりに、興味があつたかを語るものであつた。こんな美しい令嬢も、やはり紙と竹との家の中に、人形の如く住んでゐるのであらうか。さうして細い金属の箸で、青い花の描いてある手のひら程の茶碗から、米粒を挟んで食べてゐるのであらうか。――彼の眼の中にはかう云ふ疑問が、何度も人懐しい微笑と共に往来するやうであつた。明子にはそれが可笑しくもあれば、同時に又誇らしくもあつた。だから彼女の華奢《きやしや》な薔薇色の踊り靴は、物珍しさうな相手の視線が折々足もとへ落ちる度に、一層身軽く滑《なめらか》な床の上を辷つて行くのであつた。が、やがて相手の将校は、この児猫のやうな令嬢の疲れたらしいのに気がついたと見えて、劬《いたは》るやうに顔を覗きこみながら、

「もつと続けて踊りませうか。」

「ノン・メルシイ。」

明子は息をはずませながら、今度はつきりとかう答へた。……

一時間の後、明子と仏蘭西の海軍将校とは、やはり腕を組んだ儘、大勢の日本人や外国人と一しよに、舞踏室の外にある星月夜の露台に佇んでゐた。

芥川は明子の側から鹿鳴館の舞踏会を語っているようなポーズを取っているが、彼の描写はたとえば次のようなロティの記述に対応している。芥川が原文で見たのか、英訳で読んだのか、それとも大正三年に出た高瀬敏郎訳『日本印象記』によったのか、確証はないのだが、いま参考に当該箇所の拙訳を引用させていただく。

私と踊ったお嬢さん方の中でいちばん優しくて可愛かった人は、ポンパドゥール風の花模様をあしらった、淡い薔薇色の服を着た――年のころはせいぜい十五歳の――まだいかにもあどけないべべで、嬉々としてはねるように踊っていた。しかし、子供っぽさの中にいかにも上品さがあった。もう少し服装がぴったりと身に合っていたなら、またそのお化粧になんとも口に言いがたいあのなにかが欠けてさえいなかったなら、ほんとにすばらしかったろう…… だがしかしこの令嬢も、じきに紙の障子の家へ帰るのだろう、そして裾のひろがったコルセットをはずしてほかの女たちと同じように、鸛《こうのとり》かなにか鳥の模様でも縫い

取りのしてある着物に着換えて、床の上にしゃがみ、神棚や仏壇の前で手をあわせ、それから箸を使って御飯を食べるのだろう……　このはきはきしたお嬢さんと私とはとても仲良しになった。ワルツは長かった――マルカユウの曲だった――そして室内は暑かった。私たちはガラス戸を開けて、そこから外へ出ようとした。それは露台にたたずんで一息いれるためであった。

フランス作家スタールの眼

一八九二年（明治二十五年）生れの芥川にとって一八八六年（明治十九年）の鹿鳴館の舞踏会は自分が生れる六年前の事であった。一七九九年生れのプーシキンにとって一八一二年のスタール夫人歓迎の露都の晩餐会は自分が生れて十三年後の事であった。といっても十三歳の少年では歓迎の宴に連なることはできなかった。一九一九年（大正八年）芥川は『舞踏会』を書くに際してロティを利用したが、一八三一年プーシキンは『ロスラーヴレフ』を書くに際してほかならぬスタール夫人（一七六六―一八一七）の『亡命十年』*Dix Années d'Exil* を利用した。遅れた非西洋の国の近代化の歴史の一齣を、一歩先に進んだ近代人の立場から――というのはこの場合、フランス作家の眼を通して、ということだが――どのように眺めたか。芥川のロティ利用に引き続き、今度はプーシキンがこのフランス作家の眼をどのように借りたかを見てみよう。

一八二一年、著者訪露の九年後、そして著者逝去の四年後、『亡命十年』の初版が出た時、ロシヤのジャーナリスト、ムカーノフはスタール夫人が作品中でロシヤを充分に褒めていない、といって非難した。プーシキンはその愛国主義的非難を不当に感じて、一八二五年九月十五日付のヴャーゼムスキー公に宛てた手紙では、

ムカーノフがスタール夫人について書いたのは遺憾です。ムカーノフは私の友人ですし、私は彼に触れ

たくはないのです。しかしいずれにしてもムカーノフは間違っている。スタール夫人はわれわれの一味だ——夫人に対して差出がましい口は利いてもらいたくない。

とロシヤの進歩を願う者の一人としてスタール夫人の肩を持った。そして同年の『モスクワ通報』紙に、夫人を弁護する次のような一文も発表した。

スタール夫人の全著作の中で、どうしてもロシヤ人の関心を惹かずにおかぬ作品の一つは、当然の事ながら（ロシヤ訪問記を含む）『亡命十年』である。その見方の透徹、その観察・批評の新鮮と多様、その善意にみちた執筆態度——そうしたすべてがこの才媛の知性と感性の見事さをあますところなく証している。われわれロシヤ人はかつてこのロシヤの地にまで来てくれた高名の客人に対して謝意を表そうではないか。夫人がロシヤ側の歓待に敬意を表した以上、われらも故スタール夫人の偉大な思い出に敬意を表そうではないか。

ムカーノフが『亡命十年』に苛立ったのは、スタール夫人がそこでロシヤの後進性をいろいろ露骨に指摘しているからである。プーシキンも読みながら、ロシヤの野人どもがスタール夫人に対して悪印象を与えるのではないか、いまにも失礼な振舞に及ぶのではないかと——いわば針の山に坐っている思いのポリーナに似た心境で——はらはらしたらしい。一八二六年六月のヴャーゼムスキー公に宛てた手紙では、『亡命十年』に出てくるミロラードヴィチ将軍がスタール夫人を舞踏会に誘った件を念頭に置いてであろう、こう書いている。

われわれロシヤ人は外国人と付き合う際に誇りも持たなければ恥も持っちゃいない。なにしろスタール夫人の御前でミロラードヴィチにマズルカの踊りっぷりを披露させようとするのだから。するとそれがみんなその旅行者の手で雑誌に掲載されて全ヨーロッパに拡まる。いやなことだ。ぼくは、それはやはりぼくだって、こんなぼくの祖国を軽蔑しきっている。だがしかし、外国人までがこの軽蔑の情をわかちもつのだとしたら、それはぼくには我慢ならない。

もっともこの舞踏の件についてはプーシキンの側に思い過ごしがあったようである。『亡命十年』を詳しく読むとスタール夫人は擬似西洋化したロシヤ人よりも土臭いこのスワロフの幕僚に好感を寄せていて、ミロラードヴィチのことを「一向に人真似をしようとせず、気性が激しくて、率直で、人なつこい、本物のロシヤ人」とむしろ賞めた箇所もある。また舞踏会への招待についても、

出発前夜に招かれたために行けなくて本当に残念だ。こうした異国の名前、こうしたもう欧州とはまず言えない国民の名前は不思議なまでに私たちの空想力をかきたてる。こうしてロシヤに来てみると、別世界の戸口に立っている、ということをひしひしと感じる。

というフランス的ヨーロッパの外へ出かかった人の感想を洩らしている。一八九一年（明治二十四年）の夏、鳥取県の官憲は西洋人ハーンに日本の野蛮で野卑な盆踊りを見せるのは恥だと思った。そしてその取りやめ方を村民たちに強要した。しかしハーンはなまじ擬似西洋化してフロックコートを着用した日本の官吏よりも旧世代の人々の盆踊りにずっと心惹かれたのである。ややそれに似た関係がスタール夫人と一部ロシヤ人との間に見られたのだといえよう。

『亡命十年』の中でさらに興味深い一節は、ロシヤ人と西欧人との間の会話についての観察である。それはムカーノフ等にとってはまことに不愉快な批評だった。『亡命十年』は本邦未紹介の作品であるので、引続き拙訳を引かせていただく。

ロシヤ人はたいへん親切な歓迎ぶりを示すので、会った日から十年の知己のような感じを受ける。しかしおそらく十年経っても真の知己とはなっていないであろう。ロシヤ人の黙り方というのはまことに驚くべきものだ。かれらが黙るのは自分たちにとって真に興味を惹くことに話題がふれた時のみである。それ以外は、お喋り放題喋っている。しかしロシヤ人の会話からはお上手を聞かされるだけで、なにも実のあることは引き出せない。ロシヤ人の会話はかれらの意見を示すものでもなければ、かれらの感情を表わすものでもない。よくロシヤ人をフランス人になぞらえる人がいるが、この比較ほど誤っているものはない。ロシヤ人の肉体的な諸器官は柔軟性に富んでいるので、何事につけても物真似がたいへん上手なのである。それだからその時々の状況に応じてかれらはイギリス人になったり、フランス人になったり、ドイツ人になったりするのだ。しかしそれだからといってかれらがロシヤ人であることを止めた、というわけではない。ここでロシヤ人というのは気性が激しいと同時に控え目で、友情というより激情に秀で、繊細であるより自負心にたけ、有徳であるより信心に強く、騎士道的というよりただ闇雲に勇猛なのである。気性も希望も激烈だから、野望を果そうとするとなにも抑えが利かなくなってしまう。

対句から成るスタール夫人の国民性論は抽象的に過ぎて修辞に流れたもの、というべきかもしれない。しかし右のロシヤ知識人のフランス語会話に対する批評は、日本知識人のフランス語会話に対する批評としても通用するところに問題の今日性があるといえよう。私見では前半で指摘されたような諸傾向は、外国語で相手にあわせて自己表現を行なおうとする際に見られがちな一般的特徴かと思う。日本人でも米国人と英語で話せばアメリカ風にざっくばらんとなり、イタリア人とつきあえばイタリア風にはしゃぐものである。パリ人と話せば実がなくなるとはいわないが、彼等流儀になるのは当然だろう。スタール夫人の観察は酷に過ぎると思う。だがプーシキンにとってはこのフランスの女流作家が続けて書いた次のロシヤ評はいかにも肯綮に当るもののように思われた。

ロシヤ人はフランス人よりもよほどお客好きである。しかしロシヤ人の社交というのは、フランス人の社交のようにエスプリのある男や女が集っておたがいに会話を楽しもうというのではない。ロシヤ人が集るのはお祭に行くのと同じようなつもりで、大勢人のいるところへ出て行って、アジア産や欧州産の珍しい産物や果物を食べ、音楽を聞き、外的な事物によって強烈な感動を得ようとするのだ。どうも魂や知性によって感動を得ようとするのではないらしい。魂や知性は行動のために留保しておいて、社交の用には供さないのだ。それにロシヤ人は一般におそろしく無教育で、真面目な会話はおよそ苦手らしい。真面目な会話ならば才智を光らせることもできるのだが、どうもそういう方面に自尊心を賭けて熱を入れる、ということがないようだ。ロシヤで詩とか雄弁とか文学とかいうものに出会《でくわ》したためしは全然なかった。ロシヤ人の誇りや野心は贅沢、権力、勇気といった種類のものに向けられているので、それ以外の面で頭角をあらわすということは、ロシヤ人にとってはいまなお女々しく空しい事のように思われているらしい。

この手きびしい批評が真実当っていたかどうか私は知らない。しかし自分を多分にフランス人の側に置いているプーシキンにとっては、スタール夫人の同国人批判は厳しいながらも適切で正鵠を射ていると思えた。プーシキンはスタール夫人の句を繰返し唱えた。

La société ne consiste pas chez eux, comme chez nous, dans un cercle d'hommes et de femmes d'esprit, qui se plaisent à causer ensemble.

その通りだ、そう思ったからこそプーシキンはロシヤ人たちが『亡命十年』の著者を非難した時、進んでスタール夫人の弁護を買って出たのである。そしてそのプーシキンは、六年後に書いた『ロスラーヴレフ』では、自分自身をスタール夫人と一体化させたポリーナの口を通して、モスクワの「知性に欠ける」社交界や食欲ばかり旺盛なロシヤの男たちをこう痛罵したのである。

「情ない次第ですわ！　三時間のあひだ、たつた一つだつて思ひ附きな文句が出るぢやなし、たつた一つの名言だつて出ない始末ぢやありませんか！　気の利かない御面相、気の利かない尊大な構へ、それつきりですわ！　あの方はどんなに御退屈だつたでせう！　本当に飽々したつて御様子でしたわ！」

祖国を守る人と祖国を嗤う人

周辺文明圏の知識人は、作中のポリーナや「私」のように、大文明の価値体系《イデオロギー》に帰依しようとする。プーシキン自身の言葉を借りるなら、「幼時からわれわれの全知識、全観念を外国の書物から汲み取って来ているので、われわれは異国の言葉で考える習慣がついた」（『わが国の文学の発展を遅らせた原因』）からであった。そしてそのような西欧志向のプーシキンや芥川が、フランス作家の眼を借りて、近代化途上の自国の宴会や舞踏会を描いたコンプレクスを孕んだ心理や、傷つきやすい感受性について一連の共通点を指摘してきた。

近代化の心理には、個人のパーソナリティの発展のある時期と同様、自己卑下の感情が見られるものである。すなわち自国について近代化の必要を痛感する人は、自国民を先進諸国民よりも本性において劣っており、遅れた状態にあると感じる。また個人としても、個々の先進国民よりも無価値で能力がないと思いがちになる。プーシキンや芥川の作品には後進国民としてフランス作家にたいして覚える気恥しさ（劣性コンプレクス）が認められた。それとともにこの両作家の筆致には、自分だけは西欧近代文学の洗礼を浴びて先進国作家と立場を同じうしているという他の同国人にたいするインテリゲンチャ特有の思いあがり（優性コンプレクス）もまた認められた。プーシキンはその複雑な気持を、「ぼくは、それはやはりぼくだって、こんなぼくの祖国を軽蔑しきっている。だがしかし、外国人までがこの軽蔑の情をわかちもつのだとしたら、それはぼくには我慢ならない」という言葉で表わした。プーシキンは知識人作家として自国の現状の後進性を軽蔑するが、しかしやはり一人のロシヤ国民としては外国人がロシヤを軽蔑することには耐えられなかったのである。

ところで人間、外国大文明の価値体系《イデオロギー》に帰依するとして、その外国からの侮りにどこまで耐えることが出来るか、という原理的問いかけを発した人に山崎闇斎がいた。闇斎は、漢文明という大文明に帰依しようとする周辺文明圏の徳川期日本の儒学者たちをディレンマに追いこむ設問、もし中国が「孔子を以て大将となし、孟子を副将となし、数万騎を率ゐ、来りて我が邦を攻めば、則ち吾が党孔孟の道を学ぶもの、之《これ》を如何とかなす」という問いを発したのである。日本の儒者の多くは、そのような架空の質問には答えられない、として返答を避けたが、しかし一八一二年のロシヤ知識人にとって、それは架空の状況ではなかった。『ロスラーヴレフ』の中でも描かれているが、ナポレオンが率いるフランス軍が現実にロシヤへ侵入してきたからである。スタール夫人のロマンティックな筆を借りれば、私がいまこの塔の上から見渡しているこの町を、ひょっとしてナポレオンがやって来て破壊するのではないか、という予感が一瞬ひらめいた。しかし空があまりに晴れて美しかったので私はその悪い予感をしりぞけた。一ヵ月後にこの美しい都は灰燼に帰したのである。(『亡命十年』)

その同じ一八一二年夏のモスクワの模様をプーシキンは次のように叙しているが、重層的なロシヤ社会の中での、洗練された表皮の部分と、それほどソフィスティケートされていない、うぶで単純な中核部分との反応が、それぞれ次のように記述されている。

誰の話もみんな近づいた戦争のことで持ちきりだつたし、しかも私の記憶するかぎり、それはかなり軽率な態度で扱はれてゐた。ルイ十五世時代の仏蘭西趣味の模倣がはやつてゐたのである。祖国愛といふものが、何かしら衒気のやうに見受けられた。当時の才士連中といへば、正気の沙汰とは思へぬほどの卑屈さでナポレオンを褒めそやし、わが軍の相続く敗戦を嘲けり笑つたものである。不幸なことに、祖国を弁護する連中は些か頭が単純だつた。したがつてさういふ連中は、相手のいい慰みものにされるのが関の山で、勢力といつたらてんで無かつたのである。彼等の愛国心といふものは、フランス語を社交界で使ふことや外来語の輸入を咎めたり、舶来の品を売る高級商店街に対して威嚇的な振舞ひに及んだり、まあさういつた類ひのことに過ぎなかつた。……

さうかうしてゐる内に、不意に敵軍侵入の報と詔書の渙発とが、われわれ国民の胸をつくことになつた。モスクワは湧き返りはじめた。そこへラストプチン伯の国民的な檄文が出て、国民は義憤に燃え立つたのである。

いまここでプーシキンが描きわけた「才士連中」——およそ自国で出来たものはことごとく見下げるか、ないしは素気ない調子で片付けなければ得心がゆかぬ連中——と、いささか頭が単純な「愛国者たち」の二つの分類のいずれかに、かりに芥川も入れるとするなら、芥川は間違いなく「才士連中」の組にはいるだろう。芥川は乃木将軍を冷笑することによって青年子女やジャーナリズムの人気を博するタイプであったから。しかしプーシキンの態度は——作中のポリーナの態度に反映していると思われるが——より屈折したニュアンスを帯びていた。ポリーナは周囲のロシヤ人が露仏交戦以来にわかに豹変して「愛国者」になる様を見て堪忍がならず、わざとフランス語を使い、ナポレオンの天才振りを口にする始末だった。そして世間の人びとに言い咎められると、

「どうぞロシヤ人がみんな、私が祖国を愛すると同じ気持で祖国を愛しますやうに」

と言い返す始末だった。このポリーナにとってはフランス文明を愛することと祖国ロシヤを愛することとは両立していたのである。なぜなら彼女にとってフランス文明とはナポレオンの暴政に抗してフランスを追われたスタール夫人の側にあったからだ。それだからポリーナはモスクワでのスタール夫人歓迎晩餐会がはねた後こう叫んだのである。

「私、もうあの方が好きで好きで堪らないわ！　あの方を追放した男は、まあ何て憎むべき男なんでせう！」

このようなポリーナが置かれた心理状況は、「自分はフランスから自由・平等・博愛の大義を教えられた。自分はフランス文明を愛する。愛するがゆえに祖国独立のために宗主国フランスに敵対して戦う」とフランス語で主張したアフリカの旧フランス植民地の独立運動指導者の発言や、「之と一戦して孔孟を擒《とりこ》にし、以て国恩に報ぜん。此即ち孔孟の道なり」と声を大にした山崎闇斎の発言を連想させるものがある。敵の思想に魅せられた人がその敵と戦おうとする——そうした矛盾的状況を脱そうとするがゆえにひときわ口喧しい

のだ、ともいえるだろう。

プーシキンの短篇の魅力は、冷徹な観察と貴族的洗練の妙のゆえである。たとえば次のような男女のやりとりはどうであろう。戦争が始まって、

皇帝が入市されたので、（モスクワの）人々の興奮はいやが上にも煽り立てられることになつた。愛国の熱狂はつひに最高の上流社会にも波及して、客間《サロン》は変じて討議場になつてしまひ、到るところで恤兵献金の相談が行はれることになつた。自分の財産を残らず国家の用に差し出した若いマモーノフ伯の不朽の言葉は、人の口から口へと繰り返された。中には、かうなつた上は伯爵はもはや三国一の婿がねではなくつたと考へるやうな母親もあつたけれど、私たちはみんなあの人にのぼせ上つたものだつた。ポリーナといつたら、もうまるでこの伯爵に夢中だつた。


「あなたは何を義捐あそばすおつもり？」と、ある日彼女は私の兄にたづねた。

「いや、僕はまだ自分の財産といふものがないのでね」と、この暴れ者はずばりと答へた、「尤も僕には、〆めて三万ほどの借金があります。それを一つ祖国の祭壇へ供へることにしようかな。」


ポリーナはその悪ふざけに怒り心頭に発して、そんな馬鹿げたことを言う人の愛情を受け入れるような「そんな根性の卑しい女が一体あるものかしら？」

するとと兄はかっとして、

「お嬢さん、あなたはどうも註文が喧ましすぎますよ」と言ひ返した、「あなたは、御自分の裡にスター

ル夫人の面影を、みんなに認めさせようとなさるのだ。そして『コリンヌ』のなかのあの長談義を唱へさせようとなさるのだ。だがこれだけは覚えてお置きなさい、婦人を相手に冗談口を叩いてゐるやうな男も、いざ祖国やその仇敵と面と向き合つたら、巫山戯ずにもゐられるものだといふことをね。」

さう言ひ棄てるなり、兄はくるりと背を向けてしまつた。私はこれで二人は絶交してしまつたことと思つてゐたが、それは思ひ違ひで、ポリーナには私の兄の不敵な態度が気に入つたのだつた。彼女は兄の高貴な忿怒の情の発露に免じて、あの場所柄わきまへぬ冗談を許し、それから一週間して兄がマモーノフ聯隊へ入隊したことを知ると、二人の間を取りなして呉れと自分から私に頼み込んだほどだつた。兄はこれを聞いて狂喜して、その場で結婚を申し込んだ。

しかし相思相愛にもかかわらず、その二人の結婚は実現しなかった。「兄」はボロヂノの戦闘で名誉の戦死をとげてしまったからである。

この「兄」という人物にも、プーシキンの面影は宿っているように私には思える。「『コリンヌ』のなかのあの長談義」というのはほかならぬ短篇作家プーシキンの手きびしいスタール評であろう。それにマモーノフ聯隊へ志願して戦死した、という「兄」の運命には、挑戦に応じて決闘の場へ赴き、ピストルに撃たれて死んだ、という作者その人の運命が予兆されているような気がする。その男っぽい高貴な態度が、祖国という観念に背を向けることを得意とした芥川やその亜流と、プーシキンとをへだてるなにものかではあるまいか。

舞踏会の詩と真実

ロティは『江戸の舞踏会』を次のような言葉で結んだ。

私は別に悪意もなしに、興にまかせて、この一夜の情景を事細かに書きしるした。修正を加える前の写真のように原物通りだと保証する次第だ。この驚くほど速く変ってゆく国では、何年かが過ぎ去ってみると、私がここに書き記しておいた日本の発展の一段階の記録が、多分、将来の日本人自身をも面白がらせその興味をひくものとなるだろう。

そしてその言葉を受けるかのように芳賀徹氏は『明治百年の序幕』で、ロティを明治日本の実相の記録者として引用している。すなわち「東洋の欧州的一新帝国」の「壮麗な」象徴であるはずの鹿鳴館が、ロティには「ヨーロッパのどこか鉱泉場の二流の娯楽館《カジノ》」のような印象しか与えなかったこと、そしてそこに象徴された明治十八、九年の日本は、まるで「場末のお祭りで一杯機嫌になったみたい」であったこと。パリ風の洋装で、優雅な舞踏会の手帖をもってすましこんだ日本令嬢たちは、踊りのステップはたしかだったが、それはいかにも「教えこまれたもの」を感じさせ、「ちっとも個人的な自発性がなく、まるで自動人形のように踊っていた。」そして一般に婦人たちは、みな「なにかしっくりとしていない」「本物らしい」生きたところがなかった、と。そして芳賀氏は結論する。

ああ、それが、「我ガ貴婦人方ノ舞踏ニ巧ミニナラセ玉ヘルハ敬服ノ至ナリ。……其ノ進退周旋ト云ヒ、知ル人ニ対シテノ挨拶ブリト云ヒ、談話ノ幽雅ニシテ活潑ナル、如才ナキ中ニ品格ヲ備ヘラレタル振舞ハ、天晴レ文明国ノ貴婦人ナリ」と当日の『日本新聞』が自画自讃する、鹿鳴館女性の実態だったのである。

しかも大広間の床は、踊りにつれて気がかりなゆれかたをし、階下の喫煙室でハヴァナをくゆらしたり、食堂で最高級のシャンペン酒をあおったりしている「猿のような」日本人高官・軍人・紳商のうえに、いまに落っこちてゆきはしないかと、みな内心びくびくだった。

午前一時ちかく、この「前代未聞のごたまぜ《メリ・メロ》」劇もおわりになろうというころ、酔っぱらって陽気になったドイツ人楽団が乱調子で弾きはじめたルフランは、まるで伊藤・井上両氏のこの盛大な、あわただしい欧化政策を嘲笑するかのようにきこえてきた。——**Ah! n'courez donc pas comm'ça, on les rattrape, on les rattrapera!**（まあ！　そんなに駆けないで。追いつきますよ、すぐ追いつけますよ！）

ロティが書きとめた鹿鳴館風俗が、内田魯庵などが『きのふけふ』などでやっかみと義憤まじりに書いた卿相縉紳の「歓楽」「嬉戯」よりも歴史的真実に近いことは間違いないだろう。しかし東京の舞踏会を（異国趣味を満足させるために）あえて「江戸の舞踏会」と呼び、鹿鳴館の床が踊りにつれて気がかりなゆれかたをし、いまにも抜けはしないかと……などと虚構の新帝国の土台骨の弱さを嗤うのは、ロティに固有のシニカルな冷笑である。政府御用の『日本新聞』の自画自讃を真に受けるのが間違いのように、ロティの『江戸の舞踏会』も全面的に信じるわけにはいかないのだ。不平等条約改正のためにこんな猿芝居まで演じなければならなかった為政者の泣き笑いに近い心境を思うと、私はロティの **japonaiserie**（日本趣味）というよりむしろ **japoniaiserie**（日本愚弄）ともいうべき筆致にいまなお多少の反感を禁じ得ないのである。

そして芥川も——あれほどシニカルな冷笑を好んだ芥川も、ロティを短篇の好材料として用いたものの、この悪ずれしたフランス人の揶揄に同調する気はさすがになかったらしい。芥川も日本を軽蔑するが、外国人までがこの軽蔑の情をわかちもつのだとしたら我慢ならなかったのだ。芥川がロティをどのように評価していたかは、大正十二年六月に書いた『ピエル・ロティの死』という一文や、大正十四年十一月十三日付の神崎清宛の書簡からも察せられる。

ピエル・ロティが死んださうである。……小泉八雲一人を除けば、兎に角ロティは不二山や椿やべべ・

ニッポンを着た女と、最も因縁の深い西洋人である。……ロティは豪い作家ではない。同時代の作家と比べた所が、余り背の高い方ではなさそうである。ロティは新しい感覚描写を与へた。しかし新しい人生の見方や新しい道徳は与へなかつた。……ロティの描いた日本はヘルンの描いた日本よりも真を伝へない画図かも知れない。しかし兎に角好画図たることは異論を許さない事実である。我々は其処にロティに対する日本の感謝を捧げたいと思ふ。……

芥川のロティ評価は冷ややかなまでに適切で、今日のフランス文学史家のロティに対する低評価を先取りしている感がある。神崎宛の手紙では、自作『舞踏会』の種明しとまではいわないが、枠小説を書こうとしていたこの作家にロティがワットー風の好画図を提供してくれたことを打明けた。

(『江戸の舞踏会』の)「令嬢」や何かは到底誰にもわかりませんよ。主人役は多分伊藤さんでせう。これも或は井上さんかも知れません。唯僕のロティの本で面白く思つたのはあの日本人が皆ロココの服装をしてゐる事です。つまりあの舞踏会はワトオの匂のある日本だつたのですね。

ワットーの絵のような舞踏会――それは日本のジャーナリズムが長い間、あるいは讃歎の情から、あるいは「亡国的」支配階級非難の意図から、書きたてた「鹿鳴館」のイメージに沿う絢爛たるソワレーであった。そしてそのような夢のごとく美しい一幅は、西欧へ憧れた芥川自身の夢を託した図でもあった。それはちょうど芥川の半世紀後に三島由紀夫が、明治の歴史の実体はそのようなものであるはずはないという冷徹な認識を持ちながらも、それでもなお華麗なロココ趣味の「鹿鳴館」の影絵を舞台の上にくりひろげて見せたのと一脈通じる創作心理でもあったろう。三島の鹿鳴館への思慕には平岡家という明治顕官の家柄のことも背景にはあったろう。と同時に芥川の『舞踏会』という短篇そのものも三島の文学的イマジネーションをいたく刺戟したに相違ない。ちなみに三島は『舞踏会』の解説を角川文庫本のために書いている。そしてそれと同じように昭和五十一年にはやはり江藤淳がNHKテレビに燦然たる鹿鳴館を再現してみせた。その際作者の脳裏には明治国家の建設に参画した一族の祖父たちの群像が浮んだに相違ない。

ところで西欧化の舞踏会を美化して描こうとする心理はなにも日本の作家にのみ働いたことではなかった。私たちは『戦争と平和』第二巻第三章や『アンナ・カレーニナ』第一巻第二十二章に描かれた絢爛豪華な大舞踏会をもっぱら史実として読んでいる。これは日本の読者に限らずロシヤの読者にしても同じ読み方をしている。だからこそソ連邦で製作された映画『戦争と平和』でも、帝政下の舞踏会はいよいよ壮麗に、一種のノスタルジアさえこめて、再現されていた。そしてそれが贅を尽した光景であればあるほど、社会主義ロシヤの観客もまたうっとりと堪能して満足するのだった……

作者トルストイがツァーリの時代を生きた貴族だから作中に描かれた舞踏会が真実でリアルなものと思ってはならない。ソ連映画『戦争と平和』にも、プーシキンの『ロスラーヴレフ』にも、芥川の『舞踏会』にも、

「Ma chère《マ・シェール》」

「ノン・メルシイ」

などのフランス語句は散りばめられていた。だからといってその片言隻句に欺されてはならない。芥川自身のフランス語の力がすこぶる頼りにならなかったと同様、この種の社交の場でのロシヤ貴族の会話にも、文法や発音に間違いはつきものだったのだ。しかし文学作品には修辞上の美学があって、文法の誤りや発音の誤りをそのままいちいち記したりはしないものである。その意味ではロシヤも日本も背のびしてボロを隠していたのだ。またそのロシヤと日本の「西欧化の社交界」の心理に平行するものがあったからこそ、安田保雄氏も指摘するように、芥川はトルストイの『戦争と平和』の舞踏会描写——とくに一八一〇年の大晦日

の夜、皇帝臨御の下に催された舞踏会に馬車で赴くナターシャのことを念頭において、鹿鳴館に馬車で赴く明子を描くこともできたのである。

芥川の「皮肉な微笑」

芥川は彼自身ダンスが出来ず、舞踏会に参加できない傍観者であった。その彼には自分が加わることの出来ないゲームや、自分が遅れを取った競技については、ゲームそのものを認めない、とするかたくなな態度がどこかにあった。ちょうど明治国家建設の事業に内部から参画することを得ず疎外された人がとかく近代化の意義そのものを否定的に説くように、一般に後発国や後進国のインテリゲンチャの間には、一種の強がりとして「近代の空しさ」を口にする傾きがあった。そして昭和十年代の日本における「近代の超克」論議においても見られたところだが、相対的に遅れを取ったことの悔しさを近代文明そのものを絶対的に否定することで解消しようとする傾きが、その底意にあった。それは反西欧の側に転じたロシヤの思想家たちの中にも、ヨーロッパに背を向けた初期アメリカの思想家たちの中にも、見られた拒否反応である。

芥川には一面では西洋の舞踏会に憧れる気持が心底にあって、ロティの記述によりながら鹿鳴館を美しく再生してみせたのだろう。だがその芥川もロティの冷笑的な日本観までは鵜呑みにできなかった。性急に走る日本の西洋化をロティは「追いつきますよ、すぐ追いつけますよ」と男女の鬼ごっこにたとえて揶揄した。鹿鳴館の舞踏会が笑い物にされているのを知った時、芥川は舞踏会の意味——東京の舞踏会のみかパリの舞踏会をも空しいものとして、「超克」してしまいたい虚無的な気分を他面では感じた。それだから、

「私も巴里の舞踏会へ参つて見たうございますわ。」

という明子に、作者芥川は作中のロティの口を借りて次のような返事をさせたのである。

「いいえ、巴里の舞踏会も全くこれと同じ事です。」

実際のロティは日本の擬似西洋化をもっぱら嗤っていたフランス人だから、お世辞にもせよこんな挨拶を口にするはずはなかった。ところが芥川は作中のロティにさらにこうも言わせたのである。

忽ち皮肉な微笑の波が瞳の底に動いたと思ふと、アイスクリイムの匙を止《や》めて、

「巴里ばかりではありません。舞踏会は何処でも同じ事です。」

そう言わせたところが芥川の才気であり、ロティの日本愚弄《ジャポニエズリー》に対する芥川の復讐でもあったのだ。別に大した台詞ではないかもしれない。しかしもし鹿鳴館の日本人のフランス語が滑稽だというのならば、芥川の『舞踏会』中の仏蘭西人海軍将校の日本語のアクサンも異様なものだし、もし鹿鳴館の舞踏会が擬《まが》い物で空しいというのならば、ここばかりでなく、パリでも、いや何処でも舞踏会はその本質においてやはり空虚なものではないのか、と芥川は切り返したのである。だから芥川は舞踏会がはねた時に作中のロティに、

「私は花火の事を考へてゐたのです。我々の生《ヴィ》のやうな花火の事を。」

と束の間の人生の空しさをことさらに言わせたのである。「生」にフランス語のルビまで振って。

「まあ！　そんなに駆けないで。追いつきますよ、すぐ追いつけますよ！」

このオーケストラのルフランは、なるほど明治のあわただしい洋風化を揶揄するにはもってこいだったかもしれない。しかし芥川は、ロティが持出したオペラ・コミック風の評語とは別の評語を舞踏会に対して加えたのである。

又調子の高い管絃楽のつむじ風が、相不変《あひかはらず》その人間の海の上へ、用捨もなく鞭を加へてゐた。

この鞭はどう見ても幸福な光景を修飾するたとえではない。いままであるいは明子の、あるいは仏蘭西海軍将校の視点から語られていたこの一夜の舞踏会は、この時突然、一段と上から見くだされることとなった。すると幸福に見えていた男女のカップルが、つむじ風に吹かれ、用捨もない鞭で追い立てられている大群の中の一組に見えてきた、という新視点なのである。芥川はその人間の海のたとえをダンテから借りてきた。愚図愚図する者を容赦なく櫂でひっぱたくのは三途の川の渡し守カロンであり、地獄の颷風《ひようふう》に小止《おや》みなく駆り立てられ、「こづき、ゆさぶり、痛めつけ」られている男女はパオロとフランチェスカである。芥川は現世の舞踏会を、それが東京であろうとパリであろうと、地獄の第二圏の舞踏会になぞらえて、あくせくとした人間の営為一般をおしなべて空しいものとしたのである、「巴里ばかりではありません。舞踏会は何処でも同じ事です」と。

アジア的悲哀

しかしワットー風の一幅の絵に、このような虚無的な人生観の一言を添えて結びとする才気ばしった芥川のシニシズムが私にはどうも好きになれない。それはまず第一にダンテから借りて来た、

「つむじ風が、相不変《あひかはらず》その人間の海の上へ、用捨もなく鞭を加へてゐた」

という言葉がいかにも取ってつけたように前後の文脈から浮いているからである。それはニヒリズムというより、ニヒリズムのポーズのようなものである。私は自分自身がパリやウィーンの舞踏会の思い出を愛惜していたせいだろうか、舞踏会は何処でも空しいものだ、とする芥川の口吻に接した時、この作家は男の癖に壁の花のような陰にこもった感想を言う、という印象を禁じ得なかった。

ここで冒頭にふれた野蛮から文明へという人類の巨歩をいま一度振返ってみよう。微視的に眺めればその文化努力にはコミックな錯誤もトラジックな失敗も多々あったであろう。その際、西欧化即近代化と取違えて西欧化の舞踏会を催したことなど滑稽の最たるものだったかもしれない。だが私はそれに対するロティの悪ずれした揶揄も好まないが、芥川の冷笑はさらに好きでない。私はそうした人たちよりも、祇園の一力で放蕩した時の大石内蔵助の心境で鹿鳴館に臨んだ（大倉喜八郎『鹿鳴館時代の回顧』）という骨太の明治人の方がはるかに好きである。

「ステップがわからなくなると、一度相手の足をとめて、また最初からやり直さなければならなかった」

それがロティが苦笑しつつ観察したところの鹿鳴館の日本男女の足取りであった。そしてそれこそが試行錯誤を繰返しつつ近代化への道を急いだ明治日本のステップだったのである。時には赤面して、時には泣き笑いを押し殺して、時には相手の足を踏みつけながら、私たちの先輩は進んだのだ。それはビゴーの諷刺画の材とするにふさわしい悲喜劇《トラジ・コメディー》でもあったろう。

だが私はロティやビゴーとともに明治の先人を嗤う気にはなれない。間違えるかもしれない。だがそれでも試しにやってみよう――それが滑稽をも恥としなかった文明開化の舞踏会であり、社交界であり、外国語会話であったのだ。そしてかくいう私たち自身も、明治の開国に始まり、昭和の第二の開国で始まった外国交際の歴史の延長線上をいま実際に生きているのである。開国の作法があらためて話題となるのもまさにそのためである。ここで取りあげた問題は、巨視的に見るならば、過去において完了した事柄ではなく、現在においても進行している事態なのである。それは国際大国日本ではいまや上層部に限らず国民的規模で起りつつある心理上のチャレンジである以上、もはや他人事ではない。

もちろんそれに対する反動もあれば批判もあるだろう。私は先に鹿鳴館の「狂奔仮粧の踏舞者」に憤りを発し、「明治会」を設立して国粋保存を唱え、敬神・尊王・愛国の運動のイデオローグとなった雨森信成の

「日本回帰の軌跡」を辿った。読者諸賢の中にはその雨森の国体尊重の主張を良しとする人も見られた。私も世界の中の日本的個性をあらためて問うことには賛同する者である。と同時に言いたいことは、「日本への回帰」も母国への回帰という普遍的心理現象の一つの場合であって、回帰は世界の他の国民にも起り得る、ということである。私は「日本への回帰」が我が邦の国体が万邦無比の秀でたものであるから起ることのように言う、些か単純な、ナルシシスト的愛国者の立場には与しない。本稿で私がロシヤと日本と、対西欧との関係でさまざまな平行線や補助線を新たに引いて、プーシキンと芥川の創作心理の波動を辿ったのは、二人の非西洋のインテリ作家の気持の揺れの波型に多くの相似性、いいかえると普遍性があることを示さんがためだった。

終りに『鹿鳴館の系譜』の著者磯田光一氏の言葉を一つの総括的解釈として添えさせていただく。

鹿鳴館がどう批判されようと、それは生れたばかりの近代国家がやむなく試みなければならなかった化粧であった。悲哀をこらえて、無理な背伸びをしようとする健気な志なしに、あのような建物が東京に建てられるはずがなかった。いまの私の目には、鹿鳴館の舞踏会の華やかさのうしろにあった悲哀は、きわめてアジア的な悲哀にみえる。その悲哀を共有することなしに、近代日本を語ることができるであろうか。

同情ある明治理解の言葉である。井上馨外務大臣も令嬢明子も地下で莞爾としているであろう。だが私はもう一言それに添えたい。私たちの過去理解がもしそこでそのまま止ってしまうならば、それはやはり日本人の自己満悦に終ってしまうのではあるまいか。私たちはロシヤもまた無理な背伸びをしようとした過去に思いをいたすべきではなかろうか。私たちは従来、ペテルブルクやモスクワの夜会や舞踏会に華やかさのみを認めて感嘆してきた。だがあの豪奢絢爛のうしろにもやはり「アジア的な悲哀」は漂っていたのである。

あとがき

ハーンの『ある保守主義者』を東大教養学部の学生に向けて初めて読んだのは昭和四十五年、私がまだ三十代の末であった。富士山が予想を絶して高く中天になにか夢まぼろしの蓮の花の蕾のごとく見えた、というその最終節の感想は、ハーンが筒状の望遠鏡で中空を見上げたからだろうが、私にも似た憶えがある。小学校二年の終りの春休み、夜、橘丸で伊豆大島へ渡って、翌朝、車で三原山の山麓を登った。生れてはじめて近くから見たせいもあってか車の窓から富士山が本当に空高く浮んで見えた。まだ太平洋戦争が始まる前で、一家全員一頭の駱駝に乗って内輪山の砂漠を渡ったのであった。

昭和五十一年から五十二年にかけて森亮教授と御一緒に『小泉八雲作品集』三巻本を河出書房新社から企画した時、私は志願して『ある保守主義者』を訳した。代表作の一つと信じたからであるが、別に理由もあった。従来、平井呈一氏の訳が恒文社版、岩波文庫版で広く行われていたが、その最終節の最後の句（本書二二四頁参照）が、「……そして、ふといま新しい意味を見つけ出した、かの船員の言ったことばを、がんぜない子供の祈りごとでもまねるようにして、かれはおとなの唇で、もういちどつぶやいたのである。」と誤訳されて、未訂正のままになっていたからである。翻訳に誤訳はつきもので一々指摘する趣味は私にはないが、しかし世の中にはたった一つの誤訳で全作品の印象を壊してしまう場合がある。右の場合はその不幸な一例だけに看過できない、と感じたのである。

ところでその三巻本のための翻訳を進めるうちに面白いほど新局面が見えて来て、私はその年、大学院の比較文学演習にハーンの再話文学を取りあげた。ハーンのような平易な英文は大学院生の訓練に不向きでないかと危惧したが、日本と縁の深い、かつて東京大学英文科で講義したこともあるハーンの怪談を、日本の英文学者は従来きちんと原話に当って調べていなかったのだ、それだけの学問的な労を取る人がまだほとんどいなかったのだ、というのが演習参加者誰しもの率直な驚きでもあった。まさに灯台もと暗し、であった。私は新発見をもとに、ハーンについての論を『新潮』誌上に五篇発表し、昭和五十六年『小泉八雲——西洋脱出の夢』（新潮社）一巻にまとめた。その間の経緯はその「あとがき」にすでに触れた。

しかしそれでもハーンとその周辺の人々への私の関心は熄まず、昭和五十七年には横浜開港資料館がチェンバレンの杉浦藤四郎宛の手紙の控えのコピーを入手し、その閲読の機会に恵まれたこともあって、翌年には教室でチェンバレンを英文に即して読む機会を得た。チェンバレンを論ずるには、従来の諸家の取扱いと違って、その英語の語気に含まれた感情を感得することが先決だからである。「真の理解は、常に思いやりがあるとともに、批判的であると信ずる」と述べたチェンバレンの一見客観的な「理解」なるものの前提となっている価値観や主観的な感情を把握することが不可欠だからである。その結果を取りまとめ、本書の冒頭に掲げる「日本理解とは何であったのか——チェンバレンとハーンの破られた友情」を『新潮』昭和六十年二月号に掲載することを得た。「烏」と自称したハーンの戯文の訳には同僚の江戸文学専門家延廣眞治教授に添削を乞うた。また発表後、国語学の古田東朔教授から御教示をいただきチェンバレンの佐佐木信綱宛手紙について補筆することを得た。昭和五十九年は五月に日本英文学会全国大会でハーンのためのパネルとシンポジウムが二日続きで催された年で、私も佐伯彰一、河島弘美以下の諸氏と参加したが、本書の論も両氏の論（とくに佐伯『外から見た日本文学』TBSブリタニカ、河島『ラフカディオ・ハーンとバジル・ホール・チェンバレン』『比較文学研究』第三十五号、朝日出版）にいろいろと負うている。なお資料調査については新潮社の冨沢祥郎氏の手を煩した。「日本理解とは精神の大いなるドラマであった」と私が本書の究極の主題に思い当ったのは、夜遅くもう疲れ果てた私がなかば夢うつつで同氏の電話に答えていた時のことである。この論は話題の性質がしからしめるところか、西洋の日本研究者からもいろいろと感想を戴くことが出来て有難かった。なお私はハーン夫妻の鴛鴦の愛について一九八五年四月エディンバラの全英日本学会でも発表した。最晩年のチェンバレンのハーン解釈の誤りを海外においても正しておきたいと念じたからである。「日本理解とは何であったのか」の「あとがき」は昭和六十年二月号の拙論に付したものをそのまま再録したものである。

次に掲げる「日本回帰の軌跡」について最初に口頭発表したのは昭和五十四年秋の日本比較文学会関西支部大会で、森亮教授の司会であった。私は『外国への憧憬と祖国への回帰』と題したその小論を『比較文学研究』第三十七号（朝日出版）に掲げたが、当時は雨森信成の正体は全く不明であった。それで私はその直後に執筆した *Cambridge History of Japan* の『十九世紀』の巻の **Japan's Turn to the West** の章にハーンの **"A Conservative"** を雨森の身許不明のまま使ってしまったが、止むを得なかったことである。その後も雨森ゆかりの横浜の地で話をすればあるいは手掛りをつかめるかもしれぬと思い、横浜開港資料館で講演をしたこともあるが反響はなかった。それが山下英一氏が『グリフィスと福井』（福井県郷土誌懇話会刊）で雨森信成に言及されたのがきっかけで、私はその山下氏の数々の御注意をはじめ、川西進、牧野陽子、斎藤多喜夫、**Rutgers University Libraries** の **F. A. Johns** 及び **Clark Beck** また新潮社の今田京二郎の諸氏の協力を得、多くの新資料を得て『新潮』昭和六十一年四月号に発表することを得た。その際、雨森の手紙の解読には北小路健氏を煩した。雑誌が出た直後、台湾淡江大学会文館で病床に臥せていた私のもとにハーン研究の先達である森亮先生の御手紙が回送されて来た時の嬉しさは忘れられない。恐縮であるがお許しを乞うてその数節を掲げさせていただく。

雨森信成のことは永久に隠れた偉人――一人の代表的な明治人――のまま発掘できないで終るのではな

いかと半ば、いや半ば以上に諦めてゐました。それが今度の貴方の書き物でこんなにも多くのことが分かり、しかも事実の単なる集積でなく貴方の手で人物像が浮かび上がったのは全くの驚きでした。正直言って今日まで「生きててよかった」といふ気持です。……

私にとって一番嬉しかったのは雨森の思想の真髄が彼が起草したと思はれる「明治会綱領」と、『明治会叢誌』に発表した愛国心や祖先崇拝に関する論説に示されてゐることでした。ハーンの『ある保守主義者』だけでは読者として欲求不満を免れ得なかった主人公の思想があれで氷解したと申してもよく、大いに安心しました。それにしてもあんな貴重な発言が活字になって残ってゐるとは夢にも思ひませんでした。

身元調べにおける山下英一氏の功績は大きかったでせうが、雨森が横浜に出て以来の教会関係、及び帰朝後の明治会関係の資料の追求は貴方だから出来た大仕事でした。後続の若いコンパラチストに倣はせたいものです。探偵の勘と機動力、考証家の忍耐と持続力、それ無しには巡り合へない発見の喜びだったでせう。

今回の論文『日本回帰の軌跡』は長篇評論として『新潮』の一般読者にもついて行ける柔軟な書き物になってゐるのを嬉しく思ひます。視野の広さ、それに論述の組み立ての骨太さと巧みさ申し分ありません。しかも細目の隅々に至るまで神経の働きが行き届いてゐるのにも感心します。心憎い小話題の挿入が幾つかありましたね。容閎といふ中国人がブラウン師の生徒だったとか、カトリック教会が今世紀には東洋的慣行に対して寛容になったとか、貴方の饒舌には無駄がありません。

私は台湾で中国人学生に『福翁自伝』を教えた際に、反射的に平行例として中国人ではじめてエール大学を卒業した容閎の自伝『西学東漸記』も読み、教室で話題としたのである。なお雑誌発表後、新潟の敬和学園高等学校の本井康博教頭から新潟時代の雨森信成について資料をいただき本文中に補足することを得た。

私はまた雨森信成の弟元成《もとしげ》と芳《よし》との間に出来た七男三女の末子にあたる雨森常夫の未亡人慶子様にお話する機会に恵まれた。慶子様は雨森芳が昭和三十二年九十歳で亡くなるまで晩年の芳をお世話した人である。芳の主人の雨森元成は松平家の家扶を勤めた厳しい人であったが、昭和八年に亡くなった。雨森信成と錦の間に子供がなく、常夫の長兄理之が継いだ。その理之夫妻の長男傳の未亡人雨森初枝様が国分寺にお住いで、お電話で雨森信成の根岸の相沢墓地のこと増徳院のお寺のことなどうかがった。巻頭に掲げた雨森信成の写真は、ハーンがかつてマクドーナルドを介して雨森の写真を入手したく思った気持をなるほどと首肯させる堂々たる美男子である。高田馬場の雨森家で複製させていただいたが、山下英一氏がラトガーズ大学グリフィス・コレクションで発見したもののコピーである由うかがった。このように関係各位の御好意により、御子孫にもその事蹟の全く不明であった、忘れられた明治人雨森信成を地下から呼び起すことが出来、嬉しく有難いことに感じている。各位のお力添えに厚く御礼申しあげる。

最後の「開化の舞踏会」の第二部はもと『木村彰一教授還暦記念論文集　ロシア・西欧・日本』（朝日出版、一九七六年）に寄稿したものである。限定三百部出版のためか、私の比較文学的視点が異質であったためか、発表当時、ロシヤ文学関係者からおよそ反響がなくて淋しかったが、幸い芥川の『舞踏会』にはGlenn Shaw の英訳があり、それで北米滞在当時には何度か英語講演に取りあげることが出来た。今回、第一部を新たに加え、第二部もまた補筆して工夫をこらし、『新潮』昭和六十二年一月号に掲載した。実は私は「日本回帰の軌跡」執筆時から、その論が一部の日本至上主義者のナルシシズムに訴えることの危険性を感じ、あわせて開化の作法を説くことの必要をも感じたのである。私は雨森信成のような埋もれた市井の思想家を顕彰することに深い喜びを覚える者だが、そのような民間のナショナリストの業績をことさらに大きく見たいという欲望に流されたくはない。私は、人間いやしくも自己を偉大にしようとする限りは、他の偉大を容れるに吝《やぶさか》なるはずはない、と信じている。それだけに私は、母国への回帰は認めるが、排他性を帯びた類の回帰は認めたくないのである。しかしそうはいっても、これから先は、来日する留学生数の増加に伴って、アジアの元日本留学者の間からも「日本帰りの保守主義者」が、あるいは中国で、あるいは韓国で、あるいは東南アジアで、続出することであろう。それはおそらく不可避的な心理現象であろうが、私は彼等もまた他の偉大を容るるであろうことを念願している次第である。自己周辺をかえりみてつくづく思うことだが、人は自己の内なる自尊的ナルシシズムを克服できるか否かにその性格の強さが試されているのだと思う。そしてそのことは日本人の元外国留学者についても、また東洋人の元日本留学者についても、また西洋人の日本研究者についてもひとしく言えることであると信ずる。なお「日本回帰の軌跡」の結びにサンソムが石橋湛山等と会食した際に得た「反西洋」の印象についてはKatharine Sansom : *Sir George Sansom and Japan*, Diplomatic Press, p.152 に記録がある。ただしサンソム『西欧世界と日本』第十四章中の「課題」なるものがその会食の際の印象に発したとするのは平川の推定であることをお断りしておきたい。

一般に文芸誌に発表する場合でも私は論の根拠を明示するという規律を守ってきたつもりである。歴史小説家やイデオローグたちは修辞でその場を繕うが、その行き方を私は取りたくない。後から来る者が先に進んだ者の仕事をチェックできるようにしておいてこそ、はじめて学問の積み重ねは可能になる。それはこの種の評伝の場合も例外ではない。そのような学術作品としての要請と、他面における言語芸術作品としての要請との緊張関係が私の仕事の磁場であった。それが恵まれた相関作用をもたらしてくれたのであろう、今回も『新潮』編集長坂本忠雄氏、ならびに出版部渋谷遼一氏の配慮で、三篇の拙論を一巻の書物にまとめて世に問うことが出来、深く有難いことに感じている。今回のこの書物も、読者に支えられ、永い命を保つことを願う次第である。装画は作中で論じた今井俊満氏の手になる『花鳥風月』中の一作である。記して謝意を表する。

私はいつの頃からか文章を書く時、読者に外国人をも意識するようになった。そんなことは口にすれば気《き》障《ざ》に響く時代もあったが、いまではもうそうではないように感じられる。私の大学院での演習に外国人学生が必ず出席するようになってからも、もう十数年は経つのである。本書を外国の日本研究者とそれを援ける影の人々に献げる所以である。

書評　破られた友情

――ハーンとチェンバレンの日本理解――

延廣眞治

この東京大学教養学部及び、本学部と最も緊密な関係にある東大総合文化大学院は、年々少なからぬ数の外国人留学生を受け入れている。当の留学生の目的は勿論勉学にあるが、受け入れる我々の目的も実は、留学生から学ぶことにある。留学生の質問から、発想が日本人と異なることに改めて気付いたり、その授業態度から各人の背後にある文化に感じいったりもする。世界地図を見る時、各国の版図の上に留学生の顔が浮かぶ。今どうしているのだろうか。故国の若い人々にどのように、日本観を伝えているのだろうか。思わず地図に問いかける。

私のそのような素朴な疑問に対する最上の解答であるに止まらず、国際社会において日本及び日本人が如何にあるべきかを過去の事例から探ったのが、「日本理解とは何であったのか」を主題とする本書で、自ら今後の指針ともなっている。

本書は、「日本理解とは何であったか――チェンバレンとハーンの破られた友情」、「日本回帰の軌跡――埋もれた思想家　雨森信成」、「開化の舞踏会」の三篇より成り、副題が内容を端的に表している。冒頭の「日本理解とは何であったのか」は、チェンバレンの、ハーンに対する感情の激変に焦点をあてた雄篇。ともに本学の講壇に立った両者は同年の出生で、十七年遅れて来日したハーンが、チェンバレンに兄事していたが、やがて疎遠になり、遂に、チェンバレンはその「日本事物誌」第六版に、故人を次のように記すに至る。「一生は夢の連続で、それは悪夢に終った。彼は、情熱のおもむくままに、日本に帰化して、小泉八雲と名乗った。しかし彼は、夢から醒めると、間違ったことをしでかしたと悟った」。何故かような死者に鞭打つ一文を書きつけたのか。著者は、その原因を頭で日本を理解した人物と、心で日本を愛した人物との差異と断ずる。あらゆるデーターを包み込んで手元にぐいとたぐり寄せ、読者を説得する手際は、投網打ちの名人技を彷彿させる。

第二篇「日本回帰の軌跡」は、「ある保守主義者」のモデルで、ハーンの耳目となって協力した雨森信成を発掘した画期的な紙碑。信成は東京一致神学校（後の明治学院）の出身で植村正久の同級生、真の教養人でありながら棄教したためか、卒業生名簿から削除された上、山師扱いされた人物。信成は七年に及ぶ欧米生活を体験したが、西洋の巨大さに驚嘆しながらも、道徳面においても果して然るやとの疑団を解き得ず、「古来の日本の中で最良のものは極力これを保守保存し、何物でも国民の自衛や自己発展に益なきもの、不必要なものの輸入に対しては断乎反対する」との目標を持って帰国。西洋洗濯屋などで口を糊しつつ、ナショナルアイデンティティを追求した生涯は、外国体験を有する日本人による日本理解の貴重な実例。第二篇は第一篇によっていよいよ興趣を増し、第一篇は第二篇をまって双々映発、一段とけざやかになった。

第三篇。「開化の舞踏会」との題名をみれば誰しも、「ああ、あれか」と一人合点するに違いない。手だれの著者は、その予想を逆手にとり、鹿鳴館の舞踏会・芥川龍之介・ロティに、ロシアの舞踏会・プーシキン・スタール夫人をからめ、何重にも入り組んだ比較を行う。そのため国際社会に遅れて登場した国々の知識人の心理を穿つという、普遍性を備え得た類い稀な佳品となった。語学力に物を言わせて、古今東西の文献を駆使する様は、天馬空を行く感がある。

本書の数多ある魅力の中で、先ず指を屈するのが、大きなテーマと入念な調査との調和である。テーマが大きいと粗雑な論になり、調査にのめり込むと、トリヴィアリズムに陥るのが極く一般的であるが、著者にあっては、決してさような事はない。例えば（本書二三二頁に）、「松平文庫や福井市の戸籍を見ると」と、さりげなく記された十五文字にどれだけ手間暇をかけたか、同じような調査を行った体験を有する者は、直ちにその労苦を推察することが出来る。

このような丹念な調査を行うと、その成果を誇り安堵する余り、行文や構成に意を用いないものであるが、これまた著者には該当しない。行文は平易で達意、凛然として丈高い。訳文も凝りに凝っており、著者の神経は実に組み方にまで及んでいる。本書二九六―二九七頁を例証とするが、読んでのお楽しみとして、ここには引かない。構成の巧みさは各篇の紹介からも納得されようが、いつもながら脇役の点綴ぶりには舌を巻く。例えば、チェンバレンの弟ヒューストンがそれである。彼ヒューストンはイギリス人ながら、ドイツに帰化、ワーグナーの女婿となり、ヒットラーに多大の影響を与えた人物で、外国人の他国理解の一典型。この世界史上に悪名を残した人物の登場により、一段と舞台が大きくなった。

更には著者の対象に注ぐ、温い眼差しも忘れ難い。容貌常ならざるハーンと、初婚に破れて自殺も考えた節子夫人とは、言語通じ難い上に十八才の年令差があり、松江の人々からは妾と見られていた。しかし、いかに琴瑟相和したかを、「おしどり」の分析を通じて立証し、チェンバレンへの反論とするのはその一例である。

論文は紀要や専門誌に登載されるのが通常である。ところが著者は、純文芸誌「新潮」を発表の場とする希有の研究者である。つまり、本書は論文集ではなくて、文学作品なのである。「真」を追尋する論文と、「美」を具現する創作との渾然たる融合が、著者独持の、新史伝とも名付くべき三点観測の評伝であり、学匠詩人にして、初めて可能な文業と言い得る。

終りに少年期より日記をつけておられる著者に、自叙伝上梓を切望して擱筆する。

（東京大学名誉教授。『教養学部報』第三二七号、一九八七年十二月。
この度、句読点など改めた箇所が存する）

外国文化理解の方法

マーティン・コルカット

私が平川祐弘先生に初めてお目にかかったのは二十年以上も前の一九六六、七年ごろで、その頃私は東大駒場教養学部イギリス科で英語を教える傍ら、日本語を勉強し、アメリカの出版社からの依頼で世界文学大辞典に日本の現代作家の短い伝記を書いていた。そうしたある日、東大の友人達と森鷗外や夏目漱石についで話していた時、比較文化の平川先生と是非話してみたらどうかと言われた。先生はフランス及びイタリア文学の専門家でダンテの『神　曲《ディヴィナコメディア》』の翻訳をされたと聞かされ、ダンテの翻訳家が鷗外や漱石の伝記のことで私の助けになるかしらと思いながら研究室に伺った。先生は温かく私を迎えて下さった。先生の興味の対象は大変幅広く、西欧文学はもちろんのこと、漱石、鷗外その他の日本の作家にも造詣が深く、明治期の日本と西洋の文化の相互作用、近代化とその意味といった問題にも興味を持っておられるようだった。それ以来幾度もお目にかかる機会に恵まれ、親しくさせて頂いている。私は先生の御著書を全部読んだわけではないことを告白しなければならない。それでも多数の論文を読み比較文化に対する平川方法論について多少述べることは出来ると思う。

先生の方法の特徴とは先ず常に既存の決まり切った見方に挑戦され、見落されている問題に新しい生命を与えて、予期しないような、しかし手応えのある対比をされることである。

第二の特徴は「より広い視野」だと思う。外国文化を理解する為には単にその国の文化だけを見て、己れの文化と他の文化との関係を無視するのは片手落だと強く主張されている。

三番目の特徴は文化の相互作用を思想面からだけでなく人間との関わり合いで見て行くことだ。四番目の特徴は緻密な研究の末、新しい見地を提示されることだ。本書（『破られた友情——ハーンとチェンバレンの日本理解——』、七月、新潮社刊）ではジュネーヴでのチェンバレンの晩年や、弟ヒューストンとの関係なども詳細に調べ上げておられる。この見落された詳細な研究調査の結果、新しい真相が明るみに出るのであり、そこに先生の研究の面白さがあるのだ。研究が周到なものでもそれは決して無味乾燥なものではなく、先生の論文はいつも精巧に組み立てられ典雅に展開して行く。

第五の特徴は先生が日本とかアジアの文化史を西洋の尺度で測ることの難しさを強く認識されていることだ。いわゆる「西洋第一」とか「日本の教訓」という「近代化」心理を強調し過ぎることを戒めておられる。一方で日本文化の格下げに対し、他方で日本人の外国文化の理想化、外国人の日本文化の理想化に起因する問題に敏感に反応される。この憂慮は私の読んだどの論文にも見られる。そしてこの問題はハーンとチェンバレンの場合に表面に浮き出て来る。ハーンは伝統日本文化を空想化し過ぎる嫌いがあるがよく理解している反面、チェンバレンはヨーロッパ文化を至上のものとして盲目的に確信するあまり、表面的知的理解に留まっていると論じておられる。

先生の研究を読んで私は常に好奇心を刺激されるが、どの結論にも同意するというわけではない。ハーンもチェンバレンも日本研究の先学だが、この二人は全く異なった日本理解をした。先生はこれを「頭」と「心」の理解と呼んでおられるが、外国文化研究者は研究の連続性を認識し、自分の態度を分析して、その方法が「頭」によるものか「心」によるものか考えてみることが大切だと思う。先生は明らかにハーンの「心」で理解する努力に同調しておられる。確かにチェンバレンはいわゆる西洋至上の立場を取り、晩年には亡き友ハーンの想い出をも歪めてしまった。全くハーンに共感しなかったのだ。どんな外国文化を研究する場合でも、「頭」で判断する以前に「心」で理解し共感することは大切だが、「頭」で批評することも大切である。ある意味でハーンもチェンバレンも類似した欠点を持つ。ハーンの「心」は明治社会の瘤を見なかったし、チェンバレンの「頭」は分析的で皮肉であり過ぎて瘤しか見なかった。「頭」と「心」を賢明に働かせて得られるバランスに欠けていたのだ。もっとも両者にバランスが欠けていなかったとしたら、どちらもそれ程興味のない存在となり今頃西洋でも日本でもすっかり忘れ去られていることだろう。

この問題は外国文化をどの様に批評できるか、外国文化が批評にどの様に反応すべきかという問題になる。極く最近まで多くの日本人は日本に関する興味は何であれ共感或いは好ましい表現として受け取って来た。その底の批判的意見を看ることが出来なかった。その批判が明白になると「知日派ではない」とか「アンチジャパニーズ」と見なした。今日、日本人は関心の表面的な表現の下にあるものを見抜くことが出来るが、依然そこに敵意を見る傾向がある。批判の表現が必ず敵意の表示だと信じることは不必要で自己敗北的なことである。日本社会や他の社会に対する尊敬の念、好みは必ずしもハーンのような徹底的称賛で示されたとは限らず、時にはチェンバレンのようなある意味で冷ややかな皮肉な批評の中に見られることもある。肝要なことはその批評が基本的に善意でなされたか、悪意に満ちた偏見に基づいているかということだ。「頭」と「心」のバランスが「鍵」である。平川先生は文化の相互作用と人間理解という大きな課題を私達に提起して下さっているのだ。

（プリンストン大学東洋学部日本史教授、『波』一九八七年七月）

平川祐弘氏の秘密

河島弘美

『平川祐弘著作集』第十一巻解説を担当することに決まり、書棚の『破られた友情』を久しぶりに手にとって開いてみた。するとその途端、これまで何度も読んだ一冊であるにもかかわらず、思わず引き込まれて時間を忘れてしまった。

「学術作品としての要請と、他面における言語芸術作品としての要請との緊張関係が私の仕事の磁場であった」と「あとがき」にも記されているように、学術研究としての価値と、一般読者が面白く読める読み物としての価値との両立が見事に果たされていること——それが平川祐弘氏の著作の最大にして最良の特色であると、私は以前からずっと考えており、今もそう信じている。

振り返ってみればそのことを最初に悟ったのは、本書におさめられている「チェンバレンとハーン」を読んだ時であった。手元にある一九八七年新潮社刊行の『破られた友情』のページの間には一枚の葉書が大切に挟まれている。平川氏からいただいたもので、昭和五十九年十二月三十日受取と私の字でメモのある、今では懐かしい四十円葉書である。「拝啓　チェンバレンとハーンという河島様のテーマそのものに小生が取組みました。その拙稿掲載の『新潮』別便にて版元よりお届けいたします。御笑覧御高評くださいませ」とあり、数行の後、「ご一家のご清栄をお祈り申しあげ御挨拶といたします。敬具」と結ばれた丁寧なお便りである。未熟な若い教え子に対しても常に丁重で、時としてはむしろこちらのほうがぞんざいに感じられてしまうことさえあるほどの礼儀正しさにあらためて恐縮しながら、葉書の表を再度確かめると、「別便で

『新潮』２月号（昭和六十年二月一日発行）届く。「日本理解とは何であったのか」掲載」とこれも鉛筆書きのメモがある。記憶力の乏しさを補うために、こうしてできるだけメモを残しておくのは、私の昔からの習慣であった。

葉書の文中に「河島様のテーマ」とあるのは、私がこの数年前に提出した修士論文の中でラフカディオ・ハーンとバジル・ホール・チェンバレンについて論じたことを示されている。指導教官の平川先生から「チェンバレンという人、調べてみたらいかが？　きっと面白いですよ」というヒントをいただいて大いに興味を感じ、チェンバレンによる『日本事物誌』の第六版までの改訂の変遷や二人の往復書簡などを細かく調べて論文にまとめていたのである。

贈られた『新潮』掲載の「日本理解とは何であったのか」を読んで「さすが」と感嘆したのは、広い世の中にもちろん私一人ではなかったはずである。しかし、平川氏の手法と凡人のそれとの相違が、この時誰よりもはっきりわかったのは、同じテーマに取り組んだ経験のある私だったに違いないと言っても、決して過言ではないだろう。広い研究調査と深い読み、それに学識とに裏打ちされて、テーマは見事にふくらみ、ハーンとチェンバレンの人となりがくっきりと浮かび上がっている。誰が読んでも面白く、日本理解というものを考えずにはいられない見事な一文になっていることに深い感銘を受け、このように鮮やかな文章の書ける人はめったにいない、と感服したことを覚えている。

マーティン・コルカット氏は「外国文化理解の方法」と題した本書の書評の中で、「平川方法論」の特徴を五つの観点から巧みに論じている。それを短くまとめれば、「既存の見方への挑戦」「広い視野」「人間との関わり合いからの文化の相互作用の検討」「詳細な研究調査」「西洋の尺度で日本やアジアの文化史を測ることの困難さの認識」ということになるだろう。秀逸な分析である。これら五つの特徴が融合した結果として、学術論文としての水準と作品としての完成度を兼ね備えた一編が出来上がるのだ。

まず、研究としての水準に問題のあるはずはない。広い視野のもと、入念な研究調査に手間を惜しまれないのであるから、その点は当然とも言えよう。高度な内容をいかに面白く読ませるか、そこに平川氏の著作の独自性が潜んでいる。どうしたら一人の人間をこれほど立体的に生き生きと描くことができるのか、あらためて考えずにはいられない。

例えば明治の知識人、雨森信成についての場合を考察してみよう。雨森はハーンの書いた「ある保守主義者」のモデルと言われる人だが、この人物についてそれまでにわかっていることは非常に少なく、生涯についてもまったく知られていない存在だった。しかし、平川氏による「日本回帰の軌跡――埋もれた思想家雨森信成」と題された一編は、実に豊かで読みでのある四部から成り、そこには多くの人物がとり上げられている。文中に述べられているように「日本への回帰」についてはあくまでもハーンと雨森の二人に主題を据えながら、「それ以外の人々の例も取りあげて論述の公平を期することとしたい」という意図があるからである。

そこで西田千太郎、ミッチェル・マクドーナルド、小泉一雄といった、当時ハーンと雨森の身近にいた人たちの他に、第一部では島崎藤村や森鷗外の場合が述べられている。上空から俯瞰するような視点が鮮やかな第三部及び第四部が同様に興味深いことは言うまでもないが、雨森について知りたい者が最も惹きつけられるのは第二部「ハーンの影の人」である。ここでは平川氏の手によって、雨森信成という人物が少しずつ姿を現してくる。雨森とハーンの取り交わした書簡では、創作について、推敲についてなど、率直に語られている。二人の友情にも心打たれるものがある。

雨森自身の書いた文章の中でも『アトランティック・マンスリー』一九〇五年十月号に寄せた「人間ラフカディオ・ハーン」は特に素晴らしい。作家としてのハーンの秘密だけでなく、人間としてのハーンの姿をも見事に描き出している。相手への共感を持ちながら細部を見逃さない鋭い観察力、そして見たものを描く確かなペンの力の両方が備わっていなければとうてい書けない文章である。その長い一編から効果的に引用して雨森像を組み立てる平川氏の腕前は一段と冴えている。

さらに、雨森がそれまで世に知られていなかった理由そのものに、雨森の性格が潜んでいる事実さえわかってくる。律儀な明治の人であった雨森が、ハーンのために自分が素材を提供したことを世に明かせばハーンの名声に疵がつくのではないかと恐れ、ハーンとの交友や材料提供の経緯などを伏せたためなのであった。まさにこのような友人を得たこと自体が、ハーンの人格を浮かび上がらせるのではないだろうか。入念な調査と分析の賜物である。

人物を描いて読者の心にその人をレリーフのように浮かび上がらせることは、それだけで大変難しい仕事である。それができればたいていの人間は安堵し、ほぼ満足してしまう。しかし平川氏はおそらく、等身大のしっかりした丸彫りの作品にできる確信を得るまで決して筆を執られないのであろう。実際雨森についても、一旦は資料的行き詰まりがあっていつか十年が過ぎた、と書かれている。しかし、いざ論じるとなれば、どの方向から眺める読者も賛嘆するような作品に仕上げなくては気が済まない。それは名人、巨匠だけに可能な業である。

はじめから石の中に眠っている姿を鑿や小刀で注意深く彫り出す作業なのか、あるいは逆に、粘土をこねて丹念に盛り上げながら完成をめざすのか——どちらにしても決して容易ではないことだろう。おそらく無数のスケッチを重ね、何度も習作を作り、それから全力で立体像にとりかかるのだ。どちらの道をとるにせよ、その結果誕生するのは、レリーフとは比べ物にならない存在感を備えた、一個の立体像である。平川氏の執筆はそのような彫刻家の作業に良く似ているように思えてならない。

ハーンの晩年にその自宅に泊まったことのある雨森は、書斎でのハーンを垣間見た思い出を書いた。夜中の一時過ぎにハーンの咳が聞こえたので気になり、仕事の邪魔にならないようにと少しだけ戸を開けて部屋を覗いたのだ。ランプの光のもと、特別誂えの背の高い机に顔を近づけて夢中で執筆していたハーンが原稿用紙からふと顔を上げた時、雨森はそこに、昼間見慣れた親友ハーンとはまったく別人のハーンを見る。「その顔面はぞっとするほど蒼白で、大きな片目は光り、彼はさながらこの世ならぬ何者かと情を通じているようであった」と雨森は記す。鬼気迫る光景に息を呑む雨森の姿が、まるで映画の一場面のように私たち読者の眼前に現れ、その驚きがそのまま伝わってくる名文である。

私は最近、松江の塩見縄手にある「小泉八雲旧居」再訪の機会を得た。その一室でハーンの机と椅子（記念館収蔵品のレプリカではあるが）を前にした時、明るい秋の午後だったにもかかわらず、執筆に励む深夜のハーンの姿が私の目にありありと浮かんできた。たまたま訪問者が途絶えて座敷が静寂に包まれていたためか、自分がたった一人でハーンを見つめているような心持ちさえして、少し恐ろしくなるほどだった。思えばあれは、ハーンを温かく見守った雨森と、二人の友情に打たれてその証を広く世に紹介した平川氏、両者の力が相俟って醸し出された空気だったのであろう。言葉の持つ偉大な力である。

平川氏の創作の秘密を求めて、できることなら私たちも雨森のしたように氏の書斎をそっと覗いてみたいものである。きっと書斎に満ちているのは、対象とする人物への大いなる共感、心の共鳴であるに違いない。

（東洋学園大学教授）

著作集第十一巻に寄せて
――グリフィスの研究者山下英一氏――

一旦わかってしまえば、いままでなぜわからなかったのか、不思議に思えてくることもある。その第一は『ある保守主義者』の主人公雨森信成である。

ラフカディオ・ハーン（一八五〇―一九〇四）の来日第三作『心』（一八九六年刊）に収められた十五篇の中で代表作は『ある保守主義者』だが、それにはモデルがあるのかないのか。ハーンは *Kokoro* を **To My Friend AMÉNOMORI NOBUSHIGÉ Poet, Scholar, and Patriot** に献じた。(1) それだから「ある保守主義者」のモデルが雨森信成だと推定するのは自然であろう。では雨森信成とは何者か――その正体は小泉家を含む人々の間でもはっきりしなかった。それで、ハーンのすぐれた研究者、森亮（一九一一―一九九四）は、一九八〇年に出た『小泉八雲の文學』（恒文社）で、

雨森は市井に隠れた「詩人で学者で愛国者」で、ハーンの遺著『天の河縁起』の序文に一部が引用されている見事な英文の追悼論文を評論誌 *Atlantic Monthly* に寄せたことと横浜で外人を顧客に持った大きい西洋洗濯屋の主人だったということぐらいしか分かっていない。

と述べた。そこで私は「ある保守主義者」の経歴についても、ハーンがしばしばするように、さまざまな日本人の経験を持ち寄ってモザイクで **A Conservative** を造ったと考えて、*Cambridge History of Japan* の

Return to Japan の章で日本知識人の「日本への回帰」についてこう書いた。

Hearn's character portrait can perhaps be considered a composite of the samurai-intellectuals who came to grips with Western civilization in the early Meiji era. It was so with many of the early Dōshisha student Christians, not a few of whom came as "band" members from Kumamoto.... Even Uchimura Kanzō, the leading member of the early Hokkaido Christian group, wrote of a moment in the United States when his homeland began to appear "supremely beautiful" to him. Another example can be found in the physician-writer Mori Ōgai, who, like Hearn's conservative, received a samurai education in a castle town. As a child Ōgai was often warned by his parents in no uncertain terms: "You are the son of a samurai, so you must have enough courage to cut open your belly." Others, like Nakamura Masanao or Uchimura Kanzō, studied under missionaries and accepted Christianity out of a sense of patriotic duty. Many converts, however, subsequently repudiated Christianity. In fact, although this is a little-studied area in modern Japanese thought, the great majority of Japanese thinkers seem to have "returned" to Japan in some sense. (p.491)

明治初年、西洋文明の優越した力はキリスト教に基くと断言され、それが事実であるならば、日本の愛国者たる者の明白な義務は、近代化の基礎となるべきこのより高度の信仰を奉ぜねばならぬ、そう考えてキリスト教徒となった者もいた。いわゆる洋魂洋才の考え方である。もっともそういう者もそうでない者も、日本へ回帰して来た。それで私は英文に述べたように論じたので、その訳を抄して掲げると、

……城下町で（ハーンの）主人公と同じような教育や躾を受けた子供の中には例えば「小さい時二親が、侍の家に生れたのだから、切腹といふことが出来なくてはならない」と度々諭されて育った森鷗外もいた。

外人宣教師について学び、愛国者としての義務感からキリスト教への改宗に踏切った人の中には中村正直や内村鑑三や初期の同志社の学生もいた。一旦入信しながらキリスト教を捨てた人の数は多い。思想史上軽視されてきたが、主流としての日本知識人はむしろ「転向」した側にあったのだろう。(2)

このような明治精神史の記述は、それ自体としては間違っていないかもしれない。しかし、ハーンの死後八十年、雨森信成が何者であるかがわかったときは、釈明を補うことを余儀なくされた。

正体が判明したきっかけは、福井の人山下英一氏がラトガーズ大学図書館でグリフィス・コレクションの中に福井藩士雨森信成の写真を発見したからである。いままで不明だったのは明治学院関係者が「宣教努力失敗の著名な一例」となった棄教者雨森の名前を名簿その他から意図的に消し去ろうとしたからである。(キリスト教信者のある者の転向者に対する仕打ちは共産党の転向者に対する仕打ちにすこぶる類似している)。しかし山下氏は雨森が自分と同じ福井出身の人物であるばかりか、山下氏自身が学んだ明治学院の前身である東京築地の一致神学校で学んだ人であることをも突き止めた。そうなると、それから先は糸をたぐるように雨森の後半生が明らかになった。それは本書中の「日本回帰の軌跡」の第三部「埋もれた市井の思想家」に詳しく述べた通りだが、偶然も幸いした。*A Bibliography of Arthur Waley* の改訂版を出すのに手を貸した関係で私はラトガーズ大学図書館の司書 **Francis Johns** の好意を得、その便宜で同地で調査をさらに進めることができたのである。

一旦わかればあざやかに浮びあがる第二は、雨森信成を教えたグリフィスと雨森信成の半生を語ったハーンとの関係である。

山下英一著『グリフィスと福井』で雨森信成について御教示を受けて以来、山下氏と私は懇意な関係が続いた。私は書物を出すたびにお贈りし、日本海の幸を私どもは歳末に有難くいただいた。文通が四半世紀以上続いて、それから初めてお目にかかった。それは二〇〇九年、平川祐弘・牧野陽子編『講座小泉八雲』出版記念会の席のことで、『ハーンの人と周辺』の巻に「グリフィスから見るハーン」を寄稿した山下氏が上京して見えたからである。

『平川祐弘著作集』の読者はおわかりの通り、私は「ハーンとチェンバレン」の二人の日本研究の先覚を並べて、それも対立させて、論じてきた。すると山下説に促されて「ハーンとグリフィス」という二人の日本研究の先覚の共通性が次に問題として浮上した。二〇一四年十月十八日福井大学で日本英学史学会全国大会が開かれ、私ども二人は山下教授に招かれた。熊本で五高生に教えた『ラフカディオ・ハーンの英語クラス《黒板勝美のノートから》』について私は話したが、当日の圧巻は続いて話した牧野陽子氏の「グリフィスからハーンへ」で、それはその二人を結びつける特性を語って実に見事であった。グリフィスは越前の朝を語り、ハーンは出雲の朝を語る。神社仏閣の庭で二人が覚える気持はいかにも似通っている。私は会議のあとこんな感想を牧野講師宛に書いた。恐縮ながらその私信を写させて頂く。

福井でのご講演は日本語が明るく美しく、今もその声音が私の耳に聞こえ頭の奥で響いています。牧野さんのお話はきちんと見事に整い、グリフィスとハーンの引用が鮮やかに並行して、たがいに照らし合っている。それにあなたがさらに美しい光を添えたから、老骨で固く塊りかけた私は感心しました。という か最後の盛り上がりに感動しました。若やぐような気持でした。「グリフィスとハーンの二人は素朴な神社のたたずまいや人々の簡素な祈りに心動かされた。日本という異国に敬意を払い、異宗教、異文化を認めた」というあなたの結論に私は引き込まれました。

私は福井の日本英学史学会に山下英一先生との長年のお付き合いに感謝して参上したのですが、学会も晩餐会もいい雰囲気で、出かけていいことをしたとつくづく思いました。晩餐会の席で陽子さまが言葉を選んでご挨拶されたとき山下様が下を向いたままでしたが、まさか眠り込まれたはずがないとみつめていると、頰に大粒の涙が浮びました。山下様も奥さまも実にいい方でした。人生にはさまざまなご縁があるなと思いました。……

来日前の若いグリフィスはラトガーズ大学で福井藩がいちはやく送り込んだ日本の英才たちに接した。そこですでに横井小楠の甥なども教えたのである。日下部太郎は卒業を目前に亡くなった。日下部はその優秀な成績ゆえに卒業を認められファイ・ベータ・カッパ会員に選ばれた。そんな日本の若者を知っていたからこそおのずと日本に対し敬意をもって来日したのである。

ハーンは松江の中学生の熱意に打たれたからこそ『英語教師の日記から』に死にゆく横木富三郎の「もいっぺん学校が見たての」という不滅の場面を書き得たのであろう。西田千太郎、後に雨森信成などに接し、そして節子を妻としたからこそ、日本を大切に思う心がおのずと湧いたのである。

考えてみると、第二次大戦後、東大教養学科へ教えに来たマルク・メクレアンが帰国後、高等中学校で教えるかたわら独学で日本近代文学の訳業をなしとげたのも、またモリス・パンゲが帰国後一旦獲たパリ大学講師の職を捨ててまた東大駒場の教師に舞い戻ったのも、日本の若者の熱意に打たれ日本文化に深く感ずるところがあったからにちがいない。なお「グリフィスからハーンへ」については近く刊行予定の牧野陽子氏の著書で読むことが出来るはずである。

一旦わかれば、なんのことはないこともある。第三は中野重治がなぜ平川の『和魂洋才の系譜』に対してあれほど怒り狂ったかについてだが、これは本気で荒れたらしい。一九〇二年早生まれの中野重治は同じく福井県出身で、竹山道雄に遅れること一年の昭和二年の東大独文科出身、左翼の詩人文学者で、戦後文壇で大きな睨みをきかせた。一九七九年に亡くなると、中野の蔵書は福井県坂井郡丸岡町の図書館に寄贈された。ちなみに牧野陽子の父の牧野隆守はその丸岡町の出身で、福井県選出議員、閣僚もつとめたが、二〇〇八年に亡くなった。中野重治は郷土では非常な尊敬を受けており『中野重治研究会会報』も出ている。ところでその十一に寄せた山下英一氏の記事によると、拙著は丸岡図書館の「中野の蔵書のなかでこれほど手傷を負った本もめずらしい」。それというのは『和魂洋才の系譜』には黒のマジックペン、赤や青のボールペンでおびただしい中野の書き込みがある由で、こうなると悪態を言われたのも名誉のうちである。戦後の日本社会では、政治家や軍人を罵倒し、文学者のみを良しとする独善的な職業差別観が縦割り社会である文壇を支配していた。だがひょっとしてそんないい気な価値観が崩されたから、それで喚いたのではあるまいか。私としても中野重治の精神的大炎上の火災発生現場をこの目で検証しに福井の丸岡町まで行ってみたいが、なにせ齢である。それでその書き込みをせいぜい写真にとって『平川祐弘著作集』第二巻『和魂洋才の系譜』（下）の口絵にでも入れて、中野が何を言いたかったのかしげしげと眺めようと思う次第だ。

註

（1）もっとも *The Writings of Lafcadio Hearn*, Vol. VII では *Out of the East* と *Kokoro* と合本になったせいか、前者の To NISHIDA SENTARO in Dear Remembrance of Izumo Days はきちんと巻頭に印刷されているが、後者の雨森への献辞は欠落している。ちなみにハーンが著書に献辞を印刷した人で日本人はこの二人のみである。

（2）訳文は平川祐弘・竹山護夫『古代中国から近代西洋へ——明治日本における文明モデルの転換』（名著刊行会、二〇一〇年）一〇四頁。

【著者略歴】

平川祐弘（ひらかわ・すけひろ）

1931（昭和6）年生まれ。東京大学名誉教授。比較文化史家。第一高等学校一年を経て東京大学教養学部教養学科卒業。仏、独、英、伊に留学し、東京大学教養学部に勤務。1992年定年退官。その前後、北米、フランス、中国、台湾などでも教壇に立つ。

ダンテ『神曲』の翻訳で河出文化賞（1967年）、『小泉八雲――西洋脱出の夢』『東の橘　西のオレンジ』でサントリー学芸賞（1981年）、マンゾーニ『いいなづけ』の翻訳で読売文学賞（1991年）、鷗外・漱石・諭吉などの明治日本の研究で明治村賞（1998年）、『ラフカディオ・ハーン――植民地化・キリスト教化・文明開化』で和辻哲郎文化賞（2005年）、『アーサー・ウェイリー――『源氏物語』の翻訳者』で日本エッセイスト・クラブ賞（2009年）、『西洋人の神道観――日本人のアイデンティティーを求めて』で蓮如賞（2015年）を受賞。

『ルネサンスの詩』『和魂洋才の系譜』以下の著書は本著作集に収録。他に翻訳として小泉八雲『心』『骨董・怪談』、ボッカッチョ『デカメロン』、マンゾーニ『いいなづけ』、英語で書かれた主著に*Japan's Love-hate Relationship With The West*(Global Oriental, 後にBrill)、またフランス語で書かれた著書に*A la recherche de l'identité japonaise－le shintō interprété par les écrivains européens*(L'Harmattan)などがある。

【平川祐弘決定版著作集 第11巻】

破《やぶ》られた友情《ゆうじょう》
――ハーンとチェンバレンの日本理解

2017（平成29）年5月25日　初版発行

著　者　平川祐弘
発行者　池嶋洋次
発行所　勉誠出版 株式会社
〒101-0051　東京都千代田区神田神保町3-10-2
TEL：(03)5215-9021(代)　FAX：(03)5215-9025
〈出版詳細情報〉http://bensei.jp

印刷・製本　太平印刷社
ISBN 978-4-585-29411-5　C0095

平川祐弘 決定版 著作集 全34巻

A5判上製・各巻約三〇〇〜八〇〇頁
月一冊配本予定

古今東西の知を捉える

日本は外来文明の強烈な影響下に発展した。「西欧の衝撃と日本」という文化と文化の出会いの問題を西からも東からも複眼で眺め、鷗外・漱石・諭吉・八雲などについて驚嘆すべき成果を上げたのは、著者がルネサンス人にも比すべき多力者であったからである。複数の言語をマスターし世界の諸文化を学んだ比較研究者平川教授はその学術成果を芸術作品として世に示した。

この見事な日本語作品はわが国における比較文化史研究の最高の軌跡である。奇蹟といってもよい。

各巻収録作品　＊は既刊

第1巻　和魂洋才の系譜（上）
第2巻　和魂洋才の系譜（下）◎二本足の人、森鷗外【森鷗外関係索引】
＊第3巻　夏目漱石――非西洋の苦闘
第4巻　内と外からの夏目漱石【夏目漱石関係索引】
＊第5巻　西欧の衝撃と日本
＊第6巻　平和の海と戦いの海――二・二六事件から「人間宣言」まで
＊第7巻　米国大統領への手紙――市丸利之助中将の生涯◎高村光太郎と西洋
＊第8巻　進歩がまだ希望であった頃――フランクリンと福沢諭吉
第9巻　天ハ自ラ助クルモノヲ助ク――中村正直と『西国立志編』
＊第10巻　小泉八雲――西洋脱出の夢

西洋列強の衝撃と格闘した
近代日本人の姿を、
学問的かつ芸術的に描いた
不朽の金字塔。

公益財団法人東洋文庫 監修

東洋文庫善本叢書［第二期］欧文貴重書◉全三巻

［第一巻］ラフカディオ ハーン、B.H.チェンバレン往復書簡

Letters addressed to and from Lafcadio Hearn and B.H. Chamberlain.

世界史を描き出す白眉の書物を原寸原色で初公開

日本研究家で作家の小泉八雲（Lafcadio Hearn, l850-1904）は、
帝国大学文科大学の教授で日本語学者B.H.チェンバレン（B. H. Chamberlain 1850-1935）の斡旋で
松江中学（1890）に勤め、第五高等学校（1891）の英語教師となり、
のち帝国大学文科大学の英文学講師（1896 ～ 1903）に任じた。
本書には1890 ～ 1896年にわたって八雲がチェンバレン
（ほか西田千太郎、メーソン W. S. Masonとの交信数通）と交わした自筆の手紙128通を収録。
往復書簡の肉筆は2人の交際をなまなましく再現しており、
西洋の日本理解の出発点の現場そのものといっても過言ではない。

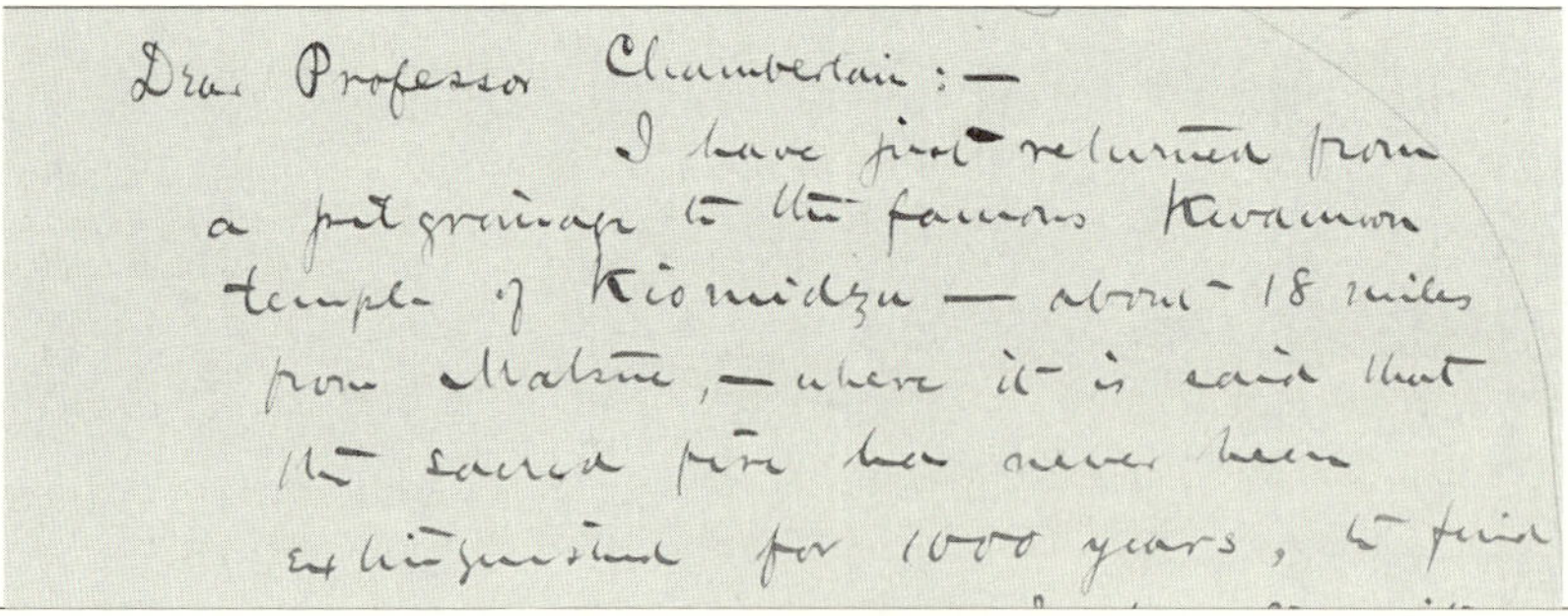
Dear Professor Chamberlain:—
I have just returned from
a pilgrimage to the famous Kwannon
temple of Kiomidzu — about 18 miles
from Matsue, — where it is said that
the sacred fire has never been
extinguished for 1000 years, to find

ハーンから
チェンバレン
に宛てた書簡

平川祐弘

東京大学名誉教授

［解題］

本体140,000円（＋税）・菊倍判上製（二分冊）・函入・884頁

ISBN978-4-585-28221-1 C3080